Bernd Kretschmer

Dänemark

Bernd Kretschmer

Dänemark

Eine Nachbarschaftskunde

Ch. Links Verlag, Berlin

Die Deutsche Nationalbibliothek verzeichnet diese
Publikation in der Deutschen Nationalbibliografie;
detaillierte bibliografische Daten sind im Internet
über http://dnb.d-nb.de abrufbar.

1. Auflage, April 2010

Schönhauser Allee 36, 10435 Berlin, Tel.: (030) 44 02 32-0
www.christoph-links-verlag.de; mail@christoph-links-verlag.de
Umschlaggestaltung: KahaneDesign, Berlin
Foto vorn: Strandhäuschen am Strand Eriks Hale
bei Marstal auf der Insel Ærø (Schapowalow/Huber)
Foto hinten: Sankt-Hans-Feuer vor Schloss Frederiksberg
(Jørgen Schytte/VisitDenmark)
Lektorat: Günther Wessel, Berlin
Satz: Agentur Siegemund, Berlin
Druck und Bindung: Druckerei F. Pustet, Regensburg

ISBN 978-3-86153-510-2

Inhalt

NORWEGEN
Kristiansand
Skagen
Skagerrak
Hirtshals
Frederikshavn
Ålborg
Kattegat
Limfjord
NORDJYLLAND
NORDSEE
Viborg
MIDTJYLLAND
Silkeborg
Århus
Ringkøbing
Jylland
(Jütland)
Samsø
Jelling
Vejle
Kleiner Belt
Fredericia
Esbjerg
Kolding
Großer Belt
Odense
Ribe
Fyn
(Fünen)
SYDDANMARK
Kleiner Belt
Åbenrå
Westerland
Als
Sønderborg
Sylt
Flensburg
Langeland
Kieler
Bucht
Puttgarden
Schleswig
Fehmarn
DEUTSCHLAND
Kiel
Helgoland

SCHWEDEN
Göteborg
Grönland
Nuuk/
Godthåb
Polarkreis
Färöer-Inseln
Atlantischer
Ozean
Dänemark
nholt
Blekinge
Karlskrona
SCHWEDEN
Helsingør
Helsingborg
Kristianstad
Hillerød
Halland
HOVEDSTADEN
Øresund
København
(Kopenhagen)
Schonen
Roskilde
Malmö
jælland
(Seeland)
Trelleborg
orø
SJÆLLAND
Bornholm
Næstved
Rønne
Møn
Falster
Nykøbing
OSTSEE
ecklenburger
Bucht
Rügen
Stralsund
0
50 km
N

»Den gesellschaftlichen Ton habe ich in Kopenhagen überaus angenehm, weder zu steif, noch zu leicht gefunden. Eine ängstliche Separation der Stände ist mir nicht aufgefallen; und obgleich der Handel dasjenige ist, worum sich in Kopenhagen beinahe Alles drehet, so habe ich doch auch wahre Achtung und Auszeichnung des Gelehrtenstandes bemerkt, die man in andern Handelsstädten so leicht vermißt. Manche Reisende haben sich über den Mangel an Gastfreundschaft beschwert, der in Kopenhagen herrsche. Ich habe bei meinem dortigen Aufenthalte die häufigsten Erfahrungen vom Gegenteil gemacht, an die ich stets mit dem lebhaftesten Dankgefühle zurückdenken werde.«

J. F. L. Hausmann (1782–1859)

Vorwort

Wo arbeitest du jetzt? Bei der *dänischen* Botschaft? So oder so ähnlich lauteten die leicht erstaunten Fragen von Verwandten, Bekannten und Freunden, als sie von mir erfuhren, dass ich Anfang 1983 meine neue Stelle in der Presse- und Kulturabteilung der Königlich Dänischen Botschaft in Bonn angetreten hatte.

Dabei ging und geht es bis heute nicht um irgendeinen »Job«, es ist vielmehr ein meinerseits starkes fachliches Interesse und eine große persönliche Sympathie, die ich seit meiner Studienzeit für das kleine Königreich der 400 Inseln entwickelt habe. Das Studium der Skandinavistik war dabei die eine Seite, die mich diesem Land näherbrachte, wobei mich die jahrhundertelangen kulturellen Beziehungen zu Deutschland, die ich in Dänemark ausgeprägter fand als in den anderen skandinavischen Ländern, besonders faszinierten. Der andere Impuls kommt bis heute durch meine dienstlich und privat bedingten zahlreichen Dänemark-Aufenthalte und die vielen persönlichen Begegnungen mit den Menschen aus dem nördlichen Nachbarland.

Einerseits sind die Dänen den Deutschen so ähnlich, dass diese (leider) oft nicht weiter kommen als bis zur Westküste Jütlands oder bis zur Insel Bornholm, wo sie sich als Touristen an den herrlichen breiten Sandstränden begeistern. Andererseits – kommt man mit den Dänen wirklich auf Tuchfühlung – merkt man schnell, dass es da erhebliche Mentalitätsunterschiede zwischen uns gibt, die sich auch ganz deutlich auf der politischen, gesellschaftlichen und kulturellen Ebene zeigen.

Vom Standort Deutschland aus die Dänen näher kennenlernen zu wollen, ist gar nicht so einfach, denn dem kleinen Nachbarn im Norden wird in der deutschen Presse in der Regel nicht besonders viel Platz eingeräumt. Wenn jedoch das kleine Königreich Dänemark bisweilen Schlagzeilen macht – dann aber richtig: Ob die Hochzeit des Thronfolgers Frederik mit der bürgerlichen Australierin Mary, ob Lars von Triers *Dogma*-Filme, ob ausgeprägte Vorbehalte Dänemarks gegenüber der Europäischen Union, ob überraschende Fußballsiege über die sogenannten großen Gegner oder gar ein weltweit aufsehenerregender Streit um Karikaturen in einer dänischen Zeitung – mit solchen Themen sind sich die Dänen der ungeteilten Aufmerksamkeit der deutschen Öffentlichkeit sicher.

Aber abgesehen davon erfährt man hierzulande nicht recht viel über Land und Leute: Wie die gerade mal 5,5 Millionen Dänen eigentlich leben, wie der Alltag von Frau Jensen und Herrn Hansen aussieht. Und auch wenn man schon mal was vom dänischen Wohlfahrtsstaat gehört hat und die niedrigen Arbeitslosenzahlen von deutschen Politikern immer wieder als vorbildhaft zitiert werden – die wahren Verhältnisse kennen eigentlich nur wenige genau.

Es lohnt sich also, sich näher auf die Dänen einzulassen: auf ihre entspannte Art und ihren lockeren Umgangston, den sie auch gegenüber ihren eigenen Ministern an den Tag legen, indem sie sie einfach duzen – ohne dass diese es übelnehmen; auf ihre kaufmännische Tüchtigkeit, mit der es den kleinen dänischen Unternehmen immer wieder gelingt, mit erstaunlichen Nischenprodukten auf den Weltmärkten Fuß zu fassen; auf ihr augenfälliges nationales Selbstbewusstsein, über das man als Deutscher nur staunen kann, wenn man zum ersten Mal das Land bereist und in fast jedem Dorf über der Durchgangsstraße an einer Schnur unzählige kleine Dannebrogs (die dänische Nationalflagge) im Wind flattern sieht – ganz zu schweigen vom Flaggenmast, der in jedem zweiten Schrebergarten steht; auf ihr ausgeprägtes Demokratieverständnis, das wiederum in keinem Gegensatz zur konstitutionellen Monarchie steht, die im kollektiven Bewusstsein der Bevölkerung fest verwurzelt ist; auf die sozialen Errungenschaften wie Kindertagesstätten für die in Dänemark überwältigende Mehrheit berufstätiger Mütter, deren Notwendigkeit in Deutschland erst in jüngerer Zeit diskutiert wird, während sie für die Dänen seit langem selbstverständlich sind; auf das Bildungsbewusstsein der Dänen, das bereits Mitte des 19. Jahrhunderts zur Gründung der weltweit ersten Volkshochschule führte; und nicht zuletzt auch auf die Leistungen und Persönlichkeiten in Kultur und Wissenschaft, die dieses Land hervorgebracht hat: Nicht nur den Märchendichter Hans Christian Andersen, auch den Philosophen Søren Kierkegaard, die Schriftstellerin Karen Blixen (die in Deutschland Tania heißt), den Komponisten Carl Nielsen, den Designer und Architekten Arne Jacobsen oder den Atomphysiker und Nobelpreisträger Niels Bohr – um nur einige von vielen zu nennen.

Natürlich finden sich neben diesen und vielen anderen positiven Aspekten auch gewisse Schattenseiten, die einem etwas kritischeren Betrachter den Blick auf Dänemark durchaus ein wenig trüben können.

Aber all diese Aspekte näher zu betrachten und zu erläutern kann und soll natürlich ein Vorwort nicht leisten, und so sei die Lektüre dieses Bandes all denen ans Herz gelegt, die Dänemark mehr als unter touristischem Aspekt näher kennenlernen möchten.

Nicht nur ich selbst und meine Familie, auch meine Freunde und Bekannten haben sich längst daran gewöhnt, dass ich inzwischen seit über 27 Jahren mit und für Dänemark arbeite (inzwischen für das Dänische Kulturinstitut, das vergleichbare Funktionen erfüllt wie das Goethe-Institut). Das ist eine lange Zeit, die mich zu einem »halben Dänen« gemacht und meinen Blick für die Stärken und Schwächen beider Nachbarn geschärft hat.

Und immer noch und immer wieder begegne ich fremden Menschen – Deutschen wie Dänen –, die dieses Verhältnis erstaunt hinterfragen (»Wie kommt es, dass Sie als Deutscher für *die Dänen* arbeiten?«). Meine anfängliche Genervtheit bezüglich dieser Frage hat sich inzwischen gelegt, und so kann ich dem betreffenden Fragesteller mit Gelassenheit und nachsichtiger Geduld erläutern, wieso und warum. Und dann versuche ich natürlich auch gleich zu erklären, warum das so interessant ist und mir das bis heute so viel Spaß macht, und was an dem kleinen Dänemark so faszinierend ist – vielleicht verstehen Sie es nach dem Lesen dieses Buches.

»Es gibt ein lieblich' Land« – das Königreich der 400 Inseln

Dänemark ist ein kleines Land, hat aber den meisten großen eines voraus: eine zweite offizielle Nationalhymne. Die Königshymne »König Christian stand am hohen Mast«, eine Huldigung an den dänischen Renaissancekönig und Kriegshelden Christian IV., erklingt an Fest- und Gedenktagen des Königshauses sowie bei Festlichkeiten, an denen Mitglieder des Königshauses, der Regierung, das Staatsoberhaupt eines Gastlandes oder Mitglieder einer Gastregierung teilnehmen. Bei nationalen Ereignissen und internationalen Sportwettbewerben wird dagegen die sogenannte Landeshymne gespielt: »Es gibt ein lieblich' Land« *(Der er et yndigt land)*. Die erste Strophe des Liedes lautet:

> »Es gibt ein lieblich' Land
> Im Schatten breiter Buchen
> Am salz'gen Ostseestrand:
> An Hügelwellen träumt's, im Tal,
> Alt-Dänemark, so heißt es,
> Und ist der Freja Saal.«

Der Text entstand um das Jahr 1819 und stammt vom Dichterfürsten der dänischen Romantik, Adam Oehlenschläger, die Melodie von Hans Ernst Krøyer (ca. 1835). Ähnlich wie Oehlenschläger beschreibt sein jüngerer Landsmann und weit bekannterer Dichterkollege Hans Christian Andersen seine Heimat in dem Gedicht »Dänemark, mein Vaterland«. Hier ist ebenfalls vom »frischen Strand«, von Buchen, Gärten und Hünengräbern die Rede.

Auch wenn uns heute der Sprachstil des 19. Jahrhunderts ein

wenig altmodisch erscheinen mag – Dänemark ist in der Tat ein »liebliches«, ein liebenswertes Land. Weithin leuchtende Rapsfelder, Blumenwiesen, lichtdurchflutete Buchenwälder, Heidelandschaften, Moore, ruhige Wasserläufe und Seen, reetgedeckte Häuser und endlos lange und breite Strände finden sich vor allem an der Westküste Jütlands. Gerade die ist bei deutschen Touristen beliebt, wobei man dem inneren teutonischen Drang, Sandburgen zu bauen und die dann national zu beflaggen, nicht nachgeben sollte. Denn das sehen die dänischen Nachbarn gar nicht gern.

Egal wo man in Dänemark ist, eines ist immer in der Nähe, häufig in Sichtweite: das Meer. Kein Däne lebt weiter als 60 Kilometer von ihm entfernt. Mit seinen vielen Inseln besitzt das Land eine Küstenlinie von mehr als 7300 Kilometern, von denen zwei Drittel Badestrände sind – ein wahres Paradies für Wasserratten. Darunter finden sich, selbst in der Hochsaison, fast menschenleere Strandabschnitte.

Typisch für Dänemark ist seine Brückenlage zwischen Mitteleuropa und Skandinavien. Bis auf den Süden des Landes mit der einzigen festen Landesgrenze auf der Halbinsel Jütland ist Dänemark von Wasser umgeben: im Westen von der Nordsee, im Nordwesten trennt das Skagerrak Dänemark von Norwegen und Schweden, und im Nordosten bildet die Meerenge des Kattegats die Verbindung zwischen Nord- und Ostsee.

Dänemark liegt im Norden Europas und ist das kleinste und am südlichsten gelegene der skandinavischen Länder. Mit einer Fläche von gut 43 000 Quadratkilometern ist das Land etwas größer als die Schweiz, aber kleiner als Niedersachsen. Rechnet man allerdings die selbstverwalteten Gebiete im Königreich Dänemark – die Färöer Inseln im Nordatlantik (1400 km^2) und Grönland, die größte Insel der Welt (2 186 000 km^2) – hinzu, ergibt dies eine wahrhaft stattliche Größe.

Das eigentliche Kernland Dänemarks besteht aus der Halbinsel Jütland. Dort ist das Land mit dem europäischen Kontinent verbunden und grenzt auf 68 Kilometern an Deutschland. Dazu kommen mehr als 400 Inseln, von denen knapp 100 bewohnt sind. Die größten Inseln sind Seeland mit der Hauptstadt Kopenhagen, Fünen, Lolland, Falster, Alsen, Langeland und Møn sowie etwas abseits, in der westlichen Ostsee, Bornholm. Etwa ein Drittel der Gesamtfläche Dänemarks entfällt auf seine Inseln. Seeland wird durch den Großen Belt von der Insel Fünen getrennt, Fünen und die Halbinsel Jütland durch den Kleinen Belt. Die dritte Meeresstraße, der Øresund, bildet zwischen Seeland und der Südspitze Schwedens den Eingang zur Ostsee.

Geomorphologisch gesehen ist Dänemark – mit Ausnahme der Insel Bornholm – eine Fortsetzung der Norddeutschen Tiefebene. Im Südwesten findet sich, wie an der deutschen Nordseeküste, auch eher Watten- und Marschküste. Daran schließt sich eine Ausgleichsküste mit dünn besetzten Nehrungen und Moränenkliffs an, die sich bis in den Norden weiterzieht. Der Westen Jütlands unterscheidet sich prinzipiell relativ stark vom Osten. Er ist sehr flach und verfügt über eher ertragsarme Sander- oder Schotterflächen. Die Ostküste Jütlands ist geprägt von einer Fördenküste, ähnlich der Schleswig-Holsteins. Typisch für die Landschaft Dänemarks sind die Meeresbuchten, die durch eine Nehrung vom offenen Meer weitgehend abgetrennt sind und meist Süßwasserzufuhr haben. Die größte, der Limfjord, durchzieht den Norden der Halbinsel Jütland auf einer Länge von rund 180 Kilometern.

Im größten Teil Dänemarks herrscht See- und Küstenklima, was mäßig warme Sommer und relativ milde Winter bedeutet. Im Sommer liegen die Tagestemperaturen durchschnittlich zwischen 18° und 25° C. Dänische Winter zeichnen sich vor allem durch viel Regen und wenig Frost aus. Trotz der Lage an zwei Meeren ist die durchschnittliche Niederschlagsmenge relativ gering, sie beträgt, regional unterschiedlich, zwischen 450 und 750 Millimetern jährlich.

Das dänische Klima und das Wetter sind natürlich gewöhnungsbedürftig. Nicht so sehr für Menschen aus Hamburg und den nördlichen Bundesländern, aber im Vergleich zum Süden Deutschlands sind die Winter hier länger, und im Frühling hinkt die Natur oft um vier bis sechs Wochen hinterher. Wenn im Rheinland oder im Breisgau die Pflanzen und Bäume schon in voller Blüte stehen, tragen ihre Artgenossen hier die Knospen noch geschlossen. Auch die Lichtverhältnisse im Winter können bei einem dafür empfänglichen Menschen eine leicht depressive Stimmung aufkommen lassen, wenn es Ende November, Anfang Dezember an einem regnerischen Tag schon um 15 Uhr dunkel ist.

Zu beneiden sind die Dänen dagegen um ihren zwar relativ kurzen, doch strahlenden Sommer. Lange Tage, an denen es fast bis Mitternacht hell bleibt, Abende, die man mit Familie oder Freunden an einem der Strände verbringen kann, wo am 23. Juni die ganze dänische Küste erstrahlt. Hier trifft man sich und feiert die Sonnenwende mit vielen großen »Sankt-Hans-Feuern«, ein Mittsommerfest mit langer Tradition und christlichen wie heidnischen Wurzeln. Oder man sitzt bis spätabends in einem der Straßencafés und Restaurants und genießt bei erstaunlich milden Temperaturen das fast mediterrane Flair.

Dänemark gehört zur Region des mitteleuropäischen Laubwaldes, grenzt aber bereits an die Vegetationszone des borealen Nadelwaldes, einem Waldgürtel, der sich auf der Nordhalbkugel an die Arktis anschließt. Den Großteil des Festlandes bilden Ackerland, Weiden und Wiesen, die landwirtschaftlich genutzt werden. Wälder bedecken etwa zwölf Prozent des Landes. Die häufigsten Bäume sind Buchen, die sich vor allem auf Ostjütland und den Inseln finden. Auch Eichen, Birken, Eschen, Ulmen, Ahorn, Kiefern, Linden und Kastanien kommen vor. Aufgrund großer Rodungen vergangener Jahrhunderte verfügt Dänemark heute nicht mehr über die ausgedehnten und urwüchsigen Wälder von einst. Nur in Naturschutzgebieten wie dem Nationalpark Rebild Bakker findet man heute noch alten Baumbestand. Er liegt in Dänemarks größtem zusammenhängenden Waldgebiet Rold Skov. An der Nordseeküste stehen durch Aufforstungsmaßnahmen Nadelhölzer, die dem Windschutz dienen. Etwa weitere fünf Prozent der Landesfläche nehmen Dünen, Heideflächen, Hochmoore und Seen ein.

In den wenigen naturbelassenen Waldflächen leben abgesehen von Rotwild kaum größere Wildtiere. Vereinzelt finden sich Rotfüchse, Hasen, Eichhörnchen und Dachse, seltener Baummarder. Die Vogelwelt ist dagegen vor allem in den Küstenregionen mit Möwen, Seeschwalben, Seetauchern, Blesshühnern, Gänsen und Enten artenreich. An einigen Küstenstrichen können Seehunde beobachtet werden. In der Nordsee mit ihrem hohen Salzgehalt leben etwa 1500 verschiedene Tierarten, in der Ostsee sind es deutlich weniger. Zu den Meeresbewohnern gehören unter anderem Tümmler, Dorsch, Kabeljau, Lachs, Hering und Scholle.

Das Bild der dänischen Landschaft wird durch leicht hügelige Ebenen bestimmt, die eine durchschnittliche Höhe von 30 Metern über dem Meeresspiegel aufweisen. Das Land ist von einem dichten Netz kleinerer Flüsse durchzogen. Der längste Fluss ist der Gudenå (158 km), der größte See mit 42 Quadratkilometern der Arresø östlich der Stadt Frederiksværk auf Seeland.

Dänemark ist ein ausgesprochen flaches Land. Wie flach, zeigt sich an den Höhenmaßen seiner »Berge«: die höchsten sind der Yding Skovhøj mit 173 Metern und der Ejer Bavnehøj mit 171 Metern, beide im Osten Mitteljütlands gelegen, sowie der Sukkertoppen auf der Insel Møn mit 143 Metern. Die renommierteste (und drittgrößte) Erhebung des Landes ist jedoch der Himmelsberg (Himmelbjerg) in Jütland mit sage und schreibe 147 Metern (!). Der Turm auf dem Gipfel, 1875 nach dem Vorbild des Campanile auf dem Markusplatz in Venedig gebaut, ragt wie ein frisch gespitzter Bleistift 25 Meter in die Höhe. Wenn auch nicht viel Berg, so gibt es doch reichlich Himmel über dem Himmelberg. Blaugrau, mit dahinjagenden Wolken spiegelt er sich im Julsee, und nach Norden reicht die Sicht bis hin zum Dom von Viborg.

Für den Wintersport sind das natürlich keine idealen Bedingungen, und vielleicht zieht es deshalb so viele Dänen in den Wintermonaten nach Norwegen oder in den Harz. Hier begegnen sie dann auch vielen Schicksalsgenossen aus den Niederlanden.

Andererseits bietet Dänemarks flache Topographie einen unschätzbaren Vorteil: Das Land ist zum Radfahren wie geschaffen. Die Natur hat hier langgestreckte, flache Landschaften mit sanften Hügeln hervorgebracht, die Aussicht übers blaue Meer, grüne Wälder und gelb blühende Felder gewähren. Wen wundert es also, dass ausgerechnet Dänemark eine große Fahrradkultur hervorgebracht hat?

Dänemark besitzt mehr als 12000 Kilometer beschilderte Radrouten, einige davon als spezielle Themenrouten. Es gibt eine vielfältige Auswahl an Übernachtungsmöglichkeiten für jeden Geschmack und jeden Geldbeutel. Auch die meisten Städte sind fahrradfreundlich, so dass der Radurlaub durch viele städtische Kulturangebote noch abwechslungsreicher gestaltet werden kann. Alles liegt nahe beieinander – seien dies nun die nächste Fahrradwerkstatt, Natur und Landschaft oder kulturelle und kulinarische Erlebnisse.

Es bietet sich förmlich an, Dänemark mit dem Auto zu bereisen und dabei sein Fahrrad mitzunehmen. Und so ist das kleine Königreich denn auch ein ausgesprochenes Reiseland für den Individualtouristen und Familien mit Kindern. Nicht zuletzt weil Dänemarks Landschaft einfach viel Raum bietet. Mit einer Gesamtbevölkerung von rund 5,5 Millionen Dänen (davon rund ein Viertel allein im Großraum Kopenhagen) ergibt sich eine Bevölkerungsdichte von etwa 126 Einwohnern je Quadratkilometer. Das bedeutet reichlich Platz für alle. Hinzu kommt ein gut ausgebautes Straßen- und Wegenetz. Für einen deutschen Großstädter ist es geradezu ein Erlebnis, wenn er mit seinem Auto die deutsch-dänische Grenze bei Flensburg/Padborg passiert hat: Allmählich weniger Verkehrsaufkommen, kaum mehr hektisches Gedränge oder Rasen auf den Landstraßen und auf den Autobahnen wenig stockender Verkehr. Selbst in der Kopenhagener City herrschen zivile Verkehrsverhältnisse.

Als ich Anfang der 70er Jahre zum ersten Mal mit dem Auto in die Kopenhagener Innenstadt fuhr, war ich erstaunt: Um 16.30 Uhr, also in der absoluten Rushhour, hielten an einer belebten Kreuzung mitten in der City an der Ampel vor mir lediglich fünf andere Autos. Ein für mich zu dieser Uhrzeit völlig ungewohntes Bild des Berufsverkehrs, zumal für eine europäische Metropole. Natürlich hat sich dieses Bild inzwischen geändert. Auch durch Kopenhagen und die beiden anderen Großstädte des Landes, Århus und Odense, quält sich heute mehr Verkehr. Dennoch, in Dänemark macht (nicht nur) Autofahren immer noch Spaß, und auch in dieser Hinsicht ist das Königreich der 400 Inseln ein liebenswertes, »liebliches Land«.

Die Dänen – Humor und Essgewohnheiten

Dänen werden unter den Skandinaviern oft als »Italiener des Nordens« bezeichnet. Das besitzt eine gewisse Logik, sind die Dänen doch recht temperamentvoll und oft lebhafter als die anderen Skandinavier – wobei natürlich ein Nachfahre aus einem schwerblütigen Bauerngeschlecht in Jütland sicherlich langsamer sein wird als ein Großstadtmensch in Stockholm.

Dänen sind oft schnell begeistert und überschäumend im Lob, andererseits geradezu von ernüchterndem Understatement. Entweder ist alles *spændende* (also »spannend« = sehr interessant) oder gar *fantastisk* (»phantastisch«) oder *ikke så dårligt* (»gar nicht so übel«), gemeint ist allerdings jeweils dasselbe: sehr gut. Dazu kommt ein oftmals recht schwarzer Humor, häufig gepaart mit Ironie und für viele Ausländer nur schwer zu verstehen: Denen erklärt man dann mit einer Art liebenswürdig-nationaler Arroganz, dass dies eben der berühmte *dansk humor* sei, den nur Dänen so richtig einsetzen und verstehen könnten. Er kommt immer spontan, dieser »dänische Humor«, wie aus der Pistole geschossen. Als die Frau eines Freundes von mir bei den Essensvorbereitungen Schwierigkeiten beim Schneiden des Käses hatte und zu ihrem Mann sagte: »Wir brauchen wirklich mal wieder einen neuen Käseschneider«, antwortete dieser darauf ganz trocken: »Finde ich gar nicht, wir haben dich doch.« Selbst die Monarchin beherrscht diesen staubtrockenen dänischen Humor. Nach einer ausführlichen Rundreise durch alle Landstriche Grönlands wurde sie auf der abschließenden Pressekonferenz von einem Journalisten gefragt, was bei diesem Grönland-Besuch den größten Eindruck auf sie gemacht habe. Die Antwort lautete, dass hier alles so ordentlich und sauber gewesen sei. Als der Journalist nachhakte und einwandte, dieser Umstand sei ja wohl ihrem Besuch zu verdanken gewesen, antwortete die Monarchin: »Na, dann hat meine Reise ja zumindest *einen* guten Zweck erfüllt.«

Wenn man dann allerdings diese Art des Humors den Dänen gegenüber selbst anwendet, reagiert der ein oder andere dänische Gesprächspartner mitunter verblüfft, ja vielleicht sogar etwas irritiert – diesen *dansk humor* können doch eigentlich nur Dänen einsetzen. Für Außenstehende mag der dänische Humor bisweilen sogar an Respektlosigkeit grenzen. Nach der Rückkehr von seinem Staatsbesuch in der Volksrepublik China 1974 wurde der damalige dänische Ministerpräsident Poul Hartling von einem dänischen Journalisten nach dem Verlauf seines Gespräches mit dem großen Vorsitzenden Mao Tse-tung gefragt. Als der Ministerpräsident erklärte, das Gespräch habe auf hohem intellektuellem Niveau stattgefunden, lautete die erneute Frage des Journalisten: »Und wie bist du dahin gekommen?« Starker Tobak – eine schon bissige Ironie, die sich in Deutschland kein noch so etablierter Journalist gegenüber einem Politiker erlauben würde. Und einen Politiker dann auch noch duzen!

Schon beim ersten Besuch in Dänemark fällt auf, dass sich hier jeder mit jedem duzt und man sich mit Vornamen anredet. Ein Bekannter, Neuling in Dänemark, zeigte sich bass erstaunt, als Dänemarks Ministerpräsident (damals Poul Nyrup Rasmussen) in den Fernsehnachrichten von einem Journalisten gefragt wurde: »Und was meinst du dazu, Poul?« Umgekehrt stößt man meist auf Unverständnis, wenn man dänische Bekannte nach ihrer Meinung über Rasmussen fragt. Für sie ist dieser einfach Poul Nyrup, wobei Nyrup der in Dänemark häufig so genannte »Mittelname« ist, oft (aber nicht immer!) der Geburtsname der Mutter, manchmal aber auch ein zweiter Vorname. Sehr verwirrend, aber häufig hilfreich, denkt man zum Beispiel an die letzten drei dänischen Ministerpräsidenten, die alle Rasmussen hießen: der oben erwähnte Poul Nyrup Rasmussen, sein Nachfolger Anders Fogh Rasmussen und der jetzige amtierende Regierungschef Lars Løkke Rasmussen. Als Nyrup, Fogh und Løkke kann man sie aber wunderbar unterscheiden.

Das allgemein verbreitete Duzen gab es nicht immer. Bis in die 1960er Jahre war es nur unter Arbeitern sowie auf dem Lande unter einfachen Menschen üblich. Die sogenannten feinen Leute wurden gesiezt. Das waren – kaum anders als in Deutschland – in den kleinen Orten etwa der Pfarrer, der Lehrer, der Arzt, der Apotheker und der Stationsvorsteher.

Ende der 1960er Jahre aber prägte auch in Dänemark die beginnende Studentenbewegung stark das politische und gesellschaftliche Leben. Die Idee, als überholt angesehene Autoritäten in Frage zu stellen, spiegelte sich bald auch in der Haltung von Studenten und Dozenten, sich mit »Du« anzureden. Die Sympathien mit den rebellischen Studenten – und als dessen Zeichen das »Du« – verbreiteten sich viel weiter als in Deutschland und erfassten fast die gesamte Bevölkerung. Allerdings empfand auch hier mancher das Duzen als zu plump vertraulich.

Mit dem Übergang zum »Du« versuchten die Dänen auch an eine demokratische Tradition anzuknüpfen, die sie deutschem Obrigkeitsdenken gegenüberstellten, das sie ja selbst während der deutschen Besetzung im Zweiten Weltkrieg kennengelernt hatten. Hatte sich Dänemark früher kulturell stark an Deutschland orientiert, hörte das 1945 abrupt auf. Maßstab wurden jetzt England und die USA, denen man die Befreiung verdankte. Vor allem von den Amerikanern übernahm man den zwangloseren zwischenmenschlichen Umgang. Dieser zeige sich – so sagte man – schon an der allgemeinen Anrede *you*, die man als »Du« deutete.

Der Übergang zur Anrede mit Vornamen zeigt einerseits wirklich eine Überwindung gesellschaftlicher Schranken in Dänemark, andererseits kaschiert es aber zugleich auch eine stets vorhandene Distanz. Das »Du« wirkt sympathisch und klingt sehr persönlich, ist es aber im Grunde nicht. Die Dänen belächeln immer wieder die deutsche Steifheit im Umgang miteinander. Darauf habe ich den Gesprächspartnern oft entgegenhalten, dass es in Deutschland zwar länger dauere, bis man sich das »Du« anbietet, dass dieses dann aber nicht so oberflächlich sei, sondern einen tieferen Wert für die zwischenmenschliche Beziehung habe.

Auch der für Ausländer erstaunlich lockere Umgangston am

Arbeitsplatz zwischen Vorgesetzten und Mitarbeitern ist mitunter nur Fassade. Sicher, die Hierarchien in Behörden und Unternehmen sind weitaus flacher als in Deutschland, dennoch kann es dahinter knallhart zugehen – Chef bleibt Chef. Dafür wirkt es wiederum sympathisch, wenn man so einem Chef gegenübersteht, der in Jeans und Sweatshirt auftritt. In Deutschland wäre ein solches Outfit eher die Ausnahme, und so bedeutet es erhebliche Aufklärungsarbeit, Inhaber kleinerer dänischer Betriebe davon abzuhalten, ein Meeting mit deutschen Geschäftspartnern, die selbstverständlich in Anzug und Krawatte kommen, nicht im Rollkragenpullover zu besuchen.

Trotz aller Lässigkeit sind die Dänen sehr höflich. *Tak* zu sagen für »danke«, ist auch jedem Touristen schnell vertraut. Aber auch Missverständnisse sind möglich. »Möchten Sie noch etwas Kaffee?«, fragt die Bedienung den deutschen Gast. Auf dessen *tak* schenkt sie ihm zu seiner Überraschung noch mehr Kaffee ein! Er hätte *nej tak* (»Nein, danke«) sagen müssen. Nur *tak* versteht die Bedienung als ja *tak,* was »Ja, bitte« bedeutet. *Tak* kann also auch für »bitte« stehen, aber leider nicht immer. Bietet man zum Beispiel einer alten Dame seinen Sitzplatz an, so sagt man zu ihr nicht *tak,* sondern *vær så god.* Das heißt wörtlich übersetzt »Seien Sie so gut«, und zwar, von dem Angebot Gebrauch zu machen, und entspricht dem deutschen »Bitte sehr«.

Die Dänen sind unkonventionell und formlos. Titelsucht, wie es sie in Deutschland und Österreich gab (und gibt), kannte man nach deutschem Vorbild früher auch in Dänemark. Ist sie in Deutschland stark zurückgegangen, so ist sie in Dänemark praktisch ganz verschwunden. Übrigens wurde mir gleich zu Beginn meines täglichen beruflichen Umgangs mit den Kollegen an der dänischen Botschaft klar, dass es besonders für einen Deutschen unter Dänen besonderen Fingerspitzengefühls bedarf, auch heutzutage noch. Während ich bei der Korrespondenz mit deutschen Behörden und Institutionen (ganz selbstverständlich und legitim) vor meinen Namen den akademischen Doktorgrad setze, hat es sich bewährt, im Schriftverkehr mit Dänen den »Dr.« wegzulassen, was auf sie – weil unteutonisch bescheiden – sehr sympathisch wirkt.

Die angenehm entspannte Lebenseinstellung der Dänen zeigt sich nicht nur im alltäglichen Umgang. Sie kommt auch in den zahlreichen alternativen Lebensmodellen zum Vorschein, die an vielen Orten im Land ein ebenso faszinierendes wie vitales Gegenmodell zum Üblichen bilden. Ökologische Initiativen, alternative Experimente oder Versuche mit sozialen Wohnformen – das »andere« Dänemark bietet zahlreiche Möglichkeiten.

Ein weltberühmtes Beispiel für die liberale Lebenseinstellung der Dänen ist die »Freistadt Christiania«. Mitten in der Metropole Kopenhagen, nicht weit vom Sitz des dänischen Parlaments entfernt, bildet die autonome Gemeinschaft seit Anfang der 1970er Jahre ein kleines Utopia. Auf dem ehemaligen, nunmehr besetzten Militärgelände wohnen heute etwa 800 Menschen. Teils in alten Kasernengebäuden, teils in neuen, phantasievoll gestalteten Häusern, errichtet aus Träumen und einfachem Baumaterial. Christiania ist eine grüne, autofreie Oase, Dorf und Großstadtviertel zugleich. Hier findet man Geschäfte, Kindergärten, einen Radiosender, Werkstätten, Cafés, Clubs, Grünflächen – aber auch soziale Probleme und Konflikte. Zu den Bewohnern von Christiania zählen ganz gewöhnliche Arbeitnehmer, die morgens ins Büro gehen und abends wieder nach Hause kommen. Unter diesen Menschen, die eine Bevormundung durch den Staat ablehnen, finden sich sogar Beamte (insbesondere Lehrer), die von Staat und Gemeinde entlohnt werden. Genau wie es hier auch Arbeitslose gibt, die ihre Arbeitslosenunterstützung vom öffentlichen Sektor beziehen, sowie – Rentner. Christiania ist dänisch – und einmalig auf der Welt. Und es ist eine der größten Touristenattraktionen des Landes: Über eine Million Menschen besuchen alljährlich die Freistadt am Rande des Stadtteils Christianshavn.

Obwohl durch ein eigenes Gesetz abgesichert, war die Freistadt konservativen politischen Kreisen stets ein Dorn im Auge, und Christianias Fortbestehen ist jetzt in Frage gestellt. Die dänische Regierung plant, die seit fast 40 Jahren besetzten Häuser abzureißen, um dort neue Gebäude zu errichten, und im Frühjahr 2009 hat ein dänisches Gericht den Bewohnern das Bleiberecht in den besetzten Häusern abgesprochen. Die autonome Siedlung Christiania in Kopenhagen soll somit endgültig aufgelöst werden. Die Klagen der Freistädter gegen diese Regierungspläne wurden damit abgewiesen, allerdings haben die Christianitter ein Berufungsverfahren vor dem Obersten Gerichtshof Dänemarks in Aussicht gestellt.

Geselligkeit wird bei den Dänen großgeschrieben. In Relation zur Bevölkerungszahl und Fläche des Landes gibt es – vor allem im Sommerhalbjahr – eine unüberschaubare Fülle an Märkten und Festivals. Auch der 1843 eröffnete Tivoli in Kopenhagen, einer der ältesten und schönsten Vergnügungsparks der Welt, ist hier zu erwähnen. Ganz abgesehen von seiner Funktion als internationale Touristenattraktion, ist der Tivoli etwas ganz Besonderes: Er bietet mit Karussells, Spielhallen, Kabarett und Konzerten jeglicher Art nicht nur ein vielfältiges Unterhaltungsangebot, sondern erfüllt mit seinen Blumen und Wiesen für die Kopenhagener auch die Funktion eines Stadtparks inmitten der dänischen Metropole. Als am 21. Juni 1944 von der deutschen Besatzungsmacht als Vergeltung für Sabotageakte der dänischen Widerstandsbewegung ein Teil des Tivoli niedergebrannt wurde, ließ sich die Bevölkerung nicht einschüchtern: In provisorisch errichteten Zelten ging es schon 14 Tage später weiter. Ungeachtet des großen internationalen Ansturms ist der Tivoli bis heute vor allem für Familientreffen und -ausflüge ein Treffpunkt der Dänen und Kopenhagener geblieben. Der zweite große Vergnügungspark, am Rande Kopenhagens, ist der Dyrehavsbakken. Wie im Tivoli gibt es auch hier eine Achterbahn, Karussells, Schieß- und Spielbuden, Bierzelte, eine Freilichtbühne usw. Allerdings verirren sich hierhin weniger Touristen als in den Tivoli – was den Kopenhagenern auch ganz recht ist. Sie sehen den »Bakken« eher als *ihren* Vergnügungspark an.

Eine wichtige Plattform für Geselligkeit bietet das gemeinsame Essen. Das deutsche Sprichwort »Essen hält Leib und Seele zusammen« besitzt in Dänemark immer noch volle Gültigkeit. Nun muss man zwar zugeben, dass die dänische Küche nicht zu den großen der Welt gehört, ja nicht einmal zu den großen Europas, und dass sie keine wahrlich aufregenden kulinarischen Genüsse zu bieten hat. Doch all das hält die Dänen nicht davon ab, viel und gern zu essen, viel und gern darüber zu sprechen und oft und gern Freunde mit einem opulenten *Middag* (auf Deutsch »Abendessen« – und nicht etwa »Mittagessen«!) zu bewirten.

Der Tag beginnt mit dem *Morgenmad,* dem Frühstück, das sich nicht sonderlich von dem in Deutschland unterscheidet. Zur Mittagszeit gibt es *Frokost,* ein Gericht, das ursprünglich, wie der Name vermuten lässt, als zweites Frühstück gedacht war, oft als kalter Imbiss daherkommt. Ein Klassiker (vielleicht nicht nach jedermann Geschmack) ist dunkles Roggenbrot und eingelegter Hering, wobei man zwischen Natur-, Kräuter- oder Curry-Marinade wählen kann – Italiener und Franzosen schaudern schon bei der Vorstellung, der Däne genießt's.

Für unterwegs kann man sich für den kleinen Hunger einen Hot Dog vom *Pølsevogn* holen, einer wahrlich dänischen Institution. Überall, wo das Leben pulsiert, findet sich ein *Pølsevogn.* Jede dieser fahrbaren Wurstbuden hat ihre Hot-Dog-Spezialität, wobei der Phantasie keine Grenzen gesetzt sind, um aus den Hauptzutaten Würstchen und Brötchen einen seltsamen, mitunter leckeren Imbiss zu zaubern. Puristen bestellen ein Würstchen – manchmal leuchtend rot gefärbt – mit etwas Senf in einem ziemlich weichen Milchbrötchen, der klassische Hot Dog. Etwas herzhafter ist die Grillversion *Risted Pølse.* Auch kann das Wienerwürstchen mit gebratenen Speckstreifen umwickelt sein. Die sogenannte französische Version, der *Fransk Hot Dog,* besteht aus einem ausgehöhlten Brötchen, in das ein dicker Klecks Mayonnaise gedrückt wird. Anschließend wird das Würstchen nachgeschoben. Konkurrenzlos in Beliebtheit und Geschmack ist aber immer noch der Hot Dog auf dänische Art: Ein Streifen Mayonnaise, Ketchup und Senf ins Brötchen, dann wird das Würstchen hineingelegt und mit frischen sowie gerösteten Zwiebeln bestreut. Süßsauer eingelegte Gurkenscheiben runden das Ganze ab.

Aber ein Hot Dog allein reicht dem Dänen oft nicht, ein *Smørrebrød* schon eher. Dahinter verbirgt sich nicht etwa ein simples »Butterbrot«, wie die wörtliche Übersetzung ins Deutsche vermuten ließe. Es ist eher ein raffiniertes Erlebnis, bei dem Butter und Brot nur noch Alibifunktion haben und unter dem aufgetürmten Belag gerade noch auszumachen sind. Es gibt wohl kaum etwas, das nicht auf einem *Smørrebrød* Platz findet, dem Erfindungsreichtum und der Phantasie sind auch hier keine Grenzen gesetzt: Roastbeef, Hering, Schinken, Tatar, Aal, Lachs, Krabben, Leberpastete, Rührei, mitunter auch gemischt. Obendrauf noch Remoulade, Meerrettich, Zwiebeln, Gurken, Kräuter oder Mayonnaise. In einigen Restaurants beanspruchen die Luxusbrote sogar eine eigene Speisekarte. Ich selbst bin ganz wild auf *Smørrebrød* und werde Leni, der Frau eines früheren Kollegen in der Botschaft, zeitlebens zu Dank verpflichtet sein: Lenis *Smørrebrød,* wahre Kunstwerke sowohl in geschmacklicher wie auch optischer Hinsicht, gehören bis heute zu meinen wunderbarsten kulinarischen Erlebnissen.

Restaurants, Kneipen und die Cafeterias der Supermärkte und Kaufhäuser bieten um die Mittagszeit ein Tagesgericht an, *Dagens ret,* entweder als zweigängiges Minimenü oder als Tellergericht. Neben Touristen sind Geschäftsleute die Hauptabnehmer dieses relativ preisgünstigen Angebots. Früher machte man beim Tagesgericht mit ziemlicher Sicherheit mit der traditionellen braunen dänischen Einheitssoße Bekanntschaft, in der Fleisch, Kartoffeln und Gemüse schwammen. Allerdings werden nur noch in wenigen Lokalen alte dänische Traditionsgerichte angeboten, wie z.B. *Hvid labskovs,* ein Eintopf aus Kartoffeln und Rindfleisch, *Risengrød* (Milchreis) und *Øllebrød,* eine braune Brotsuppe mit Malzbier!

Das *Frokost buffet* ist die dänische »All you can eat«-Variante – essen zum Festpreis, so viel man will. Es bietet eine reichliche Auswahl an kalten und warmen Speisen, darunter vielfältig marinierte Heringshappen.

Höhepunkt des kulinarischen Tagesablaufs aber ist das Abendessen, von den Dänen sonderbarerweise *Middag* genannt. Die Palette reicht von deftiger Hausmannskost bis zu edler französischer Küche. Zu dänischer Hausmannskost gehören Kartoffeln und Gemüse oder Salat. Auf vielen Speisekarten zu finden sind Steak und Hacksteak *(Hakkebøf),* krosser Schweinebraten *(Flæskesteg),* Huhn *(Kylling)* und *Hamburgerryg.* Letzteres hat nichts mit Big Macs oder einem hansestädtischen Gericht zu tun, sondern ist ein Fleischgericht, das wir hierzulande als »Kassler« kennen.

Natürlich kommt auch in fast jedem Restaurant Fisch in gegrillter, gebratener, geräucherter oder gedünsteter Variante auf den Tisch. Lachs *(Laks)* steht ganz oben auf der Beliebtheitsskala, aber auch Scholle *(Rødspætte)*, Dorsch *(Torsk)*, Seewolf *(Havkat)* und Aal *(Ål)* sind vertreten. Die reichhaltige Auswahl an Desserts und Kuchen ist die Krönung jedes Festessens: Puddings und Cremespeisen, Waffeln, Eis und Torten und natürlich Rote Grütze mit Sahne *(Rødgrød med fløde)*. Unwiderstehlich sind die zahlreichen guten Bäckereien. Auf den Blechen stapeln sich *Kransekage* (»Kranzkuchen«, ein Marzipangebäck) und Blätterteig-Teilchen. *Wienerbrød* (»Wiener Brot«) nennen die Dänen diese Köstlichkeit, in der restlichen Welt sind sie als »Kopenhagener« bekannt.

Leute, die sich bewusst gesund ernähren, darunter viele Vertreter der jüngeren Generation, konsumieren »dänisches Wasser« *(Danskvand)*, das heißt schlicht und einfach Mineralwasser.

Der meisten Dänen liebste Getränke aber sind immer noch Bier, Aquavit und Kaffee, den sie von morgens bis abends literweise trinken. Der ausgiebige Kaffeekonsum beginnt schon beim Frühstück, setzt sich am Nachmittag mit dem *Eftermiddagskaffe* fort und endet erst um Mitternacht mit dem *Midnatskaffe*. Allerdings braucht man als Ausländer keine Angst vor Schlaflosigkeit oder Herzrasen haben: Der dänische Kaffee ist – gelinde gesagt – wahrlich nicht stark. Immerhin war es anfangs für meine Frau und mich doch recht gewöhnungsbedürftig, wenn wir während des Besuchs bei Freunden in Kopenhagen staunend sahen, dass noch um 23.30 Uhr die Kaffeemaschine angeworfen wurde. Ich rede hier nicht von neumodischem Espresso nach dem Essen spätabends beim Italiener – nein, ganz normaler Kaffee aus der Kaffeemaschine.

Zum Essen trinkt man einheimisches Tuborg-, Carlsberg- oder Faxe-Bier. Wer in der Kneipe ein *Øl* bestellt, bekommt – nein, keine Angst – kein Öl, auch wenn es so klingt, sondern Bier, meistens ein Bier vom Fass, ein *Fadøl*. Je nach Alkoholgehalt wird Bier in verschiedene Klassen eingeteilt. Die beiden großen Bierproduzenten, Carlsberg und Tuborg, haben inzwischen fusioniert und produzieren dänisches Bier in 27 Ländern.

Ab 1914 durfte sich die Tuborg-Brauerei als »Hoflieferant« bezeichnen und konnte auf den Etiketten seiner Bierflaschen mit dem Hinweis »Lieferant des Königlich Dänischen Hofes« prahlen. In den 1970er Jahren schlug dann die damals noch kleine, 1901 in der Stadt Fakse gegründete Privatbrauerei Faxe (inzwischen ein neben den Großen längst etabliertes Unternehmen) zurück: Mit dem Slogan »Lieferant des dänischen Volkes« traf sie genau den Sinn der Dänen für Humor und mit ihren Produkten auch den Geschmack ihrer Landsleute.

Nach dem üppigen Buffet ist ein Aquavit üblich, oder ein »Alter Däne« – ein *Gammel Dansk*. Dabei handelt es sich um einen dunkelbraunen, wahrlich hochprozentigen Kräuterschnaps, den mancher Däne durchaus schon mal am Vormittag (!) genießt.

Das dänische Bier ist hervorragend, aber nicht billig, weshalb viele Dänen in Südjütland immer noch schnell über die Grenze bei Flensburg fahren, um sich in deutschen Supermärkten reichlich mit Gerstensaft einzudecken. Überhaupt ist das allgemein hohe Preisniveau in Dänemark – besonders in Kopenhagen – für einen Deutschen sicher gewöhnungsbedürftig.

Dänisch – ein Halskatarrh?

»Die Sprache ist schrecklich und in ihrem pfeifenden, jammernden Tonfall dem Irischen nicht ganz unähnlich«, schrieb 1692 der englische Gesandte am dänischen Hof, Robert Molesworth. »Der König, der gesamte Adel und viele Bürger sprechen untereinander Deutsch und mit den Ausländern Französisch. Ich habe etliche hohe Beamte damit prahlen gehört, dass sie kein Dänisch beherrschen würden.«

Was ist dran, an dieser unfreundlichen Beschreibung der dänischen Sprache? Ist Dänisch wirklich eine »Halskrankheit«, wie böse Zungen behaupten?

Gemessen an der Zahl der Personen mit Dänisch als Muttersprache rangiert das Dänische unter den rund 6500 Sprachen der Welt ungefähr auf Platz 100. Mehr als fünf Millionen Dänen sprechen es als Muttersprache, und auch in der EU ist es eine der offiziellen Amtssprachen. Auf den Färöern leben einige tausend Menschen, die Dänisch als erste Sprache sprechen, die übrigen rund 45 000 Färinger als Zweitsprache. Auf Grönland ist es neben Grönländisch offizielle Sprache. Außerdem ist Dänisch Muttersprache von mehr als 10 000 Menschen in Südschleswig.

Unter den stärksten Einfluss von außen geriet das Dänische im Zeitraum von 1200 bis 1500. Die Hansestädte dominierten mehrere Jahrhunderte hindurch Handel und Wirtschaft im gesamten Ostseeraum, und so konnte sich das Norddeutsche/ Niederdeutsche auch in Dänemark ausbreiten. In den großen dänischen Städten gab es starke deutsche Bevölkerungsgruppen, und das Niederdeutsche unterschied sich nicht so sehr von den damaligen nordischen Sprachen. Viele Begriffe haben mit Handel, Handwerk und städtischem Leben zu tun, aber auch nicht wenige sind in den Grundwortschatz eingegangen, wie zum Beispiel *Angst, Magt* (»Macht«) oder *straks* (»stracks«, »sofort«). Allein aus dem Mittelniederdeutschen hat das Dänische mindestens 1500 Wörter übernommen.

Auch nach der Reformation setzte sich der Import von Lehnwörtern aus dem Süden fort. Wichtigste Quelle war weiterhin die deutsche Sprache, aber das Niederdeutsche wurde zunehmend vom Hochdeutschen abgelöst. In Handwerk und Handel setzte sich der Strom von Lehnwörtern fort, und eine erhebliche Anzahl allgemeiner Begriffe ohne besondere Anbindung an bestimmte Bereiche kam hinzu: *billig, flot* (»flott«), *pludselig* (»plötzlich«), *munter* usw.

Im 17. und 18. Jahrhundert führte der Adel etliche französische Vokabeln ein, darunter *Baron, Atelier, Premiere, Direktør, Patrulje, Dessert, Redaktør, Annonce.* Zu den italienischen Lehnwörtern zählen *Saldo, Konto, Piano* und *Cello.*

Gegen die verbreitete Geringschätzung der dänischen Sprache wehrten sich mit dem erwachenden Nationalbewusstsein vor etwa 150 Jahren mehrere dänische Autoren. Zu ihnen gehörte Edvard Lembke, der die Sprache seiner Heimat in einem noch heute gesungenen Lied geradezu romantisch verklärte. In dem Lied heißt es:

»Unsere Muttersprache ist lieblich,
sie hat so mild einen Klang;
womit kann ich sie vergleichen und
wie preisen im Sang?«

Heute ist Dänisch diejenige skandinavische Sprache, deren Aussprache sich von Generation zu Generation am schnellsten verändert. Schneller als in den meisten anderen Ländern haben sich in Dänemark in den vergangenen 100 Jahren auch die Dialekte zurückentwickelt. Allerdings gibt es weiterhin erhebliche regionale Unterschiede zwischen der Sprache der Menschen auf Seeland, auf Fünen und in Jütland.

Eine Besonderheit des dänischen Schriftbilds sind die Buchstaben æ, ø und å, die außerhalb Skandinaviens nur begrenzt verbreitet oder gar nicht bekannt sind. Sie entsprechen in der

Aussprache in etwa den deutschen ä, ö und o. Beim Nachschlagen im Wörterbuch sollte man aufpassen: Ein Wort wie *Æble* (»Apfel«) steht nicht ganz vorn im Alphabet, etwa unter »Ae«, vielmehr sind die genannten æ, ø und å erst ganz am Ende, noch hinter »Z«, zu finden.

Charakteristisch für das Dänische ist, dass der bestimmte Artikel nicht vor dem Substantiv steht, sondern – für Deutsche ganz ungewohnt – an dieses angehängt wird (was übrigens auch für die beiden anderen skandinavischen Sprachen Norwegisch und Schwedisch gilt). Bei dem Beispiel »Haus« heißt es demnach im Deutschen »das Haus«, was im Dänischen *Huset* entspricht. Kommt also der deutsche Tourist durch ein dänisches Städtchen und stößt auf Schilder wie zum Beispiel *Sparekassen,* mag er sich wundern, dass dieser kleine Ort sich offenbar mehrere Sparkassen leistet. Das ist ein Missverständnis. Die Endung -en bedeutet nicht den Plural, sondern den bestimmten Artikel Singular. Man hat also »die Sparkasse«.

Im Dänischen gibt es weder das raue noch das weiche »ch«. Wenn ein Däne »Noch nicht« sagt, hört sich das gesprochen an wie »nok nikt«. Und wenn Ihnen vielleicht ein dänischer Bekannter erzählt, er habe eine »Nacktbar« besucht, dann meint er sicher etwas Harmloseres, eine »Nachtbar«. Ebenso wenig kennt das Dänische das »sch«, wie zum Beispiel in Schokolade. Die meisten Dänen sind sich bewusst, dass sie die korrekte Aussprache des deutschen »sch« nie ganz hinkriegen. »Schön« klingt bei ihnen wie »ssjön« oder »ssön« – was wiederum bei den Deutschen den Effekt erzielt, dass sie den dänischen Akzent bei deutsch sprechenden Dänen als sehr sympathisch und liebenswert empfinden. Schlagersängerinnen wie Gitte und Vivi Bach erfreuten sich nicht zuletzt wegen dieses charmanten Akzents so großer Beliebtheit beim deutschen Publikum der 1960er Jahre.

Während die Dänen richtig büffeln müssen, um sich die (nicht nur für sie) recht schwierige deutsche Grammatik anzueignen, ist dies im umgekehrten Fall für Deutsche weitaus einfacher. Für sie sind die grammatikalischen Regeln des Dänischen sehr überschaubar, ähnlich der englischen Grammatik.

Dafür gibt es allerdings andere Hürden zu überwinden. Gerade im Falle von Deutsch und Dänisch, zwei verwandten germanischen Sprachen, zeigt sich eine oft verblüffende Ähnlichkeit, die aber wiederum sprachliche Fallen nicht ausschließt und zu etlichen Verwechslungsmöglichkeiten führen kann. Einige Beispiele: »Fahren« heißt auf Dänisch *køre,* »Schein« *Skin,* aber nur in bestimmten Zusammenhängen, zum Beispiel bei dem dänischen Wort für »Mondschein« – *Måneskin.* »Fahrschein« heißt aber nun nicht *Køreskin,* sondern *Billet.* Auch ist die »Fahrkarte« (für die Bahn) nicht die *Kørekort* (das bedeutet »Führerschein«!), sondern ebenfalls das *Billet.* Die Verwirrung wird nicht geringer, wenn man sich einen Stadtplan von Kopenhagen kaufen will. »Stadt« heisst *By,* und »Plan« heißt *Plan* – also *Byplan?* Weit gefehlt. Im Geschäft wird man den Käufer etwas verständnislos anblicken, er hätte nach einer *Bykort* fragen müssen. *Gæld* bedeutet nicht Geld, sondern Schulden, und die Meldung *Færgen er forsinket!* nicht, dass die Fähre zwischen Puttgarden und Rødby untergegangen ist, sondern sich nur verspätet.

Während selbst Ungeübte die dänische Schriftsprache relativ leicht entschlüsseln und etwa bei der Lektüre dänischer Zeitungen schnell den Sinn des Textes erfassen können, ist das mündliche Dänisch, nämlich die Aussprache, wirklich schwierig. Eine der größten Hürden bei der Aussprache ist der Konsonant »d«, der u.a. in Wörtern wie *bede* (»bitten«) oder *Nåde* (»Gnade«) vorkommt. Er liegt in etwa zwischen dem englischen »th« (wie in together) und einem deutschen »l«, und muss lange geübt werden. Das immer wieder zitierte Paradebeispiel *Rødgrød med fløde* ist für jeden Nicht-Dänen *der* Zungenbrecher überhaupt. Wer als Ausländer es eines Tages wirklich schafft, den dänischen Namen dieses gängigen Desserts (Rote Grütze mit Sahne) korrekt auszusprechen, ist zumindest sprachlich schon mal einen großen Schritt weiter.

Von den Wikingerkönigen zur parlamentarischen Demokratie – eine kurze Geschichte Dänemarks

Die ältesten Funde menschlicher Besiedlung in Dänemark stammen von Rentierjägern aus dem 13. Jahrtausend v. Chr. Um 3900 v. Chr., dem Beginn der Jüngeren Steinzeit, begann die Zeit des Ackerbaus und der Viehzucht. Diese ersten Bauern waren auch Baumeister, die große Versammlungsplätze anlegten, umgeben von Gräben und Palisaden. Außerdem errichteten sie Grabmonumente aus Stein, Dolmen und Hünengräber. Die letzte Phase der Steinzeit (bis ca. 1700 v. Chr.) lag zeitgleich mit der frühen Bronzezeit auf den Britischen Inseln und in Mitteleuropa. Waffen und Werkzeuge aus Kupfer und Bronze hielten jetzt Einzug im Norden.

Die kuppelförmigen Grabhügel, die Gräber aus der älteren Bronzezeit bergen, prägen die dänische Landschaft noch heute. Die Toten wurden in ihrer Kleidung begraben – die Frauen mit aufgestecktem Haar sowie Bronze- und Goldschmuck, die Männer mit Waffen. In der Eisenzeit (ca. 500 v. Chr.–750 n. Chr.) veränderte sich allmählich die Struktur der Bebauung, die Höfe wurden größer. Ein anschauliches Bild von den Menschen dieser Epoche bieten die erstaunlich gut erhaltenen Moorleichen aus der frühen Eisenzeit, wie beispielsweise der *Tollund-Mann* und der *Grauballe-Mann*.

Ende des 2. Jahrhunderts v. Chr. zogen die Kimbern und Teutonen, ursprünglich auf der Halbinsel Jütland beheimatet, nach Süden. Sie brachten den Heeren Roms zunächst empfindliche Niederlagen bei, bis sie von den römischen Legionen schließlich besiegt wurden.

Aus den ersten vier Jahrhunderten n. Chr. sind viele Funde römischer Waren wie Waffen, fein gearbeitete Haushaltsgeräte und Edelmetalle bekannt. In der ersten Hälfte dieser Epoche bestand der Import vor allem aus Kunsthandwerk aus Süditalien. Von etwa 200 bis 400 n. Chr. wurden hauptsächlich in Massenproduktion hergestellte Waren aus den römischen Provinzen eingeführt. Die große Menge von in Dänemark gefundenen Importwaren zeugt von engen Handelsverbindungen mit dem Römischen Reich.

Die Geburt Dänemarks

Um 700 war die Macht der Merowinger gebrochen, und die äußeren Provinzen des Frankenreiches befreiten sich. Dies gab Raum für eine dänische Machtentfaltung in den südlichen Nordseegebieten sowie in Sachsen und Friesland, und mit der Stadt Ribe erhielt Dänemark seinen ersten internationalen Handelsplatz. Unter Gudfred wurde Dänemarks südliche Grenze mit einem neuen Wall, dem *Dannewerk,* befestigt.

810 wurde Gudfred ermordet, und mehrere Zweige des Königshauses stritten danach um die Herrschaft. Die Kämpfe trieben die Beteiligten oftmals ins Exil, und die dänischen Herrscher waren ständig von heimkehrenden Rivalen bedroht. Nach einigen Wirren ergriff Mitte des 10. Jahrhunderts Gorm der Alte die Macht – als König in Dänemark. »König Gorm, der zum Nutzen Dänemarks gewirkt hat, ließ seiner Frau dieses Denkmal setzen« – so steht es auf dem kleineren der beiden Runensteine vor der Kirche in Jelling. Es ist der erste Beleg auf dänischem Boden für den Namen des Landes.

Nachfolger Gorms als König wurde 958 sein Sohn Harald I. (Blauzahn). Von da ab wurde die Königswürde vererbt, und die dänische Monarchie hat seitdem ununterbrochen fortbestanden. Auch Harald errichtete einen Runenstein in Jelling, dessen Text lautet: »König Harald gebot, dieses Denkmal für seinen Vater Gorm und seine Mutter Thyra zu setzen, jener Harald, der ganz Dänemark und Norwegen gewann und die Dänen zu Christen machte.« Dieser berühmte Runenstein, den man auch als Taufschein Dänemarks bezeichnet, ist nicht nur nationales Dokument, sondern gleichzeitig auch der offizielle Abschied vom Glauben an die alten Götter. Denn ab 948 erfolgte die

Christianisierung Dänemarks, und Harald Blauzahn nahm selbst um das Jahr 965 den christlichen Glauben an.

Die Herrschaftsgewalt des Königs basierte auf der Kontrolle der Häuptlinge, die auf lokaler Ebene die Macht besaßen. Im 11. Jahrhundert, zur Zeit Knuds IV. des Heiligen, versuchte das Königtum, seine Macht zu erweitern, indem Knud die Anerkennung königlicher Rechte vorantrieb und die private Rechtsprechung durch eine öffentliche zu ersetzen suchte. Seine Forderungen nach festen Beiträgen zum Militärwesen kosteten ihn im Jahr 1086 wohl auch das Leben – er wurde durch dänische Häuptlinge ermordet.

Danach mussten sich die dänischen Könige damit abfinden, dass sie nur in Absprache mit dem Adel und dem Klerus regieren konnten. Die Position der Kirche war nach der Errichtung eines dänischen Erzbistums in Lund gestärkt, und die Streitigkeiten unter den Nachfahren schwächten die Königsmacht bis in die Mitte des 12. Jahrhunderts noch weiter. Der Kampf um die Krone führte zu einer Reihe von Morden innerhalb der königlichen Familie.

Die Wikinger

Währendessen hatte um 800 die Zeit der Wikinger begonnen, jener Unholde, die sich auf friedliche Mitteleuropäer stürzten und Städte, Kirchen und Klöster plünderten.

Erstaunlicherweise hat sich das Bild vom hünenhaften, bärtigen, äxteschwingenden Wikinger mit Hörnerhelm bis heute erhalten – und das Klischee wird hier und da auch immer noch fleißig in der Werbung verwendet.

Hinter diesem Bild verbergen sich weitaus komplexere politische, soziale und kulturelle Zusammenhänge – aber immerhin, der Auftakt war wirklich martialisch und verbreitete Schrecken. Die *Angelsächsische Chronik* erwähnt für das Jahr 793 einen Wikingerüberfall auf das Kloster der Hebriden-Insel Lindisfarne, dicht vor der Nordostküste Englands:

»In diesem Jahr erschienen Wahrzeichen aus Feuer über Northumbria, die dem Volk große Furcht einflößten. [...] Diesen Zeichen folgte unmittelbar eine Hungersnot, und kurz danach im selben Jahr, am 8. Juni, wurde die Kirche Gottes auf Lindisfarne durch das Wüten der plündernden und mordenden Heiden erbarmungswürdig verwüstet.«

In den folgenden gut 300 Jahren segelten die Wikinger in ihren offenen, rahgetakelten Booten die Küsten Europas entlang und gingen – je nach den Umständen – als Seeräuber, Händler oder Kolonisatoren an Land.

Der Begriff *viking* (»Wiking«) ist durch Runensteine und historische Quellen belegt und bedeutet wahrscheinlich »Seekrieger« oder »Heerfahrt zur See«. Außerhalb Skandinaviens bezeichnete man die Wikinger als »Normannen« (»Männer aus dem Norden«) oder »Ascomannen« (»Eschenmänner«) »Dani« (»Dänen«) oder auch »Rus« und »al-Magus«. Schweden, Norwegen und Dänemark hatten in dieser Zeit jeweils eigene Interessensphären, die der geographischen Lage der Länder entsprachen. Die Schweden segelten über die Ostsee Richtung Baltikum und von dort über die russischen Flüsse bis zum Schwarzen und Kaspischen Meer. Zielgebiet der Norweger waren die westwärts gelegenen Britischen Inseln im Atlantik und Irland. Die Dänen wiederum segelten die Küsten Westeuropas entlang und nach Ostengland.

Ungeachtet solcher »national« unterschiedlicher Einsatzgebiete ist es nicht möglich, bei den Schiffsbesatzungen, die an den Küsten Europas landeten, Norweger, Schweden und Dänen eindeutig voneinander zu unterscheiden. Die Mannschaften waren oft gemischt.

Schon zu Beginn des 9. Jahrhunderts waren die Überfälle der Wikinger von der See aus so zahlreich geworden, dass Karl der Große zwischen Rhein und Seine-Mündung eine Küstenverteidigung gegen Seeräuber organisieren musste, die »in der Nordsee heerten«. Dem Unternehmungsgeist und der Beutelust der Wikinger waren keine Grenzen gesetzt. 841 segelte eine Wikingerflotte die Seine flussaufwärts und plünderte Rouen, 845 eine weitere Hamburg, im selben Jahr wurde auch Paris überfallen. Um 860 beschrieb der Mönch Ermentarius von Noirmoutier die Verheerung durch die Wikinger:

> »Die Anzahl der Schiffe wächst. [...] Überall werden die Christen Opfer von Massakern, Brandschatzungen und Plünderungen. Die Wikinger erobern alles, was auf ihrem Weg liegt. [...] Sie nehmen Bordeaux, Périgeux, Limoges und Toulouse ein. Angers, Tours und Orléans sind ausgelöscht. Eine Flotte unzählbarer Schiffe segelt die Seine herauf. [...] Rouen ist verwüstet, geplündert und verbrannt. Paris, Beauvais und Meaux sind eingenommen.«

Einige Jahre später eroberten Dänen Gent, später brannten sie Maastricht, Lüttich, Jülich, Neuss, Köln und Bonn nieder. Bis zum Ende des 9. Jahrhunderts gab es immer wieder Kämpfe, doch später wurde die Verteidigung gegen die Wikinger besser organisiert, und Westeuropas Küsten blieben verschont.

Bevorzugtes Ziel und größte Einnahmequelle der dänischen Wikinger war England. Das Land war in mehrere kleinere Königreiche aufgeteilt, die oft im Streit miteinander lagen – eine Situation, die die Dänen auszunutzen wussten. 835 kam es zu Plünderungen an der Themse-Mündung, Auftakt für dänische Aktionen in den folgenden zwei Jahrhunderten. Die Plünderungen, Gebietseroberungen und nachfolgenden Besiedlungen fanden ihren Abschluss mit der Eroberung Englands durch Svend Tveskæg (Gabelbart) und Knud den Großen im 11. Jahrhundert.

Der Grund für die plötzliche Expansion der skandinavischen Länder Anfang des 9. Jahrhunderts ist oft diskutiert worden. Wahrscheinlich kulminierte, was bereits in den Jahrhunderten vor der Wikingerzeit vor sich ging. Das Vordringen der Araber im Mittelmeerraum in der ersten Hälfte des 8. Jahrhunderts unterbrach den Warenaustausch zwischen Byzanz und Westeuropa, und es mussten neue Handelswege gefunden werden. Diese führten jetzt durch die Ostsee und Skandinavien über die russischen Flüsse Dnjepr und Wolga. Die Wikinger waren reiselustig, neugierig, und sie waren sehr gut über die instabilen politischen Verhältnisse orientiert, die vielerorts in Westeuropa herrschten. Mit der Verschiebung der europäischen Handelszentren nach Norden eröffneten sich neue Möglichkeiten für leichte Beute, und die Wikinger waren klug genug, diese neue Situation auszunutzen.

Das Schiff spielte in diesem Zusammenhang eine entscheidende Rolle. Die nordischen Schiffe waren seetüchtige, schnelle Fahrzeuge, die sich für Überraschungsangriffe und schnellen Rückzug hervorragend eigneten. Typisch für das Wikingerschiff sind spitz zulaufendes Bug und Heck, mit gleichmäßig gewölbtem Übergang vom Kiel zum Steven. Spanten und Balken der inneren Versteifung sind in symmetrischen Abständen quer angebracht, gleichmäßig verteilt über die ganze Länge des Schiffes. Die Konstruktion der äußeren Bootsschale zeigt Klinkerbauweise, das heißt Planken, die sich entlang der Kanten überlappen. Gesteuert wurde das Schiff mit einem Seitenruder, das im Heck des Fahrzeugs in Fahrtrichtung rechts angebracht war. Antriebsmittel waren Segel und Ruder. Das Schiff hatte einen Mast und ein viereckiges Rahsegel.

Etwas vereinfacht lassen sich die Schiffe der Wikingerzeit in zwei Kategorien einteilen: Handelsschiffe und Kriegsschiffe. Die Handelsschiffe waren hoch und breit gebaut. Sie hatten vorn und achtern ein Halbdeck, sowie mittschiffs einen offenen Raum für Lasten. Die Handelsschiffe waren nur mit wenigen Rudern ausgerüstet, die für besondere Manöver gedacht waren, ansonsten reine Segelboote. Die Kriegsschiffe waren eher niedrig und schmal und hatten ein geschlossenes Deck. Es waren kombinierte Segel- und Ruderfahrzeuge. Wer sich einen Eindruck vom Schiffsbau der dänischen Wikinger machen möchte, dem sei ein Besuch des Wikingerschiffsmuseums direkt am Ufer des Roskilde Fjords angeraten.

In Dänemark waren die Wikinger Teil einer zutiefst bäuerlichen Gesellschaft, die hierarchisch organisiert war. Die Besitzverteilung war äußerst ungleich, und nur ein kleiner Teil der Bevölkerung besaß politische Rechte. Die führenden Männer hatten ihre eigenen Gefolge und Kriegerscharen, wie es bei den Häuptlingen auch lange nach Ende der Wikingerzeit noch üblich war. Die gemeinen Mitglieder der Gesellschaft werden in den Quellen kaum genannt. Kriegsgefangene wurden oft versklavt.

Die Landwirtschaft der Wikingerzeit basierte überwiegend auf der Viehzucht. Erst in den Jahrhunderten nach der Wikingerzeit begann die Aufspaltung der Ländereien der großen Höfe in kleinere Einheiten. Dies führte zur Entstehung der vielen neuen Dörfer, die Ortsnamen mit typischen Endungen wie *-rød, -torp* (heute -rup, -drup, -trup und -strup) bekamen.

Dänemark erfuhr durch die drei Jahrhunderte der Wikingerzeit eine fundamentale Veränderung. Von einem nahezu unbekannten heidnischen Gebiet entwickelte sich das Land bis zum Ausgang der Wikingerzeit zu einem fest etablierten Königreich, das zur christlichen Gemeinschaft Europas gehörte. Das Ende der Wikingerzeit wird auf die Mitte des 11. Jahrhunderts datiert, und man nimmt oft das Todesjahr König Hardeknuds (1042) als Datum für den Beginn einer neuen Zeit. Sein Tod bedeutete das Ende einer Epoche, in der dänische Könige auf Englands Thron saßen.

Das Mittelalter

Als Valdemar I. der Große (1157–1182) den Thron bestieg, begann die *Zeit der Valdemare,* wie dänische Historiker die Epoche von 1157 bis 1241 bezeichnen. Unter Valdemar I. dem Großen und seinen beiden Söhnen Knud VI. und Valdemar II. (der Sieger) wurde die Zentralgewalt entscheidend gestärkt.

Eine entscheidende Persönlichkeit aus der Zeit Valdemars des Großen war dessen Jugendfreund und langjähriger Vertrauter Bischof Absalon von Roskilde (1128–1201), ein martialischer Kirchenmann und Politiker und der Gründer Kopenhagens. Absalon gehörte einer der mächtigen Familien an, die ab Mitte des 12. Jahrhunderts in der dänischen Kirche ebenso wie gegenüber dem dänischen Königshaus großen Einfluss besaßen. Das Reiterstandbild auf dem zentral gelegenen Højbro Plads in Kopenhagen, in Sichtweite von Schloss Christiansborg, zeigt den Bischof in kriegerischer Pose mit der Streitaxt in der Hand – und das nicht von ungefähr. Absalon leitete die dänische Verteidigung gegenüber dem Hauptfeind des Reiches, den in Nordostdeutschland siedelnden Wenden, einem westslawischen Volk.

Zur Abwehr dieses Gegners wurde ein Verteidigungssystem an strategisch wichtigen Punkten der Küste errichtet. Auch am Øresund ließ Absalon im Jahre 1167 unmittelbar vor der Hafeneinfahrt auf der Insel Strandholmen, dem späteren Slotsholmen, eine Burg errichten. Damit war der Grundstein für Dänemarks künftige Hauptstadt gelegt. Der Hafen der Kaufleute, der »Kaufmannshafen« *(Købmændenes Havn = København)*, wie Kopenhagen genannt wurde, entwickelte sich im Schutze dieser Festung schnell zu einem blühenden Handelsplatz. Die Stadt blieb für den größten Teil des Mittelalters Eigentum der Bischöfe von Roskilde. Aber dem Königtum, das im Verlaufe längerer Zeiträume in Konflikt mit der Kirche stand, gelang es schließlich, diese wichtige Festung und den Handelsplatz am Øresund selbst in die Hand zu bekommen.

1169 eroberten die Dänen die Kultstätte der Wenden auf Rügen, Arkona, und die Insel fiel an den Bischofssitz in Roskilde. In seinem monumentalen Gemälde »Die Einnahme von Arkona durch Valdemar den Großen und Bischof Absalon im Jahre 1169« aus dem späten 19. Jahrhundert hat der dänische Maler Laurits Tuxen dieses Ereignis dargestellt. Das Bild (heute im Nationalmuseum auf Schloss Frederiksborg) zeigt den Höhepunkt der Eroberung: Die gefällte Statue der heidnischen Gottheit liegt zu Füßen des dänischen Königs und seines Bischofs. Das Ereignis ist aus der berühmten Dänemark-Chronik überliefert, die im Auftrag von Bischof Absalon verfasst wurde – den *Gesta Danorum* (»Die Taten der Dänen«). Es handelt sich um eine Geschichte Dänemarks von der Frühzeit bis zur damaligen Gegenwart. Verfasser dieser in klassischem Latein geschriebenen Chronik war Saxo, mit dem Beinamen Grammaticus (ca. 1160 – ca. 1209). Er war am Hofe von Erzbischof Absalon als Sekretär angestellt und erhielt den Auftrag, ein Werk über die Geschichte der Dänen zu schreiben. Dieses wurde jedoch erst unter Absalons Nachfolger abgeschlossen und diesem sowie König Valdemar II. dem Sieger gewidmet. Die *Gesta Danorum* gelten als Dänemarks erstes größeres literarisches Werk und gleichzeitig als eines der bedeutendsten Geschichtswerke des Mittelalters. Die Chronik sollte demonstrieren, dass Dänemark eine ebenso glorreiche und lange Geschichte mit einer ununterbrochenen Folge von Königen hatte wie andere Reiche. Im Ausland scheinen die *Gesta Danorum* nicht weiter bekannt gewesen zu sein, vielleicht aber hat *eine* Geschichte, die von Amled, später Shakespeare inspiriert, der den dänischen Prinzen in seinem Schauspiel »Hamlet« unsterblich gemacht hat. Saxos Werk war im Übrigen in Dänemark bis ins 19. Jahrhundert Vorbild für die Geschichtsschreibung.

Im Jahre 1219 übernahmen die Dänen unter Valdemar II. in der Zeit der Kreuzzüge gegen die heidnischen Wenden die Kontrolle über Estland. In dieses Jahr fällt auch ein für das nationale Geschichtsbewusstsein der Dänen entscheidendes Ereignis: die Herkunft und historische Legitimation ihrer Nationalflagge, des *Dannebrog* (»Tuch der Dänen«). Die Legende will, dass sie am 15. Juni 1219 während einer Schlacht in Estland vom Himmel fiel. An diesem Tag kam es beim heutigen Tallinn zu einer Schlacht zwischen den heidnischen Esten und einem dänischen Kreuzfahrerheer unter König Valdemar II. Der Legende nach gerieten die Dänen in Bedrängnis, aber aufgrund des Gebets von Erzbischof Anders Sunesøn fiel der *Dannebrog,* die spätere Nationalflagge Dänemarks mit weißem Kreuz auf rotem Grund, vom Himmel, worauf die Dänen neuen Mut schöpften und die Schlacht gewannen. Eine schöne Legende, die aber erst um 1500 entstanden sein dürfte und an den Sieg des weströmischen Kaiser Konstantins des Großen (»In diesem Zeichen wirst du siegen«) im Jahr 312 über seinen Rivalen Maxentius erinnert.

Auch Holstein wurde dem ausgedehnten Reich der Valdemare hinzugefügt, und die Lübecker mussten den dänischen König als ihren obersten Herrscher anerkennen. Um 1200 erreichte das dänische Königtum den Gipfel seiner Macht, und Valdemar II. trug mit Recht den Beinamen *Sejr,* der Sieger. Bald jedoch begann die Herrschaft zu zerbröckeln. Die über die Ostsee ging verloren, und der Versuch, sie zurückzugewinnen, führte zur Niederlage Valdemars II. gegen ein deutsches Koalitionsheer unter Adolf IV. von Schauenburg und Holstein. Dänemarks Zeit als Großmacht war vorbei.

Neben der zunehmenden Macht des Königs erlebte das Land ein Wirtschaftswachstum. Die Verwaltung erhöhte ihre Einnahmen durch die Erhebung von Zöllen, Münzprägung und Bußgeldforderungen, und die Bewohner des Landes waren in zunehmendem Maße in der Lage, mit Münzen zu bezahlen. Das sogenannte *Grundbuch* König Valdemars ermöglicht heute noch einen Einblick in die vielfältigen Einnahmequellen, die dem König um 1200 zur Verfügung standen. So wurde zum Beispiel die ältere Lehnspflicht, den König militärisch zu unterstützen, teilweise durch Geldzahlungen ersetzt.

Dänemarks Bevölkerung wuchs auf mehr als eine dreiviertel Million Menschen an. Mit der fortschreitenden wirtschaftlichen Entwicklung des Landes entstand ein System von Marktstädten. Waren die Dörfer noch von großen Höfen mit abhängigen Kleinbauern geprägt, so entwickelten sich im Laufe des 13. Jahrhunderts in den Bischofsstädten und in den Handelsstädten kommunale Regierungsformen mit einer Ratsverwaltung. Gleichzeitig veränderte der internationale Handel seinen Charakter. Anstelle des Austauschs von Luxuswaren wie Häuten, Pelzen und Sklaven entstand ein Handel mit Gegenständen des täglichen Bedarfs.

Nach dem Tod Valdemars II. folgte um 1340 schließlich die Auflösung des Reiches. Die Expansionsversuche in Norddeutschland, steigende Ausgaben für die Hofhaltung und kostspielige Auf- und Ausbauten der Befestigungsanlagen führten zu einer hohen Staatsverschuldung. Die Krone begann, eine Reihe Sondersteuern und -abgaben, wie etwa eine Pflugsteuer, zu erheben, doch war ihre einzige richtige Einnahmequelle die Verpfändung von Lehen und Ländereien. Schon 1325 war etwa die Hälfte aller Lehen verpfändet, und in der königlosen Zeit von 1332 bis 1340 stand das ganze Reich unter holsteinischer oder schwedischer Herrschaft.

Kalmarer Union und Spätmittelalter

Ein Wiedererstarken des Reiches und die Pest – diese beiden Ereignisse kennzeichnen die Regierungszeit Valdemars IV. (Atterdag) von 1340 bis 1375. »Der Schwarze Tod« kam 1350, 1360 und 1368/69 nach Dänemark und raffte große Teile der

Bevölkerung dahin. Auf dem Land lagen viele Felder brach, und viele Höfe verfielen. Valdemar Atterdag gelang es mit List und auch Gewalt, die verpfändeten Landesteile nach und nach wieder zu vereinnahmen. 1360 hatte er sein Ziel erreicht, und das wiedererstarkte Königtum nahm Gestalt an.

Als größter außenpolitischer Erfolg Valdemar Atterdags erwies sich die Vermählung seiner Tochter Margrete mit König Håkon VI. von Norwegen. Nach Valdemars Tod im Jahre 1375 wurde Margretes Sohn Oluf zum König von Dänemark gewählt, das sie in seinem Namen regierte. Nach dem Tod von Håkon und Oluf ließ Margrete sich 1387 zur Herrscherin von Dänemark ausrufen. Nur ein Jahr später wurde sie zunächst zur Regentin von Norwegen gewählt, und kurze Zeit darauf machte der schwedische Adel sie auch zur Herrscherin über Schweden.

Als Erik VII. von Pommern, ein Verwandter Margretes, zum König der Union gekrönt wurde, schuf die Kalmarer Union von 1397 die verfassungsmäßige Grundlage für die Drei-Staaten-Union. Von da an gehörte Norwegen bis 1814 zum dänischen Königreich, während das Verhältnis zu Schweden nie gefestigt wurde, weil es von ständigen Bemühungen der Schweden geprägt war, sich von der dänischen Oberhoheit zu lösen. Der erste schwedische Kampf für die Unabhängigkeit war der Aufstand von 1434 bis 1436; im 15. Jahrhundert schwankte der schwedische Reichsrat zwischen Unterwerfung unter die dänische Vormacht und Selbstverwaltung.

Sønderjylland (Südjütland) oder Schleswig, wie der Landesteil inzwischen genannt wurde, war im Laufe der Wirren des 14. Jahrhunderts an die Holsteiner verlorengegangen, und alle Versuche, das Herzogtum zurückzuerobern, endeten mit Niederlagen. 1460 trafen die schleswig-holsteinische Ritterschaft und König Christian I. ein Abkommen, das ihn zum Herzog von Schleswig und Grafen von Holstein machte. Als Gegenleistung musste der König garantieren, dass beide Länder »auf ewig ungeteilt« bleiben sollten.

Während der niedere Adel unter schwindenden Einnahmen aus den bäuerlichen Betrieben litt, gewann der Hochadel zunehmend Land hinzu und legte enorme Güter an. Der Hochadel und die Führer des Klerus regierten mit ihrem Sitz im Reichsrat das Land gemeinsam mit dem König. Die übrigen Stände, Bürger und Bauern, hatten nur geringen Einfluss. Eine Reihe von Volksaufständen, die in einem Bürgerkrieg, der sogenannten *Grafenfehde* (1534–1536) gipfelten, führte nur zu einer weiteren Stärkung des Zusammenhalts der führenden Schichten.

Reformation und Absolutismus

Das heutige Dänemark ist nur ein kleiner Teil des großen Reiches, über das Christian III. nach dem Sieg in der *Grafenfehde* als König herrschte. Dänemark umfasste damals auch die (heute schwedischen) Regionen Schonen, Halland, Blekinge, Gotland und Øsel. Hierzu kam Norwegen mit seinen nordatlantischen Besitzungen (den Färöer Inseln, Island und Grönland). Außerdem stand das Herzogtum Schleswig in einem Lehnsverhältnis zur dänischen Krone, und der oldenburgische Monarch war zugleich Herzog von Holstein. 1536 siegte die Reformation, und die Kirche wurde zu einer lutherischen Fürstenkirche.

Ab 1596 wurde Dänemark-Norwegen von Christian IV. (1577–1648) regiert. Ungeachtet seiner glücklosen außenpolitischen Abenteuer nimmt Christian IV. im Bewusstsein der Dänen bis heute einen ganz besonderen Platz ein. Nicht nur die ausführlich beschriebenen und häufigen Zechtouren Christians IV. haben zu seinem Ruf als einer der volkstümlichsten Regenten in der Geschichte Dänemarks verholfen. Darüber hinaus hat seine 52 Jahre dauernde Regentschaft viele Spuren hinterlassen: Er war ein großer Mäzen, der zahlreiche Künstler und Handwerker nach Dänemark holte, ein äußerst reger Bauherr (in Kopenhagen unter anderem die Börse, Schloss Rosenborg und der Runde Turm) und auch ein Städtegründer. Das schleswig-holsteinische Glücksburg etwa geht auf Christian IV. zurück; in Norwegen wurden die Städte Kristiansand und Kristianstad nach ihm benannt, in Schweden der Ort Kristianopel (Gemeinde Karlskrona). Die norwegische Hauptstadt hieß von 1624 bis 1876 zu Ehren des Königs Christiania (ab 1877 Kristiania geschrieben) und wurde erst 1925 in Oslo umbenannt.

Und so erklärt sich dann auch der Ursprung des Namens der alternativen Wohnsiedlung in Kopenhagen, der Freistadt Christiania.

Dänemark war weiterhin eine Ständegesellschaft, die sich aus einem hochprivilegierten Adelsstand, der Geistlichkeit, den Bürgern und einem großen Bauernstand zusammensetzte. Um 1660 lebten etwa 600 000 Menschen in Dänemark. Die Bauern, die etwa 60 000 Höfe bewirtschafteten, machten etwa drei Viertel der gesamten Bevölkerung aus, der Klerus rund fünf Prozent – genauso viel wie die völlig Mittellosen. Die Stadtbevölkerung zählte ungefähr 100 000 Menschen (etwa 15 Prozent), von denen rund 30 000 in Kopenhagen lebten, während der Adel aus weniger als 2000 Personen bestand; diesen gehörte jedoch nahezu die Hälfte des Landes, verteilt auf etwa 700 Gutshöfe und eine große Anzahl von Pachthöfen.

Bis 1660 wurde der König formal von den Ständen gewählt, in der Praxis jedoch vom Reichsrat, einer Versammlung des Hochadels mit einem Dutzend Mitgliedern, die gleichzeitig die wichtigsten Staatsämter bekleideten. Dieser wählte grundsätzlich den ältesten Sohn eines Herrschers zum neuen König. Im Gegenzug unterschrieb der König eine *Handfeste,* die die Macht zwischen König und Reichsrat aufteilte.

König und Reichsrat arbeiteten zusammen, während der Rest der Bevölkerung ohne jeden Einfluss war. Die Staatsmacht finanzierte sich überwiegend durch ihre Krongüter und durch Einnahmen aus dem Øresund-Zoll.

Dieses System funktionierte bis zum Anfang des 17. Jahrhunderts. Unter normalen Umständen waren die Aufgaben des Staates nicht besonders groß. Sie beschränkten sich auf die Einhaltung von Recht und Gesetz sowie die Sicherung der Ständeprivilegien, dazu zählten auch Heer und Flotte. Diese wurden jedoch nur in Krisen- und Kriegssituationen aktiviert. Wegen der vielen Kriege im 17. Jahrhundert geriet das System jedoch mehr und mehr unter Druck. Immer häufiger mussten die staatlichen Einnahmen durch die Erhebung direkter Steuern ergänzt werden, was den Reichsrat in ein nahezu unlösbares Dilemma brachte. Zu den Privilegien des Adels gehörte nämlich auch die Steuerfreiheit, so dass gerade die ärmsten Bevölkerungsschichten die Steuerlast zu tragen hatten. Nach dem Deutschen Krieg von 1625 bis 1629 richtete sich der Zorn gegen den Reichsrat, dem man vorwarf, Standesinteressen über die des Reiches zu stellen. Der Reichsrat verlor zunehmend an Glaubwürdigkeit, was 1660/61 schließlich zu seinem Fall führte.

König Frederik III. gelang es, den Reichsrat auszuschalten. Sein Auftreten hatte ihn in weiten Kreisen der Bevölkerung populär gemacht. Deshalb boten ihm die Stände – der Adel allerdings nur notgedrungen – im Oktober 1660 das Erbfolgerecht an, was ihn von nun an vom Reichsrat unabhängig machte. Der König nutzte seine neugewonnene Macht sofort, um die Regierungsform in eine absolutistische umzuwandeln, die im sogenannten *Königsgesetz* von 1665, der Verfassung des dänischen Absolutismus, festgeschrieben wurde. Damit war Dänemark übrigens das einzige Land in Europa, das überhaupt eine Verfassung des Absolutismus in schriftlicher Form bekam.

Dieser Wechsel leitete eine hektische Reformperiode ein, die in der Amtszeit Christians V. (1670–1699) ihren Höhepunkt erreichte. Ziel war eine Umwandlung der dänischen Gesellschaft in einen wohlgeordneten, hierarchischen Organismus mit der absolutistischen Monarchie als unbestrittenem Zentrum.

Im Laufe von nur einer Generation wandelte sich Dänemark von einer nahezu selbstverwalteten mittelalterlichen Ständegesellschaft in eine moderne Bürokratie. Die Gesetzgebung wurde in einem systematisch angelegten Gesetzbuch, dem *Dänischen Gesetz* Christians V. von 1683, standardisiert. Mit Hilfe des Astronomen Ole Rømer wurden einheitliche Maße und Gewichte eingeführt, aber die größte administrative Leistung war eine vollständige Vermessung und Registrierung der gesamten Agrarfläche für eine allgemeingültige Besteuerungsgrundlage. Der neue Staat ging zu einer direkten Besteuerung der Eigner und Nutzer des Landes über. Obwohl die Großgrundbesitzer weiterhin eine wichtige Rolle bei der Steuerverwaltung und der Aushebung von Soldaten spielten, schufen die Reformen am Ende des 17. Jahrhunderts ein solides Fundament für den stabilen bürokratischen Absolutismus des 18. Jahrhunderts.

Machtkampf um den Ostseeraum

Im Innern erfolgreich, im Äußeren schwach: Um 1560 hatten in Dänemark wie auch in Schweden die Regenten gewechselt, was das Ende der bis dato friedlichen Koexistenz bedeutete. Die schwedische Führung unter Erik XIV. wollte die dänische Vormachtstellung im Ostseeraum brechen. Der Nordische Siebenjährige Krieg (1563–1570) endete mit einem gegenseitigen Ausbluten der beiden Länder, ohne dass dabei die Landesgrenzen verändert wurden. Im Kalmarer Krieg (1611–1613) versuchten die Dänen, Schweden wieder in ihre Abhängigkeit zu bringen, was aber misslang. Von da an verschob sich die Macht zugunsten eines dynamischen Schwedens unter Führung Gustavs II. Adolf.

Den entscheidenden Wendepunkt in der dänischen Außenpolitik bildete das misslungene Eingreifen König Christians IV. in den Dreißigjährigen Krieg in den Jahren 1625 bis 1629. Christians katastrophale Niederlage im Jahre 1626 bei Lutter am Barenberg bedeutete den militärischen Zusammenbruch Dänemarks. Der demütigende Friedensschluss von 1629 und die militärischen Erfolge Gustavs II. Adolf in Deutschland ab 1630 machten deutlich, dass jetzt Schweden die beherrschende Macht im Ostseeraum war.

In den nun folgenden 30 Jahren ging es nur noch um Dänemarks Überleben als selbständiger Staat. Bei drei aufeinanderfolgenden Kriegen war es Schweden, das mit aller Macht versuchte, Dänemark seinem Ostseeimperium einzuverleiben. Als Karl X. im Februar 1658 das schwedische Heer über die zugefrorenen Belte führte, schien dieses Vorhaben beinahe zu gelingen. Die Katastrophe konnte nur verhindert werden, weil ausländische Mächte – an der Spitze die Niederlande – Schweden zum Frieden zwangen. Als Gegenleistung musste Dänemark alle östlich des Øresunds gelegenen Provinzen, darunter auch Schonen (aber außer der Insel Bornholm), an Schweden abtreten. Damit war das Land um ein Drittel seiner bisherigen Fläche reduziert und der Sund, die Schlagader des Ostseehandels, gleichzeitig zu einem internationalen Gewässer geworden.

Die beiden letzten Schwedenkriege – der Schonische Krieg

(1675–1679) und der Große Nordische Krieg (1709–1720) – wurden beide von Dänemark begonnen, um die Gebiete in Schonen von der nun schwächer gewordenen Großmacht Schweden zurückzuerobern. Dies gelang den Dänen nicht, da die europäischen Großmächte sich widersetzten.

Die Krise des Absolutismus

Der Frieden von 1720 leitete bis zum Krieg mit England zu Anfang des 19. Jahrhunderts die längste friedliche Epoche ein, die Dänemark bis dahin erlebt hatte. Die ersten Jahre nach 1720 allerdings waren von erdrückenden Rückzahlungen der Kriegsschulden und von einer Krise in der Landwirtschaft geprägt. Etwa ab Mitte des 18. Jahrhunderts wurde dank steigender Nachfrage nach Agrarprodukten und Tonnage auch in Dänemark der allgemeine europäische Aufschwung spürbar. Der Außenhandel blühte, und die Schifffahrt florierte. Die Gedanken der Aufklärung von Freiheit und Gleichheit brachten viele Dänen dazu, den Absolutismus von Gottes Gnaden in Frage zu stellen.

Der Absolutismus war im *Erbfolgegesetz* von 1661 und im *Königsgesetz* von 1665 festgelegt und seine Prinzipien in das *Dänische Gesetz* von 1683 eingearbeitet worden. Als politisches System wandelte sich der Absolutismus in Dänemark aber entsprechend den gesellschaftlichen Veränderungen. Hatte Frederik IV. sein Land noch wie ein kostenbewusster Gutsbesitzer regieren können, so war die tatsächliche politische Führung zur Amtszeit Christians VI. vom König auf die Minister im Rat übergegangen.

Endgültig geriet der Absolutismus in die Krise, als klar wurde, dass der junge König Christian VII. geisteskrank war. Sein Leibarzt Johann Friedrich Struensee übernahm 1770 die Macht und regierte mittels Kabinettsbeschlüssen, die vom König unterschrieben waren. Struensee wurde 1772 gestürzt und eine neue politische Institution, der Geheime Staatsrat, gegründet, in dem der König nach Anhörung seiner Minister seine Entscheidungen fällen sollte.

Während der Beamtenapparat in der Zentralverwaltung langsam an politischem Einfluss gewann, bekamen große Teile der Landbevölkerung die Beamten des Königs auf lokaler Ebene nie zu Gesicht. Das absolutistische System hatte die Steuereintreibung, die Aushebung von Soldaten und weitestgehend auch die Rechtsprechung den Gutsbesitzern übertragen. Erst Ende des 18. Jahrhunderts begann der Absolutismus eine staatliche Lokalverwaltung unter Beteiligung der Bevölkerung einzurichten.

Die Wirtschaft des Landes erlebte durch den langen Frieden in der ersten Hälfte des 18. Jahrhunderts ein allmähliches Wachstum und eine Modernisierung. Die landwirtschaftliche Produktion stieg im gleichen Maße wie die langsam anwachsende Bevölkerung. 1733 wurde die Erbuntertänigkeit eingeführt, das heißt, die männliche Bevölkerung durfte ihren Geburtshof nicht ohne Erlaubnis des Gutsbesitzers verlassen; neben dem Ziel, ausreichend Männer für die Landmiliz zur Verfügung zu haben, diente die Maßnahme vor allem dazu, den Gutsbesitzern billige Arbeitskräfte zu erhalten. Gleichzeitig wurden von der Regierung, ganz im Geiste der neuen merkantilistischen Ideen der Zeit, eine Reihe neuer Institutionen als Instrumente für die wirtschaftliche Verwaltung der Städte gegründet, so 1735 das *Kommercekollegium* (Handelskammer). Dies bedeutete eine wirtschaftliche Kontrolle durch Subventionsregelungen, Privilegien und Monopole, die erst gegen Ende des 18. Jahrhunderts schrittweise abgeschafft wurden.

Die Landwirtschaft erfuhr während der letzten 35 Jahre der langen Periode des Friedens durch große Agrarreformen eine tiefgreifende Umstrukturierung. In fast allen Dörfern wurde die mittelalterliche Form der Allmende aufgehoben. 1788 wurde die Erbuntertänigkeit abgeschafft.

Der Handel hatte die Kopenhagener Bürgerschaft wohlhabend gemacht und ihr Selbstbewusstsein gestärkt. Grundlage des neuen Reichtums bildeten mehrere Faktoren: die internationale Hochkonjunktur für Handel und Schifffahrt, die dänische Neutralitätspolitik, durch die dänische Schiffe auf den Weltmeeren gefragt waren, die gewaltigen Mengen von Waren aus Übersee, die über Kopenhagen auf den europäischen Markt gelangten, sowie die Frachteinnahmen aus Transporten unter der neutralen dänischen Flagge.

Die Meinungsfreiheit im Dänemark des 18. Jahrhunderts war durch offizielle Zensur und die Selbstzensur eingeschränkt, der sich die meisten Schriftsteller unterwarfen, um bei Machthabern und Mäzenen nicht in Misskredit zu geraten. Unter dem Einfluss von Struensee hob Christian VII. 1770 die Zensur auf. In den folgenden Jahren wurde die Gesetzgebung jedoch dahingehend verschärft, dass die Autoren vor dem Gesetz für ihre Schriften verantwortlich waren und dass – sofern sie ihre Texte anonym veröffentlichten – der Drucker zur Verantwortung gezogen würde. Trotz allem erlebte Dänemark in den letzten 15 Jahren des 18. Jahrhunderts eine weitgehende Meinungsfreiheit, und kontroverse Themen wie Religion, Kirche, Absolutismus und Gesellschaftsstrukturen wurden Gegenstand recht freier Debatten. Die Diskussionen wurden in Zeitungen, Zeitschriften und in den bürgerlichen Klubs geführt; es war die Zeit, in der Begriffe wie König und Untertan durch Staat und Bürger ersetzt wurden. 1799 verloren indes die Machthaber die Geduld und schränkten die Meinungsfreiheit erheblich ein; im Krieg gegen England 1807 bis 1814 wurde sogar wieder eine Zensur eingeführt.

Krieg mit England

Während der napoleonischen Zeit blieb Dänemark zunächst neutral, gab aber vielen, nicht immer neutralen Aktivitäten unter dänischer Flagge durch seine Kriegsschiffe Geleitschutz, wodurch es England gegen sich aufbrachte. Im Juli 1800 zwang England die Dänen, die Geleitschutzfahrten einzustellen, und als Dänemark daraufhin Russland um Unterstützung ersuchte und im Dezember 1800 dem Bewaffneten Neutralitätsbund, bestehend aus Russland, Schweden und Preußen und gegen England gerichtet, beitrat, antwortete England mit Krieg. Am 2. April 1801 durchbrach Admiral Nelson in der Schlacht auf der Reede vor Kopenhagen die dänische Verteidigungslinie. Unter Androhung eines Bombardements der Stadt durch die englischen Schiffe zwang England die Dänen, ihre Mitgliedschaft im Bewaffneten Neutralitätsbund aufzukündigen und die bis dahin verfolgte offensive Neutralitätspolitik aufzugeben.

Sechs Jahre später, 1807, bombardierten die Engländer Kopenhagen und konfiszierten die gesamte dänische Flotte. Der englische Angriff sollte verhindern, dass Napoleon die Kontrolle über die dänische Flotte übernahm und damit den für die Engländer wichtigen Ostseehandel hätte behindern können. Dänemark schloss sich daraufhin Napoleon an und beteiligte sich an Frankreichs Kontinentalsperre gegen England. Trotz des Einsatzes von Kanonenbooten und Kaperschiffen gelang es den Dänen jedoch nicht, die starken englischen Konvois an der Durchfahrt durch die dänischen Gewässer zu hindern. Das Ergebnis des Krieges war der dänische Staatsbankrott von 1813 und ein Jahr später der Kieler Friede, in dem König Frederik VI. Norwegen an den König von Schweden abtreten musste.

Auf dem Weg zur Verfassung

Nach dem Kieler Frieden bestand die dänische Monarchie aus vier Teilen: dem Königreich Dänemark (einschließlich Färöer Inseln, Island und Grönland) und den Herzogtümern Schleswig, Holstein und Lauenburg. Dänemark war zu einem Kleinstaat geschrumpft. Die Färöer und Grönland wurden von Kopenhagen aus verwaltet, während auf Island 1843 das Allting als beratende Versammlung wieder eingeführt wurde, das 1874 die gesetzgebende Verantwortung auf der Insel übernahm.

Die Zeit nach den Napoleonischen Kriegen war von Stagnation geprägt. Der Krieg hatte das Wirtschaftsleben schwer getroffen, und nach dem Staatsbankrott von 1813 folgte eine hohe Inflation. Die Landwirtschaft litt unter hohen Einfuhrzöllen, die die Engländer auf Getreide erhoben. Die Verhältnisse stabilisierten sich allmählich in den 1820er Jahren, und ab etwa 1830 erlebte die Landwirtschaft einen erneuten Aufschwung, der sich nach und nach auch auf das Gewerbe in den Städten auswirkte.

1831 beschloss die Regierung Frederiks VI., beratende Ständeversammlungen einzuführen. Bedingung für Wahlrecht und Wählbarkeit war Grundbesitz, wodurch sich drei Wahlgruppen ergaben: Gutsbesitzer, Grundeigentümer in den Städten und Grundbesitzer auf dem Lande, das heißt größere Bauern. 1835/36 traten die Ständeversammlungen zum ersten Mal zusammen. In Zusammenarbeit mit der Regierung führten sie unter anderem eine kommunale Selbstverwaltung ein. Außerdem verabschiedeten sie 1838 ein revidiertes Zollgesetz. Generell wünschten sich die Stände eine stärkere Kontrolle und eine sparsamere Führung des Staatshaushaltes; die Bauern forderten eine Weiterführung der Landwirtschaftsreformen, während die Liberalen (die Akademiker und die Geschäftsleute in den Städten) eine schnellere Liberalisierung der Wirtschaft, eine erweiterte Pressefreiheit und größere Rechte für die Ständeversammlungen wollten.

Die 1840er Jahre waren eine Zeit des gesellschaftlichen Umbruchs. Die Bevölkerung auf dem Land und in den Städten interessierte sich zunehmend aktiv für die gesellschaftlichen Belange. Gleichzeitig gewann der wirtschaftliche Aufschwung immer mehr an Fahrt. Die Haupteinnahmequelle des Landes bildete weiterhin die Landwirtschaft, doch vor allem in Kopenhagen setzte eine gewisse Industrialisierung ein.

Frederik VII. unterzeichnete nach langen und zähen Verhandlungen am 5. Juni 1849 die erste Verfassung Dänemarks, die sogenannte Juni-Verfassung. Das Gesetz war für seine Zeit weitgehend demokratisch, indem es die Freiheitsrechte der Bürger gewährleistete und ein Zweikammersystem (Folketing und Landsting) mit allgemeinem Wahlrecht für Männer vorsah.

Welche Stellung sollten die Herzogtümer Schleswig, Holstein und Lauenburg innerhalb der dänischen Monarchie haben? Ein Drittel der Bevölkerung Dänemarks und der Herzogtümer war nach 1815 deutsch. Holstein und Lauenburg traten beide dem Deutschen Bund bei und waren sprachlich wie kulturell deutsch, während Schleswig in sich geteilt war: Die meisten Gutsbesitzer, die Bürgerschaft in den Städten sowie die Bauern im größten Teil Schleswigs waren deutschgesinnt, wogegen die nordschleswigschen Landwirte überwiegend Dänemark nahestanden.

Die Konflikte zwischen Dänen und Deutschen führten schließlich zum Bürgerkrieg, und nachdem sich ab 1860 die Großmächte Preußen und Österreich in den Konflikt einmischten, musste Dänemark 1864 Schleswig, Holstein und Lauenburg abtreten. Eine ganze Generation lang hatte der deutsch-dänische Konflikt die dänische Politik beherrscht. Ab 1864 hielten nun wechselnde dänische Regierungen an der außenpolitischen Neutralität als Leitprinzip fest. Dänemarks Niederlage unterstrich die außenpolitische Machtlosigkeit des Landes, wurde aber zugleich Ansporn für einen inneren Neubeginn.

Umbruch in Wirtschaft und Gesellschaft

In der zweiten Hälfte des 19. Jahrhunderts erlebte die Landwirtschaft große Veränderungen. Neue Landstriche wurden kultiviert, und die Produktion wurde neu organisiert. In den 1880er Jahren schlossen sich die Landwirte zunehmend in Molkerei- und Fleischereigenossenschaften zusammen. Dadurch erhielten die kleineren und mittleren Betriebe eine führende Position in der landwirtschaftlichen Produktion. Mit den Landwirten als Kern entwickelte sich ab den 1860er Jahren eine typisch ländlich und landwirtschaftlich geprägte Kultur mit Hof und Familie als tragenden Elementen.

Ein wesentlicher Teil dieser Entwicklung waren religiöse Bewegungen. Bereits in den 1820er Jahren hatten sich Teile der Landbevölkerung, insbesondere auf Fünen und Seeland, für die religiösen Erweckungsbewegungen zu engagieren begonnen. Verbreitet wurden sie durch Laienprediger, die eine Hinwendung des Individuums zum Christentum forderten. 1853 als Vereinigung von Laienpredigern gegründet, wurde die Innere Mission in den 1860er Jahren zu einer Erweckungsbewegung innerhalb der dänischen Volkskirche. Sie hatte ihre Wurzeln im Pietismus, war geprägt von der Forderung nach einer inneren Bekehrung und erhielt großen Zulauf.

In der zweiten Hälfte des 19. Jahrhunderts entwickelte sich der sogenannte Grundtvigianismus, der auf den Gedanken des Pfarrers, Dichters und Politikers Nikolai Frederik Severin

Grundtvig über die Taufe, das Abendmahl und das Glaubensbekenntnis als wichtigste Elemente des christlichen Glaubens beruhte und der als kirchliche Reformbewegung ein wesentliches Element der dänischen Kirchengeschichte wurde.

Grundtvigs Ziel war es, das Christentum in nordisch volkstümlicher Form mit dem nationalen Gedanken zu verbinden. Sein Ideal war die Volkskirche, in der jede Gemeinde möglichst unabhängig sein sollte. Unter pädagogischem Aspekt wollte Grundtvig eine Alternative zum staatlichen Erziehungssystem schaffen. Sein pädagogisches Konzept war das »lebendige Wort« zwischen Lehrer und Schüler – die »Schule des Lebens«, was lebenslanges Lernen bedeutet. Grundtvigs Ideengut fiel in breiten Bevölkerungsschichten auf fruchtbaren Boden und erlangte über freie Schulen und Volkshochschulen sowie durch die Gründung von Wahlgemeinden und freien Gemeinden große Bedeutung vor allem für die Landbevölkerung. Grundtvigs kirchlicher und politischer Einfluss reichte über die Grenzen Dänemarks hinaus auch in die anderen skandinavischen Länder. Der Grundtvigianismus war keine konkret formulierte philosophische Schule oder politische Richtung an sich, aber er ist in Dänemark traditionell bis heute mit einer freiheitlich-demokratischen und christlich-existentialistischen Grundeinstellung verbunden.

Während sich in diesem Zeitraum die Städte rasant entwickelten, sank der Anteil der Landbevölkerung an der Gesamtbevölkerung von knapp 80 Prozent auf gut 60 Prozent. Die Industrialisierung, die bis zu diesem Zeitpunkt nur auf Kopenhagen und die größeren Städte konzentriert war, erreichte in den 1890er Jahren auch die kleineren Handelsstädte. Kopenhagen wuchs schnell, und um die Jahrhundertwende zählte die Stadt 400 000 Einwohner.

Auch das politische Leben veränderte sich nach 1864. Zunächst verloren die Nationalliberalen ihre Vormachtstellung; außerdem wurde 1866 die Verfassung erneuert, der zufolge sich das Landsting so zusammensetzte, dass die größeren Grundbesitzer mehr Einfluss bekamen. Die Nationalliberalen gingen allmählich in der Partei der Rechten *(Højre)* auf, die die konservativen Kräfte sammelte, während verschiedene linke Gruppierungen sich 1870 zur Partei der Vereinigten Linken *(Det Forenede Venstre)* zusammenschlossen.

1871 wurde eine sozialistische Arbeiterbewegung gegründet, die als Einheitsorganisation aus gewerkschaftlich organisierten Gruppen und einer politischen Partei, der späteren Sozialdemokratischen Partei *(Socialdemokratiet)*, aufgebaut wurde.

Die Bewegung stieß auf großen Widerstand seitens der Behörden, und ihre Führer wurden verhaftet. Im Mai 1872 kam es zur offenen Konfrontation zwischen Arbeitern und Polizei. Nach einer kurzen Blüte erlebte die Arbeiterbewegung ab 1877 eine weitere Krise, unter anderem nachdem die Führer von der Polizei bestochen worden waren, in die USA auszuwandern. Ab etwa 1880 gelang es der Arbeiterbewegung, sich erneut zu organisieren, und 1884 wurden die ersten Sozialdemokraten ins Folketing gewählt, wo sie sich der *Venstre* anschlossen.

Nun wurde eine Gewerkschaft gegründet, die im Laufe der 1890er Jahre großen Zulauf erhielt. Nach einem landesweiten Arbeitskampf kam es zu einer Einigung zwischen den Arbeitgeberorganisationen und den Gewerkschaften. Mit dem sogenannten September-Abkommen von 1899 erhielten die Gewerkschaften das Recht, die Interessen der Arbeiter zu vertreten, während die Arbeitgeberorganisationen die Arbeit verteilen und leiten sollten. 1901 erhielten die Sozialdemokraten 14 der 114 Sitze im Folketing. Politisch folgten die Sozialdemokraten der *Venstre* bis 1901, aber schon Ende der 1890er Jahre nahmen die Spannungen zwischen beiden Parteien zu.

Immer mehr Menschen zogen vom Land in die Städte. Viele Menschen wanderten aus, vor allem in die USA. Die Ständegesellschaft wurde 1849 formell abgeschafft, und die ererbten Unterschiede zwischen den Ständen wichen einer Trennung der sozialen Schichten nach Besitz und Einkommen. Der Bauernstand teilte sich in Gutsbesitzer, Häusler und Tagelöhner, und in den Städten bildete sich die Schicht der Arbeitgeber und Arbeitnehmer. Der steigende Bedarf an Dienstleistungen förderte die Entstehung einer Schicht von Angestellten und neuer Gruppen selbständiger Unternehmer.

Noch hatten die Frauen keinen Anteil an den politischen Rechten, doch durch die neue Gesetzgebung wurden auch ihre

Rechte besser als früher vertreten. Gegen Ende des 19. Jahrhunderts drängten auch die Frauen auf den Arbeitsmarkt, nicht zuletzt auf dem Dienstleistungssektor.

Reformpolitik

Zu Beginn des 20. Jahrhunderts, 1901, ging die Regierungsgewalt an die Liberale Reformpartei über, die bis 1906 über eine absolute Mehrheit im Folketing verfügte. Im Landsting hatten die Rechten und die Freien Konservativen die Mehrheit, was die Regierung zu Kompromissen mit einer der beiden Gruppierungen zwang, um Gesetze verabschieden zu können. Die Liberale Reformpartei verlor 1906 ihre Mehrheit, unter anderem weil sich 1905 die Sozialliberale Partei *(Det Radikale Venstre)* abspaltete, die bald eine zentrale Rolle in der dänischen Politik spielte. Damit war das zukünftige Bild der dänischen Politik mit einigen großen Parteien festgelegt, von denen keine jemals eine absolute Mehrheit erreichen konnte; wechselnde Regierungen konnten ihre Politik daher immer nur in Zusammenarbeit mit einer oder mehreren anderen Parteien durchsetzen. Der Kompromiss wurde zu einem Kernelement dänischer Politik.

Die Zeit bis zum Beginn des Ersten Weltkriegs war reich an Reformen. 1903 wurde das dreijährige Gymnasium eingeführt, außerdem ein Gesetz zur demokratischen Wahl von Kirchengemeinderäten verabschiedet, zu denen auch Frauen das Wahlrecht erhielten. 1908 führte der Reichstag das allgemeine Wahlrecht für Frauen bei Kommunalwahlen ein.

Auf dem Arbeitsmarkt wurde das kollektive System der Tarifabkommen durch eine Reihe von Gesetzen ergänzt. 1907 beschloss man die staatliche Anerkennung und finanzielle Unterstützung von Arbeitslosenkassen; 1910 wurde ein ständiger Schiedsgerichtshof, das heutige Arbeitsgericht, eingerichtet. Mit der Verfassung von 1915 wurde das Privilegiertenwahlrecht für das Landsting abgeschafft, das allgemeine Wahlrecht für Frauen und Bedienstete sowie das Verhältniswahlrecht für das Folketing eingeführt, das eine gerechtere Verteilung der Mandate ermöglichte.

Die wirtschaftlichen Voraussetzungen für die Reformen waren günstig. Landwirtschaft und Industrie erlebten ein kräftiges Wachstum, und die Zahl der Beschäftigten in den Bereichen Industrie, Handel und Verkehr stieg beträchtlich. Dänemarks Industrie war auf mehreren Gebieten international führend, zum Beispiel bei der Entwicklung von Dieselmotoren für den Schiffsbetrieb.

Außenpolitisch befand sich Dänemark in einer Doppelrolle. Wirtschaftlich war das Land von seinen Ausfuhren nach Großbritannien abhängig, sicherheitspolitisch aber von dem nachbarschaftlichen Verhältnis zu dem politisch und militärisch immer stärker werdenden Deutschland. Die Beziehungen wurden noch komplizierter durch die dänischgesinnten Bevölkerungsteile in Schleswig, denn diese waren bisweilen harten Repressionen ausgesetzt, wodurch der dänische Nationalismus dieser Zeit eine stark deutschfeindliche Prägung erhielt. Im internationalen Rahmen verfolgten alle dänischen Regierungen eine zurückhaltende Politik. Man war sich darüber einig, die Neutralitätspolitik fortzuführen.

Aus den Parlamentswahlen von 1913 gingen die Sozialliberalen und die Sozialdemokraten als Sieger hervor, so dass mit Hilfe der Sozialdemokraten eine sozialliberale Regierung unter der Führung von Carl Theodor Zahle gebildet werden konnte, die bis 1920 an der Macht blieb.

Der Erste Weltkrieg und die 1920er Jahre

Als 1914 der Erste Weltkrieg ausbrach, konnte Dänemark an seiner Neutralitätspolitik festhalten, musste sich jedoch stark nach Deutschland richten. Um Kopenhagen wurden starke Verteidigungskräfte zusammengezogen. Die Dänen blieben vom Krieg nicht verschont. 275 Schiffe der Handelsmarine wurden versenkt, rund 700 Seeleute verloren ihr Leben, und 6000 dänische Südjütländer fielen in deutschen Kriegsdiensten.

Wirtschaftlich balancierte das Land zwischen den kriegführenden Ländern, indem es separate Handelsabkommen traf. Innenpolitisch schlossen die Parteien einen Burgfrieden, der für die gesamte Dauer des Krieges anhielt. Mit den sogenannten August-Gesetzen von 1914 schufen Regierung und Reichstag ein umfassendes Regulierungssystem für fast alle wirtschaftlich-sozialen Bereiche.

Dänisch Westindien, Kolonie Dänemarks seit 1666 in der Karibik, erhielt im Ersten Weltkrieg eine erhöhte strategische Bedeutung. Die USA, besorgt über das Interesse deutscher Handelsgesellschaften an den Inseln in der Karibik, richteten 1915 ein Kaufgesuch an die dänische Regierung. Ein Jahr später einigte man sich über die Verkaufssumme von 25 Millionen Dollar, und im Dezember wurde das Geschäft durch ein Referendum endgültig genehmigt. Am 1. April 1917 wurden die Jungferninseln – die heutigen Virgin Islands – offiziell an die USA übergeben.

In den letzten Kriegsjahren entstand auf dem linksextremen Flügel eine militante Opposition zu den Sozialdemokraten und deren gemäßigtem politischen Kurs. Die Unruhen waren zum Teil von den Revolutionen in Mittel- und Osteuropa inspiriert und wurden durch soziale Not verschärft. Die militanten Arbeiter setzten 1918/19 den seit 1889 geforderten Achtstundentag durch.

Durch den Zusammenbruch Deutschlands ergab sich für Dänemark die Möglichkeit für eine Lösung der südjütländischen Frage. Im Rahmen des Versailler Friedensvertrages wurden Volksabstimmungen über die Zukunft der Region durchgeführt. Beim ersten Referendum in Nordschleswig am 10. Februar 1920 stimmten drei Viertel für, und ein Viertel gegen eine Vereinigung mit Dänemark. Ein zweites Referendum in Mittel-Schleswig einschließlich Flensburg am 14. März desselben Jahres ergab ein genau gegenteiliges Resultat. Die Abstimmungen lösten auf beiden Seiten starke nationale Gefühle aus. Schon 1919 hatte die *Dannewerk-Bewegung* für eine Grenze entlang des alten historischen Grenzwalls plädiert. Nach dem zweiten Referendum forderten nationalistische Kreise trotz des Abstimmungsergebnisses eine erneute Eingliederung Flensburgs.

Ende März 1920 verband sich die Unzufriedenheit der Bürgerlichen über die Regulierungspolitik mit dem Zorn der Nationalisten über die bevorstehende Grenzziehung nördlich von

Flensburg. Sie drängten König Christian X., die Regierung abzusetzen. Am 29. März entließ der König das Kabinett und ernannte einen Tag später ein Übergangskabinett, das mit der Durchführung von Neuwahlen beauftragt wurde.

Der Schritt Christians X. wurde von den Sozialliberalen und den Sozialdemokraten als Staatsstreich interpretiert. In Großdemonstrationen forderten die Arbeiter die Errichtung einer Republik. Nach intensiven Verhandlungen einigten sich die Parteiführer schließlich auf die Einberufung eines neuen Übergangskabinetts, dessen einzige Aufgabe es war, Neuwahlen auszuschreiben. Diese Staatskrise war eine der ernstesten in der neueren politischen Geschichte Dänemarks, und ihre Beilegung trug zu einer Konsolidierung des parlamentarischen Prinzips bei.

Vom Liberalismus zum staatlichen Interventionismus

Durch die Wahlen im April 1920 kam eine liberale Regierung mit Unterstützung der Konservativen Volkspartei an die Macht. Sie sah sich mit chaotischen Verhältnissen auf dem Bankensektor konfrontiert. Mehrere Banken gingen Konkurs, darunter 1922 die größte skandinavische Bank, die Landmandsbanken, und durch eine übereilte Aufwertung der Dänischen Krone wurde die Krise noch verschärft.

Die 1920er Jahre waren von hoher Arbeitslosigkeit und großen Konflikten auf dem Arbeitsmarkt geprägt, dazu von scharfen ideologischen Gegensätzen. Während Gutsbesitzer und Liberale den Liberalismus befürworteten, forderten die Arbeiter und die Sozialdemokraten mehr Macht für den Staat, ein Wunsch, der bis zu einem gewissen Maß von der Konservativen Volkspartei geteilt wurde. Die Gegensätze kamen bisweilen einer Konfrontation zwischen Stadt und Land gleich.

Außenpolitisch war es ein ruhiges Jahrzehnt. Dänemark beteiligte sich bis 1924 an der Sanktionspolitik des Westens gegenüber der Sowjetunion, erkannte danach aber die kommunistische Regierung an. 1920 wurde Dänemark Mitglied des

Völkerbundes, hatte aber wie die übrigen nordischen Länder durch seine Neutralitätspolitik Probleme mit dem gemeinsamen Sicherheitssystem des Völkerbundes, da das Land unweigerlich in Konflikte mit Aggressoren hineingezogen worden wäre. Dafür aber entsprachen die Abrüstungspläne des Bundes den Wünschen einer großen Mehrheit der dänischen Bevölkerung. Dennoch war es der Streit über die Verteidigungspolitik, der die Regierung 1929 zu Fall brachte.

Bei den Wahlen im April 1929 erhielten die Sozialdemokraten und die Sozialliberalen die Mehrheit und bildeten eine Koalitionsregierung mit Thorvald Stauning als Ministerpräsident. Ihre Regierungszeit sollte die längste dieses Jahrhunderts werden, aber ihr umfassendes Reformprogramm wurde durch die Weltwirtschaftskrise Anfang der 1930er Jahre deutlich gebremst. Viele Landwirte gerieten in der ersten Hälfte der 1930er Jahre in Zahlungsschwierigkeiten, und ihre Höfe wurden zwangsversteigert.

Die Krise bekamen 1931 auch die städtischen Gewerbe in Form von Firmenpleiten und massiver Arbeitslosigkeit zu spüren, die auf über 40 Prozent (1932) stieg. Die Regierung versuchte, den wirtschaftlichen Problemen durch Handelsabkommen mit Großbritannien und Deutschland zu begegnen, innenpolitisch durch Krisenlösungen zwischen der Regierung und den Oppositionsparteien. Allmählich erkannten alle Parteien die Notwendigkeit staatlicher Interventionen bei der Wirtschaftsentwicklung an.

Die Wirtschaftskrise und der Vormarsch faschistisch-nationalsozialistischer Bewegungen in Europa bildete auch in Dänemark die Saat für extremistische Parteien. Dänemarks Kommunistische Partei (DKP) erlebte einen Aufschwung und erlangte 1932 zwei Sitze im Folketing. Auf dem rechten Flügel gründete sich 1931 die sehr aktivistische Vereinigung der Landwirte, die Bauernmärsche nach Kopenhagen veranstaltete, um auf den Reichstag und den König Druck auszuüben. Teile dieser Bauernvereinigung gingen später in rechtsextremen faschistischen oder nationalsozialistischen Gruppierungen auf, die aber erst 1939 Sitze im Parlament erlangten.

Der Kritik der Rechten an der Ineffektivität der Demokratie

setzten die großen Parteien die demokratische Handlungsfähigkeit durch Kompromisse entgegen. Der wichtigste wurde zwischen der Regierung und den Liberalen am 30. Januar 1933 eingegangen, demselben Tag, an dem Hitler deutscher Reichskanzler wurde. Die Einigung beinhaltete eine Reihe konkreter Eingriffe, unter anderem eine gesetzlich geregelte Tarifvertragsverlängerung, eine Abwertung der Dänischen Krone und Krisenhilfe für die Landwirtschaft. Die Sozialreform von 1933 vereinfachte eine komplizierte Rechtsprechung und legte feste Sätze für Sozialleistungen fest.

Durch die Krisenlösungen schliffen sich die ideologischen Kanten zwischen den Parteien in gewissem Maße ab. Am augenfälligsten war die Rücknahme der rein liberalistischen Ideen, während die Sozialdemokraten im Gegenzug ihre ursprünglich sozialistische Zielsetzung aufgaben und zu einer Volkspartei wurden. Eine weitere Auswirkung der Krisenpolitik war die immer engere Zusammenarbeit zwischen Staat, Verwaltung, Wirtschaftsorganisationen und Tarifparteien auf dem Arbeitsmarkt.

Die Außenpolitik der 1930er Jahre war gänzlich von Dänemarks Beziehungen zu Deutschland bestimmt. Nach der Machtübernahme Hitlers 1933, Deutschlands Austritt aus dem Völkerbund im selben Jahr und seiner offensichtlichen Aufrüstung musste die dänische Sicherheits- und Neutralitätspolitik neu überdacht werden. Man wollte den großen Nachbarn nicht verärgern.

1939 schlug Deutschland den nordischen Ländern einen Nichtangriffspakt vor. Während die anderen Staaten ablehnten, unterschrieb Dänemark kurz vor Kriegsausbruch den Vertrag, obwohl niemand sich Illusionen über seinen Wert machte. Bei Ausbruch des Krieges im September 1939 erklärte Dänemark sich für neutral, doch der politische und wirtschaftliche Balanceakt im Verhältnis zu Großbritannien und Deutschland wurde immer prekärer.

Zweiter Weltkrieg und Besetzung Dänemarks

Am Morgen des 9. April 1940 wurde Dänemark im Rahmen der Operation »Weserübung« innerhalb weniger Stunden von deutschen Truppen besetzt. Ziel der Invasion war, Dänemark als Nachschubweg nach Norden offenzuhalten, denn Deutschland wollte die norwegischen Häfen besetzen, um so einer Seeblockade durch England zu entgehen und zugleich die Eisenerzversorgung aus Nordeuropa sicherzustellen. Die Dänen wurden ultimativ aufgefordert, keinen Widerstand zu leisten.

Im Gegenzug wollte Deutschland die politische Unabhängigkeit Dänemarks respektieren. König und Regierung gaben nach. Damit wurde eine »friedliche Besetzung« des Landes eingeleitet, mit der die Illusion der Unabhängigkeit aufrechterhalten wurde.

Die Politik der Zusammenarbeit mit Deutschland fand innenpolitisch ihr Pendant in der Zusammenarbeit zwischen den Parteien. Vertreter der Konservativen Volkspartei und der Liberalen traten als Minister ohne Geschäftsbereich in die sozialdemokratische Regierung ein. Im Juli 1940 wurde eine wirkliche Koalitionsregierung mit einigen Ministern ohne Parteizugehörigkeit gebildet, darunter Erik Scavenius als Außenminister, der den Kontakt zu den deutschen Besatzern hielt. Die Koalition fand allgemeine Unterstützung seitens der Bevölkerung, und eine Welle nationaldänischer Begeisterung mit König Christian X. als Vaterfigur der Nation und Symbol ihrer Einheit lief durch das Land.

Dänemarks Außenhandel musste über Deutschland abgewickelt werden, das die Agrarexporte zu guten Konditionen abnahm und den Dänen im Gegenzug Kohle lieferte. Während die Landwirtschaft von dieser Entwicklung profitierte, gingen 1940 die Realeinkommen in den Städten um etwa 20 Prozent zurück, und die Arbeitslosigkeit nahm zu. Der Handel mit Deutschland brachte Dänemark im Laufe der Besatzungszeit einen Exportüberschuss, wodurch die Kaufkraft angekurbelt wurde. Die Bauprojekte des deutschen Militärs, insbesondere Flugplätze und Befestigungsanlagen an der Westküste, wurden von der dänischen Nationalbank vorfinanziert.

Der Nachteil der dänischen Kooperationspolitik lag in der Abhängigkeit von Deutschland. Man musste Einschränkungen der Pressefreiheit und andere Bedingungen hinnehmen und »Hetzer« wie den konservativen John Christmas Møller und den Sozialdemokraten Hans Hedtoft aus dem politischen Leben entfernen. Die Aktionen der dänischen Nazis mussten trotz bestehenden Versammlungsverbots hingenommen werden.

Der Vorteil der Politik der Zusammenarbeit war, dass im Gegensatz zu anderen besetzten Ländern keine Nazifizierung des gesellschaftlichen Lebens stattfand. Heer, Flotte und Polizei blieben unter dänischer Führung. Die Demokratie funktionierte auf zentraler und lokaler Ebene weiterhin, und niemand mischte sich in das Bildungswesen ein. Die Fachverbände und das gesamte übrige Vereinsleben blieben unangetastet.

Nach dem Angriff auf die Sowjetunion am 22. Juni 1941 verlangten die Deutschen die Internierung führender dänischer Kommunisten. Die dänischen Behörden kamen den Forderungen der Deutschen in weit größerem Umfang als gefordert nach. Man verbot die Kommunistische Partei und versuchte, die Gewerkschaften von Kommunisten zu säubern. Die Partei ging in den Untergrund und setzte von dort aus ihre Tätigkeit fort, womit der Anfang für die organisierte illegale politische Arbeit in Dänemark gemacht war. Die Kommunisten wurden zu einer wesentlichen Kraft innerhalb der dänischen Widerstandsbewegung. Gemeinsam mit Mitgliedern der Konservativen Volkspartei veröffentlichten sie die Untergrundzeitung *Freies Dänemark* und begannen ab April 1942 mit Sabotageaktionen. Noch allerdings fand die zahlenmäßig kleine Gruppe der illegalen Kämpfer in der Bevölkerung nur wenig Rückhalt.

Auf Druck der Deutschen akzeptierte die Regierung die Aufstellung des »SS-Freikorps Danmark« zum Kampf gegen den Bolschewismus an der Seite Deutschlands sowie Dänemarks Beitritt zum Antikomintern-Pakt. Als Ministerpräsident Stauning im Mai 1942 starb, wurde sein Parteifreund Vilhelm Buhl zu seinem Nachfolger ernannt. Die wirtschaftliche Situation pendelte sich ein, das Preisniveau stabilisierte sich, und die Arbeitslosigkeit ging zurück, da die Arbeiten an den deutschen Befestigungsanlagen viele Arbeitskräfte erforderten.

Im Herbst 1942 wurden die Deutschen immer unzufriedener mit der Situation in Dänemark, auch weil die deutschen Invasionstruppen weitere Verstärkung benötigten. Als König Christian X. sich für Geburtstagsgrüße von Hitler mit einem äußerst knapp formulierten Telegramm bedankte, kam es zu einer diplomatischen Krise, der sogenannten Telegrammkrise, die dazu führte, dass Hitler persönlich in Dänemark eingriff. Der deutsche Reichsbevollmächtigte in Dänemark, Cécil von Renthe-Fink, der als zu zögerlich galt, die deutschen Interessen massiv durchzusetzen, wurde durch den SS-Obergruppenführer Werner Best abgelöst, der zusammen mit dem neuen Oberbefehlshaber, General von Hanneken, im November nach Dänemark entsandt wurde.

Werner Best setzte die deutsche Politik in enger Zusammenarbeit mit Scavenius fort, weil er sich davon große Vorteile für Deutschland versprach. Zum einen konnte so die Produktion Dänemarks am besten ausgenutzt werden, zum anderen konnten Ruhe und Ordnung mit einem minimalen Einsatz an deutschen Kräften aufrechterhalten werden. Best setzte durch, dass am 23. März 1943 ordnungsgemäß Wahlen zum dänischen Reichstag durchgeführt werden konnten. Die Wahlen wurden zu einer Kraftprobe für die zusammenarbeitenden Parteien und Aktivisten. Bei einer Rekordwahlbeteiligung von 89,5 Prozent erhielt die Koalitionsregierung 93,4 Prozent der Stimmen, 2,1 Prozent stimmten für die Einheitspartei, während 3,3 Prozent der Stimmen für die dänischen Nationalsozialisten abgegeben wurden.

Im Frühjahr und im Sommer 1943 begann die Stimmung umzuschlagen. Ursache waren zum einen eine Art allgemeine »Besatzungsmüdigkeit«, zum anderen die Niederlage deutscher Truppen in Stalingrad Anfang 1943, die dazu führten, dass der Widerstand gegen die Besatzung wuchs: Die Zahl der Streiks nahm ebenso zu wie die der Sabotageaktionen, bei denen ab Frühjahr 1943 aus England gelieferter Sprengstoff eingesetzt wurde.

Dennoch kam der sogenannte August-Aufstand für alle sehr überraschend. In 17 Städten brachen von den Kommunisten organisierte Streiks aus. Fabriken, Büros und Geschäfte blieben geschlossen, und in weiten Teilen des Landes kam es zu Unruhen. In Kopenhagen hielt sich der Aufruhr jedoch in Grenzen. Politiker und Gewerkschaften bemühten sich, die Entwicklung zu stoppen; das deutsche Militär verhielt sich zurückhaltend, forderte allerdings die Entwaffnung des dänischen Heeres.

Hitler griff ein und forderte von der dänischen Regierung, über das Land den Ausnahmezustand und für Sabotageakte die Todesstrafe zu verhängen. Die Antwort von dänischer Seite war abschlägig. Am 29. August reichte die Regierung dem König ihr Rücktrittsgesuch ein. Die Deutschen begannen mit der Entwaffnung und Internierung von Angehörigen des dänischen Heeres und der Marine, die jedoch vorher ihre Schiffe selbst versenkte. Über das ganze Land wurde der militärische Ausnahmezustand verhängt.

Der 29. August 1943 wurde damals und wird bis heute als der endgültige Wendepunkt im Verhältnis zwischen Deutschland und Dänemark angesehen. Die Kooperationspolitik war beendet, und bis zur Befreiung 1945 wurde das Land durch Staatssekretäre mittels Gesetzesverordnungen regiert, die vom Obersten Gerichtshof genehmigt wurden.

Im Oktober 1943 wurden in einer beispiellosen Aktion die dänischen Juden gerettet – in einem einzigartigen Akt von Zivilcourage. Dass für Anfang Oktober die Deportation der 7800 im Land lebenden Juden beschlossen war, teilte der deutsche Diplomat Georg Ferdinand Duckwitz Ende September dem dänischen Oberrabbiner Marcus Melchior mit, der die Nachricht in den Gemeinden verbreiten ließ. In den Nächten Ende September verließen die Juden ihre Wohnungen, wurden von ihren dänischen Mitbürgern versteckt und dann von Fischern in kleinen Booten über den Øresund und das Kattegat ins neutrale Schweden gebracht. Die Gestapo konnte nur rund 480 dänische Juden festnehmen, von denen 116 in Theresienstadt ermordet wurden.

Mitte September 1943 wurde der illegale dänische Freiheitsrat gebildet, um den Kampf für die Befreiung des Landes zu leiten. Der Rat bestand aus Vertretern der wichtigsten illegalen Gruppierungen: der Kommunisten, des *Freien Dänemark (Frit Danmark)*, der Einheitspartei und des *Rings*, einer Gruppe, deren Ziel die Erhaltung der parlamentarischen Demokratie für die Zeit nach der Besetzung war. Man begann, Truppen aufzustellen, die bei einer alliierten Invasion den Deutschen in den Rücken fallen sollten, und schuf eine Dachorganisation des Widerstands.

Die Aufstellung der militärischen Gruppen machte die Widerstandsbewegung stark: Umfasste sie etwa 20 000 Menschen zum Jahreswechsel 1944/45, so waren es zum Zeitpunkt der Befreiung 50 000 Personen. Die Gruppen wurden von England oder Schweden mit Handfeuerwaffen versorgt; außerdem waren Sabotagekommandos aktiv, in der Provinz zum Beispiel die *Valther-Gruppe* in Odense, in Kopenhagen die BOPA *(Borgerlige Partisaner = Bürgerliche Partisanen)* und *Holger Danske,* die sich nach einem dänischen Sagenhelden aus dem Mittelalter benannte; von ihm hieß es, er ruhe in den Kasematten unter Schloss Kronborg und werde sich an dem Tag, an dem Dänemark höchste Gefahr drohe, erheben und dann das Land in die Freiheit führen.

Die Aktionen der Sabotagegruppen richteten sich gegen Eisenbahnlinien (rund 1500 Anschläge) und Industrieanlangen, die für die Deutschen produzierten, sowie gegen Schiffe und Werften (insgesamt etwa 2800 Anschläge); Letztere wurden für die Deutschen zu einer Bedrohung, die sehr ernst genommen wurde.

Parallel zum Freiheitsrat operierte das dänische Heer, dessen Mannschaften im Oktober wieder aus der Internierung entlassen wurden. Die Offiziere wurden in Kopenhagen zu besonderen Einheiten zusammengefasst, und in Schweden wurde die Brigade »Danforce« aufgestellt. Die Offiziere wurden meistens für die Führungspositionen innerhalb des regionalen Apparats eingesetzt, und ab Juni 1944 wurde die illegale Arbeit heimlich aus der Staatskasse finanziert.

Nach dem Generalstreik in Kopenhagen Anfang Juli 1944 kam es zu einer Annäherung zwischen Freiheitsrat und Politikern. Gemeinsam wandte man sich an die Alliierten und ersuchte um die Anerkennung Dänemarks als Verbündeter, was jedoch auf den Widerstand der Sowjetunion stieß.

Die Verfolgung illegaler Aktivitäten war nach dem 29. August

1943 von der deutschen Gestapo übernommen worden. Ab Neujahr 1944 wurde sie durch eine Art »Gegenterror« ergänzt, durch Vergeltungsmorde als Antwort auf Attentate. Die Deutschen versuchten, die dänische Polizei zur Mitwirkung bei der Sabotagebekämpfung und zur Aufrechterhaltung von Ruhe und Ordnung während der Streikaktionen zu bewegen. Das misslang, und so wurde am 19. September 1944 die dänische Polizei aufgelöst und später in Konzentrationslager deportiert. Der Krieg und die Besetzung Dänemarks kosteten insgesamt etwa 7000 Dänen das Leben.

Ab Februar 1945 kamen rund 200 000 deutsche Flüchtlinge aus Ostpreußen nach Dänemark. Inzwischen war jedoch das Ende des Krieges abzusehen. Die deutschen Truppen in Dänemark kapitulierten vor den Engländern am 4. Mai 1945 – abgesehen von denen, die auf Bornholm stationiert waren, das im Operationsgebiet der Sowjets lag. Die Besatzer der Ostseeinsel ergaben sich erst zum Zeitpunkt der gesamtdeutschen Kapitulation am 8. Mai 1945.

Während der deutschen Besetzung des Landes 1940 bis 1945 war die Zahl der in deutschen Kriegsdiensten engagierten Personen höher als die der Beteiligten am Widerstandskampf. Man hat später versucht, die Bevölkerung davon zu überzeugen, dass es die Leute des Widerstands waren, die den Krieg gewonnen haben, aber tief in ihrem Innern wissen die meisten Dänen, dass das so nicht ganz stimmt. Erst seit Anfang des 21. Jahrhunderts hat man damit begonnen, die Zeit der deutschen Besetzung des Landes nüchterner zu sehen, was zu bisweilen schmerzhaften Entmythologisierungen führt. Hierzu gehören auch die Rolle der dänischen Wirtschaft im Zweiten Weltkrieg, die Entwicklung von Impfstoffen, die dann in deutschen Konzentrationslagern ausprobiert wurden, oder die Behandlung deutscher Flüchtlinge nach dem Krieg. Mit Respekt verfolgt man seit längerem in Dänemark die intensiv betriebene öffentliche Debatte in Deutschland über die Nachkriegszeit, und es mehren sich dänische Stimmen, die zu einer eigenen Vergangenheitsbewältigung auffordern.

Ein beachtlicher Versuch in dieser Richtung ist der vor wenigen Jahren in die Kinos gekommene Film »Tage des Zorns«

(»Flammen og Citronen«) von Ole Christian Madsen, der die Geschichte zweier dänischer Widerstandskämpfer 1944 im besetzten Dänemark erzählt. Mit über 650 000 Zuschauern war der Film, der auf einer wahren Begebenheit basiert, ein Riesenerfolg in Dänemark, löste aber gleichzeitig Diskussionen in der Öffentlichkeit aus. Einer der beiden Hauptdarsteller, Mads Mikkelsen, erklärte in einem Interview mit der deutschen Tageszeitung *Die Welt* im Sommer 2008 auf die Frage nach der Aufarbeitung der Besatzungszeit in Dänemark: »Wie in so vielen anderen Ländern ist das ein großes schwarzes Loch. Nicht nur, weil unser Land besetzt wurde, sondern auch wegen der Art, wie wir uns damals verhalten haben. Es gab 800, 900 Widerstandskämpfer, aber 7000 Dänen, die für die Deutschen in Russland gekämpft haben. Das sagt einiges über unsere Einstellung aus.« Zur öffentlichen Debatte in Dänemark meinte Mikkelsen: »Es ist die Frage des Blickpunkts. Die einen werfen uns vor, wir würden sie zu sehr zu Helden verklären. Andere sagen, sie hätten nie Fehler begangen, warum zeigen wir das? Es ist einfach ein heißes Eisen, an dem man sich immer noch verbrennen kann.« Aber immerhin, noch vor 15 Jahren hätte man sich diesen Film in Dänemark nicht vorstellen können, denn »der Krieg, unsere Rolle darin, war für uns Dänen lange ein Tabuthema«, so Mikkelsen in einem anderen Interview mit der *Süddeutschen Zeitung.*

Schon 1971, als der dänische Historiker Aage Trommer eine Doktorarbeit über die dänische Eisenbahnsabotage während des Krieges vorlegte, hatte es Widerspruch und Diskussionen gegeben. Trommer spielte darin den von den Veteranen propagierten Einfluss dänischer Sabotageakte auf den Kriegsverlauf herunter: Die Aktionen hätten die deutsche Kriegsführung nur verzögern, aber nicht entscheidend schwächen können. Eine solche Entmythologisierung des dänischen Widerstands löste heftige Proteste aus. 30 Jahre später hat sich Aage Trommer mit dieser Thematik in seinem 2001 erschienenen Buch *Disse fem år (Diese fünf Jahre)* erneut beschäftigt und kam wiederum zu dem Ergebnis, dass die Sabotageakte gegen die Eisenbahn taktisch-militärisch gesehen keine erhebliche Bedeutung hatten dafür aber eine umso größere für die Moral der Bevölkerung.

Die Aktionen des dänischen Widerstandes vermittelten den Menschen das Gefühl, aktiver Teil des Befreiungskrieges gegen die Naziherrschaft zu sein und sich den Alliierten zugehörig zu fühlen. In diesem Sinne wandte sich am 5. Mai 1945, dem Tag der Befreiung, Mogens Fog, Mitbegründer der Widerstandsgruppe *Freies Dänemark* und Mitglied des Dänischen Freiheitsrates, über den Rundfunk an die dänische Bevölkerung: »Heute ist Dänemark ein freies Land in der Reihe der freien Nationen, die den Kampf gegen den Nationalsozialismus aufgenommen und ihn siegreich zu Ende geführt haben. Unsere Befreiung haben die militärischen Kräfte der Alliierten vollbracht. Aber wir – die dänischen Freiheitskämpfer, das dänische Volk – können mit Recht behaupten, dass wir selbst unseren Beitrag hierzu geleistet haben.« In dieses Bild passt auch der überschwängliche Sprachstil eines Artikels, der am 13. Mai 1945, wenige Tage nach der Befreiung Dänemarks durch britische Truppen, in der dänischen Tageszeitung *Berlingske Tidende* erschien. Berichtet wird darin über eine Pressekonferenz, auf der Feldmarschall Montgomery die dänische Widerstandsbewegung als »unvergleichlich« (»second to none«) bezeichnete und sie in den höchsten Tönen lobte.

Noch 20 Jahre später, am 4. Mai 1965, erklärte Frode Jakobsen – ebenfalls Mitglied des Freiheitsrates, eine der herausragenden Figuren der dänischen Widerstandsbewegung und Leiter der Organisation *Der Ring* – in einer Rundfunkansprache: »Wir haben einfach dafür gekämpft, um – in aller Bescheidenheit – mit dabei zu sein, die Nazis zu besiegen.« Obwohl sich in Dänemark nur ein relativ kleiner Teil der Bürger aktiv am Widerstand beteiligte, identifizierten sich doch weite Teile der dänischen Bevölkerung mit dem Kampf gegen die Besatzungsmacht. Daraus entwickelte sich bald eine Art Mythos vom kollektiven Widerstand der dänischen Nation. Kollaborateure und Mitläufer (und die gab es ja) wurden als Abweichung vom wahren Weg der Nation, als ihr nicht zugehörig erklärt. Mehr noch: Führende Politiker der Zusammenarbeitspolitik während der ersten Besatzungsjahre neigten nach der Befreiung des Landes 1945 dazu, diese Politik so darzustellen, als sei sie ebenfalls Widerstand gewesen, eine Art Sabotage der deutschen Kriegsführung und somit eine Vorbereitung auf den späteren aktiven Widerstand. Dabei ging es bei der Politik der Regierung, die von fast der gesamten Bevölkerung getragen wurde, in erster Linie darum, den Staat und die Nation in ihrer demokratischen Gestalt zu bewahren und die Bevölkerung so weit als möglich vor den Folgen des Krieges und der Besatzung zu schützen. Von einem heroischen Kampf eines ganzen Volkes kann wohl kaum die Rede sein. Vielleicht ist es das, was zu einem sehr spezifisch dänischen nationalen Verdrängungsprozess geführt hat, der dennoch das eigene Unbehagen an der Rolle der Bevölkerung in diesen schweren Jahren nicht zur Ruhe kommen lässt. Und vielleicht daher auch der Umstand, dass Besatzungszeit und Widerstand im kollektiven Bewusstsein der dänischen Nation bis heute einen so zentralen Platz einnehmen.

Die Zeit nach 1945

Wenige Tage nachdem der britische Feldmarschall Montgomery am 4. Mai 1945 die Kapitulation der deutschen Truppen in Nordwestdeutschland, Dänemark und den Niederlanden entgegengenommen hatte, wurde ihm in Kopenhagen von begeisterten Volksmassen zugejubelt. Der englische Schriftsteller Richard Adams (geb. 1920), der im Zweiten Weltkrieg in einem Fallschirmregiment gedient hatte und mit diesem am 5. Mai 1945 auf dem Kopenhagener Flughafen gelandet war, beschrieb in seinen 1990 veröffentlichten Erinnerungen *The day gone by* die Stimmung, die in diesen Tagen in der dänischen Hauptstadt herrschte:

> »Wir flogen zum Flughafen Kastrup und landeten mitten in einem Freudentaumel, der nicht weniger ausgelassen war als der, der sich acht Monate früher in Brüssel abgespielt hatte. Diesmal waren die Menschen in ihrem Triumph und Jubel dem Siebenten Himmel möglicherweise noch näher, weil es, jedenfalls für die dänische Bevölkerung, das Ende des ganzen Krieges bedeutete. Vielleicht gab es ja auch noch zwei oder drei andere Ursachen dafür. Zum einen hatten die Dänen

während der Nazi-Besatzung nur in relativ begrenztem Umfang unter Warenmangel gelitten. Sie erzählten tatsächlich selbst, dass Schokolade das Einzige war, was sie wirklich vermisst hatten.«

Das Land hatte einigermaßen Glück gehabt. Es wurde nicht durch Kampfhandlungen befreit, es war auch nicht wie die meisten europäischen Länder vom Krieg verwüstet, und die Versorgungslage der Bevölkerung war im Großen und Ganzen gut gewesen. 11 000 Dänen hatten sich in deutscher Gefangenschaft befunden, rund 2200 waren in Konzentrationslagern gestorben, durch Terrorhandlungen getötet oder als Folge der Okkupation auf andere Weise umgekommen. 1500 dänische Seeleute hatten das Leben verloren. Somit waren die Verlustlisten – verglichen mit denen anderer Länder – bescheiden.

Wie Richard Adams in seiner Autobiographie weiter schreibt, war die Haltung der Dänen gegenüber den abziehenden Deutschen bemerkenswert:

> »Die Deutschen hatten den Befehl erhalten, ihre Waffen niederzulegen, ihre Transportmittel zu übergeben und sich danach zu Fuß nach Hause zu begeben. Wenn sie die Straßen entlangmarschierten, blieben die Dänen auf den Bürgersteigen stehen, wandten sich ihnen stumm zu und starrten sie an. Und diese Stille hielt an, Kilometer für Kilometer. In Bussen und Taxis wurden die Motoren abgestellt, die Radfahrer stiegen von ihren Fahrrädern ab und standen wartend da, während die Deutschen vorbeikamen. Das demoralisierte die Deutschen. Hier und da versuchte eine Gruppe mal zu singen, aber das verebbte bald, und alles, was zu hören war, war der dumpfe Klang ihrer Stiefel – der Stiefel, die auf allen und allem in Europa herumgetrampelt hatten.«

Nun konnte wieder eine freie dänische Regierung gebildet werden. Sie bestand zur Hälfte aus Vertretern der Widerstandsbewegung, zur Hälfte aus Repräsentanten der politischen Parteien, die die parlamentarische Szene bis 1943 dominiert hatten: der Sozialdemokratischen Partei, den Sozialliberalen, der Liberalen Partei und der Konservativen Volkspartei. Ministerpräsident wurde der Sozialdemokrat Vilhelm Buhl, Außenminister der Konservative John Christmas Møller, der während der Besetzung von seinem Exil in London aus über die BBC zum Widerstand gegen den Nationalsozialismus aufgerufen hatte.

Die dänische Widerstandsbewegung internierte am 5. Mai rund 27000 Personen. Regierung und Parlament verabschiedeten unverzüglich ein Strafgesetz zu den verschiedenen Formen von Kollaboration und Landesverrat. Auf der Grundlage dieses Gesetzes wurden etwa 13000 Personen zu Gefängnisstrafen von zwei Jahren und mehr verurteilt, 46 wurden hingerichtet. Dank schnellen Eingreifens konnten in Dänemark Ausschreitungen oder Lynchjustiz, wie sie bei der Befreiung in anderen Ländern vorkamen, vermieden werden.

Die neue Regierung erwies sich nicht gerade als homogen. Es gab Gegensätze zwischen den Vertretern der Widerstandsbewegung und den alten Politikern einerseits sowie zwischen den politischen Parteien untereinander andererseits. In der Bevölkerung bekam die Regierung den nicht gerade schmeichelhaften Beinamen »Diskussionsklub«.

Im Laufe des Sommers 1945 war das dänische Heer wieder bewaffnet – die Angehörigen der Widerstandsbewegung wurden entlassen. Die Politiker fühlten sich nun sicherer im Sattel, und im Oktober wurden Folketing-Wahlen abgehalten. Die Kommunisten, populär wegen ihrer Arbeit in der Widerstandsbewegung und aufgrund des Kriegseinsatzes der Sowjetunion, verzeichneten einen rasanten Anstieg von 3 auf 18 der insgesamt 149 Mandate, was rund 13 Prozent der Wähler entsprach.

Die Sozialdemokraten, die man in besonderem Ausmaß mit der Verhandlungspolitik identifizierte, erlitten große Verluste. Diese von Emotionen geprägten Veränderungen waren jedoch nur vorübergehend. In Wirklichkeit war Dänemark quasi in die Zeit vor 1940 zurückversetzt worden. Die Macht lag in der Hand der gleichen Politiker, und wer von neuen Zuständen im Lande geträumt hatte, erlebte eine Enttäuschung. Die Besetzung war eine Parenthese in der Geschichte des Landes, abgesehen allerdings von einer sehr wesentlichen Frage: Dänemarks Außen- und Verteidigungspolitik. Der Pazifismus und der Neutralitätskurs der Vorkriegszeit wurden jetzt abgelöst durch das Schlagwort: »Nie wieder ein 9. April!« Die Konsequenz lautete: eine starke dänische Verteidigung in kollektivem Rahmen.

Die im November 1945 gebildete Regierung wurde von den Liberalen getragen. Ministerpräsident Knud Kristensen konzentrierte all seine Kräfte auf die Menschen dänischer Gesinnung in Südschleswig. Der Untergang des Dritten Reichs, die Kriegszerstörungen, Hunger, die Zuwanderung ostdeutscher Flüchtlinge und die erwachende Besinnung auf die dänische Eigenart hatten zur Folge, dass die Stimmen für die Vertretung der dänischen Minderheit in Südschleswig sprunghaft zunahmen. Bei der Landtagswahl im April 1947 gaben an die 100 000 Südschleswiger, etwa 60 Prozent der Bevölkerung, wenn man von den Flüchtlingen absieht, ihre Stimme für die dänische Partei ab.

In Dänemark herrschte in weiten Kreisen der Wunsch, den dänischen Südschleswigern die Hoffnung auf eine Wiedervereinigung mit Dänemark zu geben. Auch Ministerpräsident Knud Kristensen – und mit ihm die liberale und die konservative Partei – teilte diesen Wunsch. Dadurch geriet er in Gegensatz zu den Sozialdemokraten und den Sozialliberalen, das heißt zur Mehrheit des Folketing, die ihn schließlich zu Fall brachte. Die Art, wie die Regierung die Südschleswig-Frage anpackte, führte zu Irritationen in Großbritannien, dessen Truppen Schleswig-Holstein besetzt hatten und das Westdeutschland nicht vor den Kopf stoßen wollte, namentlich da sich der Kalte Krieg abzeichnete. Die Südschleswig-Frage, die in den ersten Jahren nach dem Krieg die dänische Politik dominierte, sollte 1955 ihre endgültige Regelung in den Bonn-Kopenhagener Erklärungen finden.

Eine neue Sicherheitspolitik

Auch die nachfolgende sozialdemokratische Minderheitsregierung unter Hans Hedtoft stand im Zeichen einer einzelnen Frage. Die zuvor betriebene dänische Neutralitätspolitik war mit der Besetzung des Landes durch Deutschland 1940 gescheitert. Die Frage war nun, ob man auf eine Zusammenarbeit der nordischen Länder setzen sollte oder auf eine transatlantische Allianz unter Beteiligung der USA.

1948/49 wurde zwischen Dänemark, Norwegen und Schweden intensiv über ein Verteidigungsbündnis verhandelt. Während jedoch Norwegen Absprachen über ein nordisches Verteidigungsbündnis mit den Westmächten wünschte, war Schweden – nicht zuletzt aus Rücksicht auf Finnland – dagegen. Die Verhandlungen über eine konkrete und weitreichende nordische Zusammenarbeit brachen zusammen. Norwegen ersuchte um Beitritt zum Nordatlantikpakt. Dänemark folgte nach, wohingegen Schweden neutral blieb.

Als eine Art Ersatz für das gescheiterte nordische Verteidigungsbündnis wurde 1952 der Nordische Rat gegründet, ein Forum für die Zusammenarbeit der Regierungen und Parlamente der nordischen Länder. Mitglieder waren Dänemark, Island, Norwegen, Schweden und ab 1955 Finnland. Dieses Gremium hatte und hat aber keine beschließende Kompetenz, sondern wirkt nur beratend, so dass seine Bedeutung begrenzt ist. Die nordischen Länder sind aufgrund gemeinsamer Wurzeln für Dänemark stets ideell wichtige Partner gewesen und sind es auch weiterhin. Ihren wichtigsten Ausdruck findet diese Zusammenarbeit nach wie vor im Nordischen Rat. Die umfassenden kulturellen Gemeinsamkeiten, die nordische Passunion (1954) und der auf Gegenseitigkeit beruhende freie Arbeitsmarkt haben zu engen Beziehungen zwischen Dänemark und dem Norden geführt.

Dänemark trat 1949 der Nato bei. Das war insofern ein epochales Ereignis, als Dänemark damit eine mehr als 200 Jahre währende Neutralitätspolitik aufgab. Die Entscheidung zum Nato-Beitritt wurde von den Sozialdemokraten, den Liberalen und der Konservativen Volkspartei getragen, während die Sozialliberalen und die Kommunisten dagegen stimmten.

Die Parlamentswahl des Jahres 1950 bestätigte, dass die Nato-Mitgliedschaft von der breiten Bevölkerung gutgeheißen wurde. Die Konsequenzen dieser Mitgliedschaft haben von Zeit zu Zeit innenpolitisch hohe Wellen geschlagen. So bei der Erweiterung des Nordatlantikpaktes durch den Beitritt Griechenlands, der Türkei und der Bundesrepublik Deutschland, so auch 1952/53 in der Frage der Stationierung fremder Truppen in Dänemark. Dies wurde abgelehnt. Hingegen gab es 1961 eine große Mehrheit für die Einrichtung eines gemeinsamen Nato-Kommandos im Ostseeraum.

Der Wunsch, an der Nato als der zentralen sicherheitspolitischen Institution festzuhalten, ist einer der Beweggründe für Dänemarks Vorbehalte gegenüber einer engeren Zusammenarbeit innerhalb der Europäischen Union im militärischen Bereich. Seit 1996 hat es in den dänischen Streitkräften Umstrukturierungen gegeben, wobei Truppen zur Krisenbewältigung, die für internationale Aufgaben zur Verfügung stehen, zunehmend größeres Gewicht beigemessen wird. Die Beteiligung an der Kosovo-Aktion der Nato 1999 löste jedoch auch erhebliche Diskussionen in Dänemark aus, besonders weil sie nicht auf einer Verabschiedung durch den UN-Sicherheitsrat basierte. Ähnliches galt, als Dänemark 2003 im dritten Irak-Krieg der »Koalition der Willigen« beitrat, zu der der damalige US-Präsident George W. Bush aufgerufen hatte. Hier war die öffentliche Meinung in Dänemark sehr geteilt. Ich erinnere mich noch genau daran, wie erstaunt ich war, aus dem Mund eines Dänen ein Lob für den damaligen Bundeskanzler Gerhard Schröder zu hören, der keine deutschen Soldaten in den Krieg schickte.

Tradition und Fortschritt – das dänische Königshaus

»Die Gefahr, die in diesem Amt selbst liegt, ist ja, dass man isoliert wird. In dieser Hinsicht muss man mächtig aufpassen. Aber im Vergleich zu dem, was man in anderen Ländern sieht, sind wir in unserem Land in keiner Weise abgesondert.« Die Aussage von Kronprinz Frederik klingt sympathisch. Natürlich nimmt er eine Sonderstellung in Dänemark ein, aber das dänische Königshaus lebt wirklich nicht isoliert. Vielleicht hat es deshalb auch im letzten Jahrhundert nur einen ernstzunehmenden Konflikt zwischen der Monarchie und der dänischen Bevölkerung gegeben. Zahlreiche Auftritte und Aktionen der Regenten wurden hingegen als sehr positiv fürs Land und dessen Selbstbild gesehen, und so wundert es nicht, dass das Königshaus als Bewahrer traditioneller Werte wie Beständigkeit, Pflichtgefühl und Verantwortung für das Gemeinwesen gilt, ohne dabei als unmodern dazustehen. Viele Dänen sind stolz darauf, dass ihre Monarchie zu den ältesten der Welt gehört und auf eine mehr als 1000-jährige Geschichte zurückblicken kann.

Auch wenn es in Dänemark relativ viele politische Parteien gibt, so hat es im Laufe der inzwischen fast 40-jährigen Amtszeit der Königin Margrethe II. kaum jemals Ansätze zur Gründung einer Partei gegeben, deren Ziel die Einführung der Republik gewesen wäre. Selbst Menschen, die der Monarchie eher eine Republik vorziehen würden, haben erklärt: »Aber nicht während der Amtszeit *dieser* Königin!« Auch Parteien des linken Spektrums wie den Sozialdemokraten – und diese haben mehrheitlich die Regierungen gestellt – wäre es nicht im Traum eingefallen, an der Monarchie zu rütteln. Linke und Monarchie – das mag Außenstehenden als Widerspruch erscheinen, aber nicht für die überwiegende Mehrzahl der dänischen Politiker. Zumindest nicht seit der Amtszeit des Großvaters und des Vaters von Margrethe II. – und schon gar nicht im Fall der so ungeheuer populären heutigen Regentin, und so wie es aussieht, auch nicht, was ihren ältesten Sohn, Kronprinz Frederik, betrifft.

Ursprünglich war die Monarchie in Dänemark ein Wahlkönigtum, wobei allerdings in der Praxis immer der älteste Sohn des regierenden Monarchen gewählt wurde. Erst 1660/61, mit der Einführung des Absolutismus, wurde das Wahlkönigtum von der Erbmonarchie abgelöst, wobei 1665 die Erbfolge des erstgeborenen Sohnes festgeschrieben wurde. Die erste demokratische Verfassung vom 5. Juni 1849 änderte Stellung und Funktion des Königs: Aus der absolutistischen wurde eine konstitutionelle Monarchie – so ist es auch heute noch, laut Verfassung aus dem Jahr 1953. In der Praxis ist die Rolle des Monarchen symbolischer und repräsentativer Art.

Die Geschichte der dänischen Könige beginnt mit Gorm, dem Alten (gest. 958). Seit dem 19. Jahrhundert, genauer seit 1863, als Prinz Christian von Glücksburg den Thron als Christian IX. bestieg, regiert diese Adelslinie.

Christian IX. war ein geschickter Politiker – vor allem, was die Verheiratung seiner Töchter anging: Der »Schwiegervater Europas« vermählte seine Tochter Alexandra mit König Edward VII. von England, seine Tochter Dagmar mit Zar Alexander III. von Russland und seine jüngste Tochter Thyra mit Herzog Ernst August von Cumberland. Außerdem wurde sein Sohn Vilhelm 1863 unter dem Namen Georg I. König von Griechenland und sein Enkel Carl 1905 als Haakon VII. König von Norwegen. Somit war das dänische Königshaus mit vielen regierenden Fürstenhäusern Europas direkt verwandt.

Christian IX. regierte nicht nur geschickt, sondern auch lange, und so war sein Sohn bereits 63 Jahre alt, als er 1906 schließlich als Frederik VIII. den Thron bestieg. Ihm folgte 1912 sein ältester Sohn als Christian X. (1870–1947), der Dänemark während der beiden Weltkriege regierte.

In Dänemark erinnert man sich an den Großvater der jetzigen Regentin als den »Reiterkönig«, der nach Nordschleswigs Wiedervereinigung mit Dänemark (1920) symbolträchtig über die alte Grenze ritt. Stärker in Erinnerung indes sind seine populären Ausritte durch die Straßen von Kopenhagen während der deutschen Besetzung Dänemarks 1940 bis 1945. Jeden Tag ritt der König unbewaffnet und ohne Leibwache durch die Hauptstadt und wurde damit für die Bevölkerung zu einem Symbol der nationalen Selbstbehauptung. Seine Unerschrockenheit gegenüber den Besatzern zeigte sich auch im Herbst 1942, als der König auf Hitlers schwülstig formuliertes Geburtstagstelegramm nur mit einem knappen »Danke« reagierte, was Hitler als beleidigend empfand (es war wohl auch so gemeint) und das deshalb eine diplomatische Krise auslöste. Zudem soll Christian sich energisch dagegen verwahrt haben, dass die nationalsozialistische Flagge auf Schloss Christiansborg, dem Sitz des dänischen *Rigsdag* (Reichstages), gehisst werden sollte.

Eine Legende hingegen ist die viel kolportierte Geschichte, der König habe sich aus Protest gegen die Judenverfolgung einen Davidstern angesteckt bzw. habe auf den Befehl der deutschen Besatzer, dass alle Juden einen gelben Stern zu tragen haben, geantwortet, er werde als Erster den Davidstern tragen – doch zeigt diese Legende vielleicht auch, welche Haltung man dem König zutraute und welche Wertschätzung er genoss.

Nach Christians X. Tod 1947 folgte ihm sein ältester Sohn Frederik IX. (1899–1972) auf den Thron. Im Gegensatz zu seinem Vater akzeptierte dieser von Beginn an die faktische politische Machtlosigkeit des Königs. Er verstand sich eher als oberster demokratischer Repräsentant des Staates, als Bürger unter Bürgern, der zwar würdevoll, aber zugleich volkstümlich auftrat und offen seine Liebe zu seiner Familie und zur Musik zeigte.

Seiner Tochter, der regierenden Königin Margrethe II., die am 16. April 1940 geboren wurde, nur eine Woche nachdem deutsche Truppen Dänemark besetzt hatten, ist es gelungen, diese Linie fortzusetzen und weiterzuentwickeln. So verringerte sich die Distanz zwischen Königshaus und Bevölkerung noch mehr, und heute erfreut sich die Monarchie größerer Beliebtheit als je zuvor.

Margrethe II. – mit vollem Namen Margrethe Alexandrine

Þorhildur Ingrid – ist die 54. Regentin in der langen Reihe dänischer Monarchen. Immerhin liegt ein zeitlicher Abstand von rund 600 Jahren zwischen ihr und ihrer Vorgängerin Margrethe I., die zur Zeit der Kalmarer Union über ganz Skandinavien regierte. Die dänische Königin ist nicht nur Staatsoberhaupt des eigentlichen Mutterlandes Dänemark, sondern auch der Färöer Inseln und Grönlands. Beide gehören zur dänischen »Reichsgemeinschaft«, auch wenn sie seit 1948 bzw. 1979 teilautonom sind und eine eigene Selbstverwaltung haben. Margrethe II. besucht übrigens auf den jährlichen Sommerfahrten mit der königlichen Yacht »Dannebrog« immer auch die Färöer und Grönland.

Dass Margrethe überhaupt den Thron besteigen konnte, verdankte sie einer Verfassungsänderung. Erst das Thronfolgegesetz vom 27. März 1953 erlaubte die weibliche Erbfolge in Dänemark, ein Gesetz, das auf Anregung des Parlamentes vorgeschlagen und durch einen Volksentscheid verabschiedet wurde. Bemerkenswerterweise hatte ihr Vater, König Frederik IX., dem damaligen dänischen Ministerpräsidenten Hans Hedtoft von der Einführung der weiblichen Thronfolge abgeraten, allerdings nicht weil er an den Fähigkeiten seiner Tochter zweifelte, sondern ihr die Lebens- und Arbeitsbedingungen eines Monarchen ersparen wollte.

Denn die umfassend gebildete Margrethe – sie studierte an den dänischen Universitäten Kopenhagen und Århus, der Universität Cambridge und der London School of Economics sowie an der Pariser Sorbonne Politikwissenschaft und Archäologie – hat ein großes musisches Interesse, das sie nur dank harter Arbeit trotz ihrer vielfältigen repräsentativen Funktionen verwirklichen kann. So illustrierte sie unter dem Pseudonym »Ingahild Grathmer« eine Prachtausgabe von Tolkiens berühmtem Fantasy-Roman *Herr der Ringe* und zahlreiche weitere Bücher, sie entwarf Sonderbriefmarken sowie die königlichen Monogramme des Kronen-Logos für sich und ihre Söhne, Messgewänder und Bischofstalare für einige Diözesen und Kirchen des Landes sowie Kostüme für ein Fernsehspiel nach Hans Christian Andersen *Die Hirtin und der Schornsteinfeger.* Zu ihren größeren künstlerischen Arbeiten zählen das Bühnenbild für das Ballett *Eine Volkssage* (1991) sowie die Kulissen und Kostüme zu der Aufführung *Liebe im Müllkübel,* eine Ballettpantomime nach drei Märchen von Hans Christian Andersen, die in der Choreographie von Dinna Bjørn 2001 im Pantomimentheater des Kopenhagener Vergnügungsparks Tivoli uraufgeführt wurde. Den vorläufig letzten Coup landete die Königin mit ihren Arbeiten für Bühnenbild und Kostüme des Films »Die wilden Schwäne«, eine Verfilmung des gleichnamigen Andersen-Märchens, die im September 2009 in die dänischen Kinos kam. Dazu noch – welche Monarchin macht so etwas schon – übernahm sie in dem Film eine Statistenrolle.

Im Jahre 1967 heiratete sie den aus Frankreich stammenden Diplomaten Henri Graf de Laborde de Monpezat, der bei der Eheschließung den dem Dänischen angepassten Namen Henrik annahm und sich ebenfalls künstlerisch betätigt. Der studierte Philologe hat Bücher geschrieben und herausgegeben, darunter eine 1996 erschienene Autobiographie mit dem Titel *Schicksal verpflichtet,* die Gedichtsammlung *Cantabile* (2000) mit Collagen der Königin und eine weitere Gedichtsammlung *Flüsternde Brise* (2005). Gleichzeitig hat er sich auch als Übersetzer unter anderem von Simone de Beauvoir (zusammen mit der Königin) einen Namen gemacht.

Margrethe II. wurde 1972 inthronisiert. Sie wählte für sich das Motto »Gottes Hilfe. Die Liebe des Volkes. Dänemarks Stärke« – ein ambitioniertes Programm, das sie aber in den Augen der Bevölkerung offensichtlich verwirklichen konnte. Margrethe II. genießt wohl ohne jede Einschränkung die Zuneigung ihrer Landsleute. Die Gründe dafür sind vielfältig. Es ist zum einen die Art, wie sie »ihren Job« – so nennt sie es selbst – ausübt. Informiert und lebendig in Diskussionen mit Künstlern und Intellektuellen ebenso wie mit dem Staatsrat, den Ministern und dem Ministerpräsidenten, kommunikativ in ihren Pressekonferenzen, die sie selbst einführte, engagiert bei ihren Neujahrsansprachen im Fernsehen, die riesige Einschaltquoten haben. In denen kommentiert die Königin oft sehr persönlich gesellschaftliche Entwicklungen und nimmt auch zu umstrittenen Themen Stellung, wie zum Beispiel Einwanderung, Umweltschutz oder auch Solidarität mit den Entwicklungsländern. Dabei vermag die Königin dann – ohne gegen das Verbot der Einmischung in politische Angelegenheiten zu verstoßen –, ihr Volk weitaus nachhaltiger zu beeindrucken als dies vielen Politikern während eines ganzen Jahres gelingt.

Hinzu kommt ihr persönliches Auftreten, das sich in den Augen der meisten Dänen wenig von ihrem eigenen unterscheidet. Sie präsentiert sich locker und ungekünstelt, glücklich über den Beifall für das von ihr entworfene Bühnenbild – oder nicht zuletzt gekrümmt vor Lachen bei einem Besuch im Kopenhagener Vergnügungspark Tivoli, als sie von einem Varietékünstler parodiert wird. So wundert es nicht, dass immer wieder die Geschichte von dem Schulkind erzählt wird, das am Geburtstag der Königin nicht eher den Schlossplatz vor der Residenz verlässt, bevor diese auf dem Balkon erschienen ist und gewunken hat.

Bei Meinungsumfragen erzielt die Königin stets sehr gute Ergebnisse. Selbst ihr starker Zigarettenkonsum, in dem sie nun wirklich nicht vorbildhaft ist, wird von der Öffentlichkeit stillschweigend toleriert.

Die Hofhaltung des Königshauses ist dänisch-bescheiden – jedenfalls im Vergleich zu anderen Königshäusern. Zum Hofstaat gehören insgesamt etwa 140 Personen. Das Personal bezieht sein Gehalt über die sogenannte Zivilliste, die Finanzleistungen des Staates an das Königshaus enthält, worunter auch die jährliche Apanage für die königliche Familie fällt.

Thronfolger ist der ältere der beiden Söhne Margrethes II., Kronprinz Frederik, der am 26. Mai 1968 geboren wurde. Er hat wie sein jüngerer Bruder Prinz Joachim (geb. 1969) Schulen in Dänemark und Frankreich besucht, der Jüngere genoss dann eine agrarwissenschaftliche Ausbildung und ist heute Besitzer von Gut Schackenborg bei Møgeltønder in Südjütland. Er ist zum zweiten Mal verheiratet und hat zwei Söhne aus erster Ehe.

Joachims älterer Bruder, Kronprinz Frederik, machte 1986 das Abitur. Im selben Jahr trat er dem Staatsrat bei, in dem der Regent sich etwa 15 Mal im Jahr mit seinen Ministern zur Unterschreibung der Gesetze des Landes trifft. Als Kronprinz kann Frederik seine Mutter als Regent Dänemarks vertreten, wenn sie verhindert ist. Ausgebildet dafür ist er gut: Frederik studierte Politikwissenschaft in Århus und an der Harvard University in den USA. 2002 schloss der Kronprinz eine Ausbildung für Führungskräfte an der Militärakademie ab.

Seit 2004 ist Fredrik mit der Australierin Mary Elizabeth Donaldson verheiratet. Geboren am 5. Februar 1972, wuchs Mary Donaldson in Tasmanien (Australien) auf. Ihr Vater ist Professor für Mathematik, die Mutter starb 1997. Mary studierte am Hobart College und an der University of Tasmania, schloss ihr Studium mit dem Bachelor-Grad in Jura und Wirtschaftswissenschaften ab und war in mehreren Unternehmen tätig. Dass Frederik eine Frau bürgerlicher Herkunft heiratete, war nie ein Problem, weder für das Königshaus noch für die dänische Öffentlichkeit. Im Gegenteil: Mary wurde von einer Welle der Sympathie getragen. Lange hielt sie Distanz. Ein freundliches Lächeln, ein kurzes Winken, ein paar Gemeinplätze, erst auf Englisch, später in Dänisch. »Ich komme aus einer Durchschnittsfamilie, habe eine gute Ausbildung, bin stolz auf das, was ich bisher im Leben geleistet habe«, sagte sie in einem Interview mit einer dänischen Tageszeitung.

Am 15. Oktober 2005 brachte Kronprinzessin Mary im Kopenhagener Rigshospital einen Jungen zur Welt. Der kleine Christian steht nach seinem Vater, Kronprinz Frederik, jetzt an zweiter Stelle der dänischen Thronfolge. Zwei Jahre später, am 21. April 2007, bekam das Kronprinzenpaar eine Tochter, die auf den Namen Isabella getauft wurde und nach ihrem Bruder Rang drei in der dänischen Thronfolge einnimmt.

Die Popularität des Kronprinzenpaares in Dänemark ist sehr groß und reicht bis in Kreise hinein, die sich traditionell nicht für das Königshaus interessieren bzw. diesem distanziert gegenüberstehen. Bereits vor seiner Ehe wurde der Kronprinz mehrmals zum »Dänen des Jahres« gewählt. Das Paar hat die schwierige Kunst der Erneuerung gemeistert, ohne dabei die Grundfesten der Monarchie zu erschüttern. Dem Kronprinzen ist dies bisher gelungen, unter anderem mit der Äußerung, er wolle gern König einer Nation werden, die zunehmend multikulturell ist. Sein Credo: »Mit der Zeit gehen: Das ist wichtig! Schau dich also um und lass dich von dem prägen, was du erlebst.«

Die Zauberformel heißt Kompromissbereitschaft – Dänemarks Politik

Dänemarks erste Verfassung, das *Grundlov,* wurde 1849 verabschiedet, wesentliche Änderungen wurden 1866 und 1915 vorgenommen. Die gegenwärtige Verfassung stammt vom 5. Juni 1953. In ihr ist festgeschrieben, dass Dänemark eine konstitutionelle Erbmonarchie ist. In der Praxis ist die Rolle des Monarchen symbolischer und repräsentativer Art. Die Legislative liegt gemeinsam in den Händen der Regierung und des Parlaments, dem Folketing. Das Landsting, die zweite Kammer des Parlaments, wurde 1953 abgeschafft. Die Exekutive wird von der Regierung ausgeübt, die Judikative von den Gerichten.

Seit November 2001 wird Dänemark von einer bürgerlich-liberalen Minderheitskoalition, bestehend aus der liberalen Partei *Venstre* und den Konservativen, regiert. Die Regierungskoalition unter der Führung des Ministerpräsidenten Anders Fogh Rasmussen von den Liberalen wurde bei den Parlamentswahlen vom November 2007 zum dritten Mal bestätigt. Nachdem Anders Fogh Rasmussen Anfang April 2009 zum neuen Nato-Generalsekretär ernannt worden war, übernahm Lars Løkke Rasmussen, ebenfalls Liberaler, als sein Nachfolger am 5. April 2009 das Amt des Ministerpräsidenten.

Das dänische Parlament, das Folketing, mit Sitz in Schloss Christiansborg in Kopenhagen, zählt 179 Abgeordnete. Von diesen werden 175 in Dänemark sowie jeweils 2 auf den Färöer Inseln und in Grönland gewählt. Die Mandate verteilen sich auf die Parteien gemäß dem Verhältniswahlrecht, so dass sich in der Zusammensetzung des Folketing sehr genau die parteipolitischen Präferenzen der gesamten Wählerschaft widerspiegeln. Das Wahlalter liegt bei 18 Jahren. Frauen haben Stimmrecht seit 1915. Die Legislaturperiode beträgt vier Jahre, allerdings kann der Ministerpräsident (im Laufe der Geschichte bislang immer ein Mann) Neuwahlen ausschreiben, wenn er dies als politisch erforderlich oder vorteilhaft erachtet. Er *muss* Neuwahlen ansetzen, wenn der Regierung im Parlament das Misstrauen ausgesprochen wird.

Die Färöer und Grönland, beide selbstverwaltete Teile des dänischen Königreichs, versuchen immer stärker, souverän und unabhängiger von Dänemark zu werden. Allerdings ist Dänemark weiterhin für ihre Außen- und Verteidigungspolitik zuständig. Dies führte besonders wegen des amerikanischen Militärstützpunkts Thule in Grönland zu Diskussionen zwischen Dänemark und Grönland.

Eine besondere Einrichtung der Verfassung ist der Ombudsmann, den man auch in den anderen skandinavischen Ländern kennt. In Dänemark wurde die Institution 1955 eingerichtet. Der Ombudsmann wird nach jeder Wahl vom Folketing neu gewählt und sorgt für den direkten Kontakt zwischen den Bürgern und ihrer Volksvertretung: Bei ihm kann jede Bürgerin und jeder Bürger Beschwerde gegen mangelhafte Sachbearbeitung oder willkürliche Verwaltungsmaßnahmen einlegen. In einem Fall zum Beispiel hatte ein dänisches Ehepaar einen Jungen aus Thailand adoptiert. Zum Zeitpunkt der Adoption hielt sich das Ehepaar in England auf, und die Adoption erfolgte gemäß den englischen Adoptionsbestimmungen. Als das Ehepaar später in Dänemark einen Antrag auf Einbürgerung stellte, das heißt die dänische Staatsbürgerschaft für das Kind beantragte, weigerte sich das zuständige Amt für Zivilrecht, die Adoption als nach dänischem Recht gültig anzuerkennen. Dabei verwies das Amt auf den Paragraphen 28 des dänischen Adoptionsrechts, wonach eine Person mit Wohnsitz in Dänemark nur gemäß den Bestimmungen des dänischen Adoptionsrechts jemanden adoptieren kann. Das Amt war nicht der Meinung, dass das Paar – trotz eines vorangegangenen mehrjährigen Aufenthalts in England – seinen Wohnsitz in Dänemark aufgegeben hätte. Daraufhin reichte das Ehepaar Beschwerde beim Ombudsmann ein. Dieser forderte das Amt für Zivilrecht zu einer detaillierten Stellungnahme in dieser Sache auf, namentlich eine nähere Erläuterung des Begriffs Wohnsitz, worauf das Amt den Fall wieder neu aufnahm. Letztendlich hatte die Beschwerde beim Ombudsmann Erfolg – die Adoption wurde als nach dänischem Recht gültig anerkannt.

Aber es gibt auch recht ungewöhnliche Fälle wie den, der sich im September 1996 ereignete und der für viel Wirbel in der dänischen Öffentlichkeit sorgte. Ein früherer Kollege von mir, Presserat im dänischen Außenministerium und von Haus aus Journalist, hatte jahrelang humorvoll-kritische Leserbriefe an dänische Tageszeitungen geschrieben. Einer aber brachte ihn dann bei seinem Arbeitgeber in Ungnade, da er in nicht gerade charmanter Weise Kritik an der damaligen Kulturministerin geübt hatte. Die Folge: eine Abmahnung seitens der Leitung des Außenministeriums, seines Arbeitgebers. Der Autor des Leserbriefes wehrte sich: Er hatte in seinem Text sein Ministerium mit keinem Wort erwähnt und betonte, den umstrittenen Text lediglich als Privatperson verfasst zu haben. Da er sich in seinem Recht auf freie Meinungsäußerung ohne Ansehen der Person (§ 77 der dänischen Verfassung) verletzt fühlte, reichte er Beschwerde beim Ombudsmann ein. Dieser brauchte indes nicht tätig zu werden: Die Affäre sorgte für so viel Wirbel in der Öffentlichkeit und in den Medien, dass der Arbeitgeber schließlich einen Rückzieher machte und der Kollege daraufhin seine Beschwerde beim Ombudsmann zurückzog.

In Dänemark hat das Parlament ein sehr starkes Gewicht. Es gibt dadurch genügend Raum für relevante Debatten im Parlament, und Kompromisse werden oft im Plenum unter Mitwirkung aller Parteien erzielt. Ein Ausdruck für das Demokratieverständnis der Dänen: *Folkestyre* (Volksherrschaft = Demokratie) *durch* das Volk, anstatt *für* das Volk.

Was in anderen Ländern unerhört wäre bzw. selten vorkommt, ist in Dänemark nahezu schon Tradition: Da seit 1909 keine einzelne Partei im Folketing über eine Mehrheit verfügt hat, waren die dänischen Regierungen meist Minderheitsregierungen aus einer oder mehreren Parteien. Diese dänische Spezialität, Regieren in der Minderheit, stößt im Ausland bisweilen auf Unverständnis, aber im Gegensatz zu dem, was man befürchten könnte, funktioniert diese Tradition ausgezeichnet: Die dänische Regierungspolitik ist nicht instabiler als in anderen Ländern. Ein wichtiger Vorteil von Minderheitsregierungen ist, dass die Regierung bei ihrer Arbeit permanent Rücksicht auf die übrigen Parteien zu nehmen hat. Das Parlament ist somit der wichtigste Schauplatz des politischen Lebens in Dänemark, und dies wiederum fördert eine entspannte Verhandlungsatmosphäre.

Wie stark die Bereitschaft zum Kompromiss im nationalen politischen Bewusstsein verwurzelt ist, zeigt auch der Umstand, dass sich diese Haltung sogar im Sprachgebrauch niedergeschlagen hat. Als ich vor vielen Jahren erstmals vor der Frage stand, wie sich der dänische Begriff *forsvarsforlig* übersetzen ließe, tat ich mich anfangs recht schwer. Dabei ist es ganz einfach. Wörtlich übersetzt bedeutet er »Verteidigungsvergleich«, aber in der Realität handelt es sich schlicht und einfach um die Verabschiedung des dänischen Verteidigungshalts im Parlament. Hier findet die dänische Konsenshaltung schon auf sprachlicher Ebene ihren Ausdruck: Man »vergleicht« sich, das heißt, man versucht, eine möglichst breite Basis zu finden.

Kompromisse einzugehen ist ein wesentlicher Bestandteil der dänischen Demokratie, und die Bereitschaft dazu gilt – anders als in Deutschland, wo in Bezug auf die Politik häufig von »faulen Kompromissen« die Rede ist – als ein Wert. Selbstverständlich gibt es auch im dänischen Parlamentarismus politische Auseinandersetzungen zwischen den Parteien, aber sie werden moderater geführt als in Deutschland. Den politischen Alltag in Dänemark prägen Konsens und ein respektvoll-kollegialer Umgang.

Dänische Parlamentarier und Parteipolitiker sagen manches weniger direkt. Man arbeitet – ungeachtet der politischen Couleur – nach der Maxime, dass man sich nur zusammensetzen kann, wenn man sich zuvor auseinandergesetzt hat. Und gerade die (schonende) Art der Auseinandersetzung bewirkt, dass man sich auch danach noch zusammensetzen kann. Der Geist der Zusammenarbeit reicht zumeist über die Grenzen der jeweils regierenden Koalition hinaus. 80 bis 90 Prozent der Gesetzesvorschläge werden von einer breiten parlamentarischen Mehrheit getragen. Das führt auch dazu, dass es in der dänischen Politik eigentlich keine Tradition für radikale Änderungen gibt.

Bei den meisten Regierungen erkennt man die Tendenz, den Kurs der Vorgängerregierung weitgehend fortzusetzen. Es gibt viel Kontinuität und nur selten markante Umbrüche im politischen System.

Statt über eine eigene Mehrheit zu verfügen, scheint es Dänemark wichtiger zu sein, keine Mehrheit gegen sich zu haben. Das bedeutet in der Praxis, dass man von Sachfrage zu Sachfrage seine Mehrheiten mit wechselnden Partnern realisieren kann. Während sich im Deutschen Bundestag die Opposition gegen die Regierung stemmt, ist in der dänischen Praxis eine Mehrheitsfindung oft nur möglich, weil in Dänemark die Parteien nicht so stark auf ihren Positionen beharren und den Konsens auf breiter Grundlage suchen.

Die Parteienlandschaft ist geprägt von einem Mehrparteiensystem, dessen Grundzüge sich im Zeitraum zwischen der Verabschiedung der ersten Verfassung im Jahre 1849 und der vollständigen Einführung des Verhältniswahlrechts 1920 herausgebildet haben. Da es innerhalb der dänischen Gesellschaft keine ethnischen, religiösen, regionalen oder sprachlichen Gegensätze von Bedeutung gab, bildeten sich die Parteien vor dem Hintergrund der damaligen wirtschaftlichen, sozialen und ideologischen Abgrenzungen heraus, wobei es vor allem darum ging, einen Interessenausgleich zwischen Bauern und Arbeitern – repräsentiert durch die liberale *Venstre* und die Sozialdemokraten – zu finden.

Das klassische Parteiensystem ruhte auf vier Grundpfeilern: der Sozialdemokratischen Partei (*Socialdemokratiet,* gegründet 1871, seit 2002 »Sozialdemokraten«) zusammen mit der Gewerkschafts- und der Arbeiterbewegung, den Sozialliberalen (*Det Radikale Venstre,* gegründet 1905) zusammen mit den Kleinbauern und den Intellektuellen in den Städten, den Liberalen (*Venstre,* gegründet 1870) zusammen mit den landwirtschaftlichen Vereinen und der Genossenschaftsbewegung und schließlich der Konservativen Volkspartei *(Det Konservative Folkeparti),* bis 1915 die Rechte *(Højre),* zusammen mit den Arbeitgeber-, Handwerks- und Kaufmannschaftsverbänden, den Großbauern sowie den höheren Beamten.

Die Folketing-Wahl des Jahres 1973 brachte eine dramatische Umwälzung des Parteiensystems. Der Zuspruch seitens der Wähler für die vier alten Parteien sank von 84 Prozent auf 58 Prozent. Drei neue Parteien – die Christliche Volkspartei (*Kristeligt Folkeparti,* gegründet 1970), die ihren Namen 2003 in Christdemokraten *(Kristendemokraterne)* änderte, die Fortschrittspartei (*Fremskridtspartiet,* gegründet 1972) und die Zentrumsdemokraten (*Centrum-Demokraterne,* gegründet 1973) – kamen ins Parlament. Gleichzeitig erlebten die Kommunistische Partei Dänemarks (*Danmarks Kommunistiske Parti,* gegründet 1920) und der Rechtsbund (*Retsforbundet,* gegründet 1919) ein Comeback.

In der Folgezeit erlebte die dänische Politik eine Phase der Instabilität, mit schwachen sozialdemokratischen Minderheitsregierungen, mit Neuwahlen (alle zwei Jahre) und großen Wählerwanderungen. Seit 1973 haben 20 bis 30 Prozent der dänischen Wähler von Wahl zu Wahl die Partei gewechselt. Trotz der Wechselwähler blieb das Parteiensystem von Stabilität hinsichtlich der Verteilung der Mandate zwischen dem bürgerlichen und dem nichtbürgerlichen Block im Folketing geprägt. Änderungen bei der Mandatsverteilung ergaben sich hauptsächlich zwischen Parteien innerhalb desselben Blocks.

Seit 1945 ist Dänemark knapp vier Jahrzehnte lang von Sozialdemokraten regiert worden. Drei Jahrzehnte sozialdemokratischer Vorherrschaft entfallen jedoch auf die Zeit vor 1980. Seither wurde die dänische Politik überwiegend von bürgerlichen Regierungen bestimmt, zunächst unter Poul Schlüter (1982–1993) und ab 2001 unter Anders Fogh Rasmussen sowie dessen Nachfolger, Parteikollege und Fast-Namensvetter Lars Løkke Rasmussen (ab 2009). Mit ihrem dritten Sieg in Folge erwies sich die von Anders Fogh Rasmussen geführte Allianz aus Liberalen und Konservativen als das erfolgreichste bürgerliche Regierungsbündnis der dänischen Nachkriegsgeschichte. Bis zur Wahl 2007 war es in Dänemark noch keiner Konstellation im rechten Parteienspektrum gelungen, zwei Mal hintereinander wiedergewählt zu werden.

Entscheidenden Anteil an einem neuen, nachhaltigen politischen Rechtsruck hat die Dänische Volkspartei *(Dansk Folkeparti, DF)*, die mit ihrer fremdenfeindlichen Politik nach wie vor heftigen Widerspruch provoziert – innenpolitisch wie international. Gleichwohl kann die Dänische Volkspartei nicht länger als vorübergehendes Protestphänomen gelten, sondern muss als etablierte Kraft im dänischen Parlament verstanden werden. Sie war und ist der Garant für das politische Überleben der bürgerlich-liberalen Regierung, denn nur durch die Unterstützung der DF ist die Minderheitskoalition im Folketing mehrheitsfähig.

In Dänemark gibt es auch ein wichtiges plebiszitäres Element. Sofern sich ein Drittel aller Abgeordneten findet, muss ein vom Folketing verabschiedetes, aber noch nicht bestätigtes Gesetz per Referendum bestätigt werden; Gleiches gilt für Änderungen der Verfassung sowie des Wahlalters. Soll eine Gesetzesvorlage abgelehnt werden, ist dafür erforderlich, dass eine Mehrheit der Wähler, jedoch mindestens 30 Prozent sämtlicher Stimmberechtigten, dagegen stimmt, bei Verfassungsänderungen 40 Prozent.

Dänemark liegt auf den vordersten Rängen, wenn es um das Vertrauen in die nationalen politischen Institutionen geht. Empirische Daten zeigen, dass die Öffentlichkeit an der Politik interessiert und mit dem Funktionieren der nationalen politischen Institutionen zufrieden ist. Durch Mitgliedschaft in den politischen Parteien, in Interessenverbänden, Bürgerräten und verschiedensten Vereinen und Organisationen gibt es gute Möglichkeiten für eine Mitwirkung der Bürger an den politischen Prozessen auf nationaler und lokaler Ebene. 2006 waren knapp 200 000 Personen Mitglied einer politischen Partei, was fünf Prozent der stimmberechtigten Wähler entspricht. Drei Viertel der Erwerbstätigen waren gewerkschaftlich organisiert. Letzteres verweist darauf, dass sich das politische Interesse der Dänen – trotz ihres großen Vertrauens in die repräsentative Demokratie – nicht auf die Beteiligung an Wahlen beschränkt. Vielmehr gibt es eine lange Tradition zivilgesellschaftlichen Engagements und ein reges Vereinsleben.

Im letzten Viertel des 19. Jahrhunderts entstanden nicht nur politische Parteien, Gewerkschaften und Wirtschaftsverbände, sondern auch Heimvolkshochschulen und später eine Reihe freiwillig tätiger Vereine für die Volksbildung, die den politischen Parteien nahestanden. Während des Ersten Weltkriegs blühten diese Organisationen auf, und seither haben sich alle Interessenrichtungen innerhalb der dänischen Gesellschaft zusammengeschlossen – sei es in der Arbeitswelt, im Wirtschaftsleben, in der Kulturszene oder auf dem Freizeitsektor. Auf der Schwelle zum 21. Jahrhundert war im Durchschnitt jeder Däne zwischen 18 und 70 Jahren Mitglied in drei Vereinigungen.

Ein guter Bekannter von mir ist geradezu ein Paradebeispiel für ein bisweilen hyperaktives Vereinsleben. Jens ist Anfang 50, lebt seit etwa 20 Jahren glücklich mit seiner Partnerin zusammen in Århus, der zweitgrößten Stadt Dänemarks. Sein Geld verdient er als Angestellter in der Stadtverwaltung, wo er in der Regel gegen 16 Uhr Feierabend hat. Am Montag fährt er dann erst gar nicht nach Hause – da geht es direkt zum wöchentlichen Treffen mit einigen Parteigenossen beim Ortsverband der Sozialdemokraten, wo Jens seit fast 15 Jahren Mitglied ist. Der Dienstag ist ein ruhiger Tag ohne Programm, aber der Mittwoch hat's in sich. Da geht es direkt nach der Arbeit zusammen mit zwei Arbeitskollegen zum Training der Altherren-Abteilung eines Vorort-Fußballvereins, im Sommer draußen, im Winter in der Halle. Nach dem Duschen genehmigt man sich noch gemeinsam ein schnelles Bier, dann muss Jens aber weiter – zum Kirchenchor, da ist mittwochabends immer Probe. Der nächste Tag ist dann nicht ganz so anstrengend. Da fährt er nach Feierabend erst mit dem Rad nach Haus. Man isst zusammen gegen 18 Uhr, bevor Jens sich wieder auf den Weg macht, begleitet von zwei Nachbarn. Es geht ins Büro der lokalen Vertretung ihrer Gewerkschaft. Da wird diskutiert, und die drei helfen bisweilen ein wenig bei der Büroarbeit aus. Jens' Partnerin Pernille ist nicht ganz so aktiv wie er selbst, aber auch sie ist zweimal die Woche abends unterwegs – sie spielt Tischtennis in einem Verein und ist in einer Gruppe engagiert, die sich – unterstützt vom Integrationsrat der Kommune, aber auf privater Basis – um die Integration ausländischer Kinder in Form von Nachhilfeunterricht im Dänischen kümmert.

In diesen zahlreichen freiwilligen Gruppen, Vereinen, Verbänden und Organisationen, von denen viele öffentliche Finanzierungshilfen erhalten, liegen die Wurzeln der demokratischen

Kultur Dänemarks. Charakteristisch für Dänemark ist, dass man versucht, Interessengruppen über ihre Verbände in den Gesetzgebungsprozess einzubeziehen und durch Bürgerräte in Grundschulen, Tagesstätten und im Seniorenbereich die demokratische Teilhabe zu stärken. Ein gutes Beispiel ist der Verein »Ældre Sagen« (übersetzt etwa »Seniorenangelegenheit«) mit rund 550 000 Mitgliedern, das sind etwa zehn Prozent der dänischen Bevölkerung! Jeder vierte Däne über 50 ist Mitglied des Vereins, der einen hohen Bekanntheitsgrad hat: Laut Umfragen ist er etwa 3,5 Millionen Dänen ein Begriff. »Ældre Sagen« vertritt die Interessen älterer Mitbürger auf nationaler wie lokaler Ebene und arbeitet landesweit in 221 örtlichen Gruppen und Komitees. Für den Verband, der ein weitverzweigtes organisatorisches und lokalpolitisches Netzwerk unterhält, sind mehr als 10 000 Freiwillige tätig – ohne Vergütung. Sie unterstützen die Senioren in Problemfällen, fungieren als Besuchs- und Betreuungsdienst, helfen in Fällen, wenn ein älterer Bürger Probleme mit dem Computer hat, oder sind in seniorenpolitischen Fragen behilflich. Abgesehen von derartigen praktischen Aktivitäten stellt der Verein aufgrund seiner Leistungsstärke, Größe und Beliebtheit eine wichtige Lobby für einen großen Teil der dänischen Senioren dar.

Die egalitäre Kultur und die Möglichkeiten, die politische Debatte zu beeinflussen, lassen der politischen Kultur in Dänemark auch mehr Raum für Beteiligung und Kontrolle. Das kleine Königreich Dänemark ist noch immer von einer traditionellen gesellschaftlichen und politischen Homogenität geprägt, allerdings hat diese in den vergangenen zehn Jahren einige Kratzer bekommen, und es ist eine leichte Tendenz zu Polarisierungen, beispielsweise in der Haltung gegenüber Einwanderern, zu erkennen. Neue Konfliktbereiche sind entstanden, bei denen es um die Positionierung gesellschaftlicher und nationaler Werte geht – darum, wie die Dänen im 21. Jahrhundert leben wollen.

Sind die Dänen gute Europäer? – die ambivalente Haltung gegenüber EU und Euro

Nach dem Referendum im September 2000, bei dem der Beitritt Dänemarks zur Europäischen Wirtschafts- und Währungsunion und die Einführung des Euro von einer Mehrheit der Dänen abgelehnt worden war, trat der damalige sozialliberale Außenminister Niels Helveg Petersen zurück. In einem Interview mit dem Nachrichtenmagazin *Der Spiegel* im Januar 2001 bestätigte er das komplizierte Verhältnis der Dänen zu Europa: »Unsere Beziehung zu Europa ist kaum noch zu erklären. Wir akzeptieren die Union als notwendig, nützlich und vorteilhaft für uns. Andererseits sind wir skeptisch über das Tempo der Integration, den schleichenden Zentralismus aus Brüssel und fühlen uns bedroht. Wir sind als Volk sehr gespalten, und das ist schwer zu überwinden.« Allerdings sei er optimistisch und glaube: »Irgendwann werden auch die Dänen einsehen, dass der Euro und Europa gut für sie sind.«

Von außen betrachtet erscheint Dänemarks Verhältnis zur Europäischen Gemeinschaft (EG) bzw. zur Europäischen Union (EU) voller Gegensätze. Den Dänen haftet bis heute der Ruf an, ausgeprägte Europa-Skeptiker zu sein. Dabei lag die Zustimmung der dänischen Bürger zur EU in den letzten zehn Jahren recht nahe am EU-Durchschnitt, während sie früher wesentlich negativer ausgefallen war.

Bei der Gründung der Europäischen Wirtschaftsgemeinschaft 1957 blieb Dänemark außen vor und schloss sich stattdessen 1960 der Europäischen Freihandelszone EFTA an, wobei man sich bewusst war, das dies keine Ideallösung war. Als Großbritannien sich 1961 um die Mitgliedschaft in der Europäischen Gemeinschaft (EG) bewarb, meldete Dänemark ebenfalls seinen Wunsch nach einem Beitritt an, doch Frankreichs Widerstand gegen die Aufnahme Großbritanniens hatte zur Folge, dass bis zur Verwirklichung dieses Wunsches noch elf Jahre verstrichen.

1971 übernahm der Sozialdemokrat Jens Otto Krag, ein überzeugter Europäer, den Posten des Regierungschefs. Er war es, der Dänemark zum 1. Januar 1973 in die EG führte, was allerdings nicht reibungslos ablief. Die Linksparteien – die Sozialistische Volkspartei und die Kommunisten – waren eindeutig dagegen. Aber auch in den übrigen Parteien gab es EG-Gegner, die meisten bei den Sozialdemokraten und den Radikalliberalen, hingegen fast keine bei den Liberalen, die seit jeher viele Wähler in den bäuerlichen Kreisen hatten.

Mit Unterstützung der Sozialliberalen erzwangen die Sozialdemokraten ein Referendum über den Beitritt Dänemarks zur EG (1973). Bei einer Wahlbeteiligung von 90 Prozent stimmten fast zwei Drittel aller Dänen für den Beitritt. Die teilautonomen Färöer traten der EG nicht bei. Grönland dagegen, das damals noch keine Selbstverwaltung hatte, wurde zusammen mit Dänemark Mitglied. Eine Volksabstimmung 1982 bewirkte allerdings den Austritt Grönlands aus der EG mit Wirkung ab 1985.

Die dänische Tradition, neue vertragliche Bestimmungen bezüglich der Überlassung von staatlicher Souveränität an europäische Institutionen durch Referenden entscheiden zu lassen, führte dazu, dass in Dänemark die öffentliche Meinung eine direktere Bedeutung für die EU-Politik hat als in den meisten anderen EU-Ländern.

Nachdem beim Referendum 1972 über Dänemarks Mitgliedschaft in der Europäischen Gemeinschaft 63,3 Prozent dafür und 36,7 Prozent dagegen stimmten – die bislang eindeutigste und positivste Meinungsbekundung zur EG bzw. EU in Dänemark überhaupt –, fiel das Votum beim Referendum 1986 über die Einheitliche Europäische Akte schon etwas knapper aus, aber immerhin: 56,2 Prozent der Dänen stimmten mit Ja. Nun ging es um die Diskussion von Inhalten und Konsequenzen der Mitgliedschaft und vor allem um die Entwicklung der Gemeinschaft hin zur Europäischen Union.

Im Juni 1992 lehnte eine – wenn auch ganz knappe – Mehrheit der Dänen (50,7 %) den Maastrichter Vertrag über die Europäische Union ab, obwohl alle großen Parteien und auch die

Wirtschaft die Annahme befürwortet hatten. Das »Nej« der Dänen brachte das Land auf die Titelseiten der Weltpresse und stürzte die Europäische Gemeinschaft in eine tiefe Krise, da die Annahme durch alle Mitgliedsländer Bedingung für das Inkrafttreten des Abkommens war.

Regierung und Parlament reagierten auf dieses Ergebnis, indem sie sich auf einen »nationalen Kompromiss« einigten. Dieser forderte dänische Ausnahmeregelungen sowie mehr Transparenz und Demokratie in der Union. Die Forderungen wurden auf dem Gipfeltreffen des Europäischen Rats im Dezember 1992 durch Unterzeichnung des Edinburgh-Abkommens im Großen und Ganzen erfüllt und durch ein Referendum im Mai 1993 von 56,8 Prozent der wahlberechtigten Dänen angenommen.

Eines der Hauptziele dänischer Politik war die EU-Osterweiterung, insbesondere die Aufnahme der baltischen Länder. Im Juni 1993 machte der Europäische Rat auf seinem Treffen in Kopenhagen durch die Formulierung der sogenannten Kopenhagener Kriterien den Weg für eine Osterweiterung frei. Knapp zehn Jahre später, auf dem Gipfeltreffen des Europäischen Rates am 13. Dezember 2002 in Kopenhagen, wurden unter dänischem Ratsvorsitz die Beitrittsverhandlungen zur Europäischen Union mit Estland, Lettland, Litauen, Malta, Polen, der Slowakei, Slowenien, der Tschechischen Republik, Ungarn und Zypern erfolgreich abgeschlossen.

Der Widerstand gegen die EU wurde und wird in Dänemark zu einem gewissen Umfang durch historische Erfahrungen und die Angst vor dem Verlust der eigenen Identität getragen. In Dänemark werden Einschränkungen der Souveränität überwiegend als Bedrohung des dänischen Einflusses, der dänischen Werte und der dänischen Kultur und Identität empfunden. Selbst in den Reihen jener, die 1972 mit Ja gestimmt hatten – und folglich auch der Politiker, die sich für eine EG-Mitgliedschaft eingesetzt hatten –, war nur selten etwas von einer großen Begeisterung für die Europäische Gemeinschaft als politischer Idee zu spüren. Diese gilt als ein Club für die Großen, und es ist, als geisterte das Gedankengut des großen Alten, des Volkserziehers und -aufklärers N. F. S. Grundtvig, in den Köpfen einiger Dänen, dass »auf dem Boden zu bleiben, am besten uns dient«.

In Rhetorik und Argumentation greifen dänische EU-Kritiker oft auf die Vorzüge der dänischen Verfassung aus dem Jahre 1849 zurück: Respekt vor Minderheiten, Meinungsfreiheit, Gewaltenteilung, Mitsprache des Volkes. Gegen die EU sind Menschen, die sich selbst liberal, sozial und fortschrittlich nennen, Künstler und Intellektuelle, aber auch Konservative und Politiker verschiedener Couleur, die oft nur eines verbindet: ihre Ablehnung der Europäischen Union. Hierzu ein interessantes Beispiel.

Am 13. Dezember 2007 wurde der Vertrag von Lissabon zwischen den 27 Mitgliedstaaten der Europäischen Union unterzeichnet, der wesentliche Inhalte des zuvor abgelehnten Verfassungsentwurfs für Europa enthält. Sofort nach Unterzeichnung des Vertrages für Dänemark durch den dänischen Ministerpräsidenten und den Außenminister reichte eine Gruppe von Dänen Klage gegen den Ministerpräsidenten wegen Verletzung des Paragraphen 20 der dänischen Verfassung ein. Unter den Klägern waren bekannte Persönlichkeiten wie der Sänger Niels Hausgaard, der Zeichner und Illustrator Ib Spang Olsen und die Professorin Drude Dahlerup. Sie und ihre Mitkläger waren der Auffassung, dass dänische Behörden so viel nationale Souveränität an die EU abtreten würden, dass ein Referendum erforderlich sei. Interessant an diesem Fall ist, dass es weniger um die Ablehnung oder Befürwortung von Inhalten ging (in diesem Personenkreis befanden sich sowohl EU-Gegner als auch weniger EU-kritische Personen). Man fand sich indes zusammen in der grundlegenden dänischen Skepsis gegenüber dem Abbröckeln nationaler Souveränität und vor allem in dem tiefverwurzelten dänischen Demokratieverständnis. Die Kläger sahen in dem Vorgehen ihrer Regierung in erster Linie ein erhebliches Demokratiedefizit. Auch dies belegt, wie penibel man bis in breite Bürgerschichten hinein auf derartige »Formfehler« achtet. Die Klage wurde im Oktober 2009 vom Berufungsgericht in Kopenhagen *(Østre Landsret)* abgewiesen, worauf die Kläger jetzt beim Obersten Verfassungsgericht Berufung eingelegt haben.

Die nationalen Parlamente seien heute nur noch Kulissen, beklagen die dänischen EU-Gegner den Souveränitätsverlust der Mitgliedstaaten. Die national verbindlichen Gesetze würden heute mehrheitlich in Brüssel gemacht, hinter verschlossenen Türen und ohne Mitsprache des Volkes. Die Macht habe sich von den Wählern, das heißt den Bürgern, zu den EU-Beamten und zu den Lobbyisten verlagert. »Wir sind für ein echtes Europa der Bürger« oder »Wir sind nicht gegen Europa, aber wir wollen weniger Union und mehr Demokratie« – so oder ähnlich ist es oft zu hören. Deshalb sind es längst nicht mehr »Katholiken, Christdemokraten und Kapitalisten«, die zu Anfangszeiten der EU die Skepsis der Dänen personifizierten. Auch die antideutschen Tendenzen, die früher eine wichtige Rolle in den Reihen der EG/EU-Gegner gespielt haben, sind weitgehend verschwunden. Heute sind es die Bürokraten in Brüssel und das EU-System an sich, die im Zentrum der Kritik stehen

Dieser gefühlte Verlust an Demokratie scheint in der Tat der wichtigste Grund für das Misstrauen und die mangelnde Akzeptanz der EU in der dänischen Bevölkerung zu sein. Erst wenn der Wähler an Einfluss gewänne, würde die EU wieder populärer. Das schließt auch die Befürchtung ein, als kleines Land von der großen EU bevormundet zu werden. Die Erkenntnis, dass kleine Staaten an Einfluss gewinnen, wenn sie enger mit den anderen europäischen Staaten zusammenarbeiten, ist daher nur schwer vermittelbar. Die Angst vor der Brüsseler Bürokratie ist allerdings keine dänische Eigenart. Man findet sie in den meisten westeuropäischen Staaten. Und man kann sich fragen, ob Dänemark wirklich so anders und EU-skeptischer ist als die anderen Europäer, wenn man etwa sieht, dass auch Großbritannien und Schweden nicht am Euro teilnehmen. Und es hat den Anschein, als würden die Dänen – aller Reserviertheit gegenüber den europäischen Institutionen zum Trotz – ein entspannteres Verhältnis zu Europa entwickeln.

Angst vor Überfremdung? – Dänemark und seine Einwanderer

Dänemark galt lange Zeit als offenes, tolerantes und aufgeschlossenes Land, ein Image, das allmählich zu bröckeln scheint. Noch in den 1990er Jahren verband man im Ausland mit Dänemark eher die Tolerierung alternativer Lebensformen. Viel früher als in anderen Ländern konnten Homosexuelle heiraten, und Windkraftanlagen überall im Lande schienen der Beweis zu sein, dass Dänemark auch grüner als andere war. Nicht zu vergessen – die Rettung der dänischen Juden im Oktober 1943, ein beispielloses und erfolgreiches Unternehmen kollektiver Zivilcourage.

In der Folgezeit allerdings hatten Dänemarks Toleranz und die Tradition des freundlichen Umgangs mit Minderheiten lange Zeit gar nicht richtig auf dem Prüfstand gestanden. Zwar kamen in den 1960er Jahren viele »Gastarbeiter« und später Asylbewerber oder vietnamesische Bootsflüchtlinge auch nach Dänemark, doch war ihre Zahl relativ begrenzt. Von Einwanderern aus europäischen Ländern einmal abgesehen, lebten Anfang der 1980er Jahre in Dänemark knapp 50 000 Menschen aus sogenannten Drittländern, das waren weniger als ein Prozent der Bevölkerung. Allerdings reichte das schon aus, um bei einigen Dänen Besorgnis zu erregen. Rufe nach Zuzugsbeschränkungen wurden laut, und 1987 verschärfte man die Asylregelungen (Deutschland folgte erst fünf Jahre später).

Eine generelle Fremdenfeindlichkeit war zu dieser Zeit gleichwohl nicht auszumachen. Doch wenig später, 1993, zeigten Meinungsumfragen, dass ungefähr zwei Drittel aller Dänen meinten, viele Einwanderer seien nur gekommen, um das dänische Sozialsystem, also den heißgeliebten Wohlfahrtsstaat, auszunutzen. Gleichzeitig waren aber etwa genau so viele Dänen der

Auffassung, Dänemark habe eine Verpflichtung, den Flüchtlingen behilflich zu sein und ihnen ordentliche Wohnungen zur Verfügung zu stellen. Die Mehrheit der dänischen Bürger zeigte demnach eine ambivalente Haltung, und noch im Wahlkampf 1994 spielte das Thema kaum eine Rolle.

Dann kippte die Stimmung. Im Jahr 2000 war knapp die Hälfte der Dänen der Ansicht, die Einwanderung stelle eine Bedrohung ihrer nationalen Eigenart dar. Das Thema rückte auf den parteipolitischen Tagesordnungen ganz nach oben. Vor allem durch Familienzusammenführungen und durch den verstärkten Zustrom von Asylbewerbern war die Zahl der Ausländer inzwischen auf über eine Viertelmillion gestiegen, was jetzt rund fünf Prozent der Gesamtbevölkerung entsprach. In bestimmten Stadtvierteln prägten dunkelhäutige Menschen und Kopftücher das Straßenbild. Auf eine solche Verwandlung des Landes in eine unübersehbar multikulturelle Gesellschaft war die dänische Öffentlichkeit nicht vorbereitet. Teile der dänischen Boulevardpresse nahmen sich des Themas intensiv an und veröffentlichten Artikelserien über Familien aus Anatolien, die Dutzende von Angehörigen hätten, alle mit Anspruch auf Sozialhilfe. Oder (im Einzelfall durchaus korrekte) Geschichten über kriminelle jugendliche Einwanderer der zweiten Generation.

Diese Entwicklung spielte der Dänischen Volkspartei in die Hände, die sich 1995 von der Fortschrittspartei abgespalten hatte. Unter der Führung ihrer Vorsitzenden Pia Kjærsgaard machte die Partei, die zunächst vor allem für Steuersenkungen eingetreten war, eine bemerkenswerte Verwandlung durch. Nun profilierte Pia Kjærsgaard ihre Partei als Vorkämpfer für die Belange der Rentner und anderer sozial Schwacher. Man gab sich patriotisch und stritt »für Krone und Vaterland« gegen EU und Euro. Und natürlich agitierte die Partei gegen Fremde und Einwanderer, vermied dabei aber gezielt allzu wüste Ausfälle. Die Volkspartei konnte mit ihrer Programmatik erfolgreich in sozialdemokratische Wählergruppen eindringen und unter ungelernten Arbeitern Fuß fassen. Gleichzeitig wurde sie durchaus auch für einige Intellektuelle attraktiv. Noch 1999 hatte der damalige Ministerpräsident, der Sozialdemokrat Poul Nyrup

Rasmussen, gelästert, die Volkspartei würde »nie stubenrein« werden. Diese Einschätzung der Lage sollte sich als Irrtum erweisen.

Die Wahl im November 2001 brachte den großen Umbruch in der dänischen Politik. Liberale und Konservative bildeten die neue Minderheitsregierung unter Führung des Liberalen Anders Fogh Rasmussen. Pia Kjærsgaards Volkspartei sagte ihre Unterstützung zu – und sicherte sich damit Einfluss auf die Regierungspolitik. Früher mussten die Parteien Kompromisse über die Mitte hinweg finden, das erübrigte sich nun. Die Dänische Volkspartei toleriert seitdem die liberal-konservative Koalition im Folketing.

Bei den Wahlen zum dänischen Parlament im November 2001 erhielt die Dänische Volkspartei 22 Mandate. 2005 gewann sie schließlich 24 von 179 Sitzen und wurde damit zur drittstärksten Partei Dänemarks. Seitdem spielt sie eine Schlüsselrolle im dänischen Parlament und beeinflusst als Mehrheitsbeschafferin für die rechtsliberale Minderheitskoalition die Kopenhagener Regierungspolitik vor allem in Sachen Zuwanderung und Ausländerrecht entscheidend mit.

Der Einfluss der Dänischen Volkspartei machte sich auch in Gesetzen bemerkbar. Erstmals wurde die Ausländergesetzgebung 2002 verschärft. Seither war die Familienzusammenführung von Eheleuten nur noch dann erlaubt, wenn beide zusammengenommen länger in Dänemark als im Herkunftsland gelebt hatten. Und beide mussten über 24 sein, angeblich um Zwangseheschließungen zu vermeiden. Schließlich erhielten Flüchtlinge von nun an eine finanzielle Starthilfe (die allerdings um etwa 30 Prozent niedriger war als die bislang gezahlte Sozialhilfe).

Daraufhin ging die Anzahl der Familienzusammenführungen und Asylbewerbungen wie beabsichtigt schnell zurück. Allerdings bekam die Regierung bald erheblichen Ärger an anderer Front. Auch viele »echte« Dänen waren nämlich von der verschärften Gesetzgebung betroffen. Beispielsweise dänische Frauen, denen die dänischen Behörden nach 13 Jahren Auslandsaufenthalt nicht gestatteten, mit ihren ausländischen Männern und Kindern nach Dänemark überzusiedeln, obwohl sie eigentlich alle Bestimmungen zur Familienzusammenführung mustergültig erfüllten – ausgenommen der »Zugehörigkeit«. Als immer mehr derartige Fälle in der Öffentlichkeit bekannt wurden, nahm die Regierung eine Korrektur vor: Jetzt können Personen, die seit mindestens 28 Jahren dänische Staatsbürger sind, ihre ausländischen Ehepartner ins Land holen, auch wenn sie das Zugehörigkeitskriterium nicht erfüllen. In der Praxis bedeutet diese Regelung aber, dass nur »echte« Staatsbürger über 28 dies nutzen können, denn kaum ein Einwanderer ist schon seit 28 Jahren im Besitz der dänischen Staatsbürgerschaft.

Ausländische Beobachter schlussfolgerten, dass durch die dänische Praxis die Menschenrechte verletzt würden, und im Juli 2004 verfasste der Spanier Álvaro Gil-Robles, damals Kommissar für Menschenrechte des Europarates, einen Dänemark-Report. Der Brüsseler Kommissar schrieb darin zwar nicht direkt, dass Dänemark Menschenrechte verletzt habe, kritisierte aber in einem Interview mit einer dänischen Tageszeitung insbesondere die Gesetzgebung im Zusammenhang mit Familienzusammenführungen in aller Deutlichkeit und brachte Dänemark so negative Schlagzeilen ein.

Das Ausmaß von Diskriminierung, über das Einwanderer in Dänemark klagen, ist nur schwer zu bestimmen. Natürlich sind nicht alle Dänen fremdenfeindlich, auch nicht die meisten von ihnen. Viele Einwanderer haben Positives zu berichten: Die Dänen würden sie nicht als Ausländer betrachten, sondern als Nachbarn, und im Übrigen ließe es sich in Dänemark gut leben, und vor allem, es sei ja ein freies Land. Aber es gibt auch die andere Seite: beleidigende Bemerkungen und bewusste Erschwernisse für Fremde bei der Job- und Wohnungssuche. Um einen Praktikumsplatz zu bekommen, schrieben laut einer Untersuchung junge Leute mit Migrationshintergrund 20 Prozent der Bewerbungen, bekämen aber nur fünf Prozent der Zusagen. Etliche Kommunen tauschten, sofern ältere Menschen es verlangten, Haushaltshilfen mit dunkler Hautfarbe gegen Weiße aus – ein klarer Verstoß gegen dänisches Gesetz, das ethnische oder rassische Diskriminierung verbietet.

Dann kam der 30. September 2005. Die Tageszeitung *Jyllands-Posten* veröffentlichte die mittlerweile weltweit berühmten Mohammed-Karikaturen. Wie Kulturredakteur Flemming Rose muslimischen Lesern erläuterte, gehöre es nun einmal zur Demokratie und zur Meinungsfreiheit, dass man sich mit »Verhöhnung, Verspottung und Lächerlichmachen abfindet«. Die darauf folgende weltweite Eskalation hatte keiner vorausgesehen. In muslimischen Ländern fanden Demonstrationen gegen Dänemark statt, man verbrannte demonstrativ dänische Nationalfahnen, es gab Boykotte dänischer Produkte und Anschläge auf dänische Einrichtungen und Botschaften. Sie gipfelten in einem Mordanschlag auf den Karikaturisten Kurt Westergaard im Januar 2010.

Die dänische Regierung versäumte es zunächst, sich zu den Karikaturen zu äußern. Sie distanzierte sich nur in allgemeinen Wendungen von fremdenfeindlichen Äußerungen. Erst nachdem die Krise völlig außer Kontrolle zu geraten drohte, erklärte sie, dass man keineswegs religiöse Gefühle anderer Menschen habe verletzen wollen. Auch die Zeitung *Jyllands-Posten* rang sich spät zu einer halben Entschuldigung durch und beklagte die Folgen, die der Abdruck hatte. Aber nicht die Veröffentlichung als solche.

Im Januar 2006 kündigten dänische Neonazis an, als Antwort auf das Verbrennen der dänischen Fahne in Palästina öffentlich einen Koran zu verbrennen. Die Polizei konnte das zwar verhindern, aber bei *Jyllands-Posten* liefen Bombendrohungen ein. Muslimische Taxichauffeure wurden angepöbelt, und Unbekannte schändeten einen muslimischen Friedhof in der Nähe der Stadt Esbjerg an der Westküste. Andererseits erlebte Dänemark auch eine bis dahin nicht gesehene Mobilisierung gegen Fremdenfeindlichkeit und für gegenseitigen Respekt. In verschiedenen Städten wurden auf private Initiative aus der Bevölkerung Demonstrationen gegen die ausländerfeindliche Haltung organisiert.

Die weltweiten muslimischen Proteste, Ausschreitungen und Morddrohungen nach der Veröffentlichung der Mohammed-Karikaturen stärkte die *Dansk Folkeparti* noch einmal in der Wählergunst. Nach Umfragen konnte die Partei rund fünf Prozent gegenüber der letzten Parlamentswahl zulegen.

Vor der Folketing-Wahl 2007 versuchte sich die Partei mit

weiteren diskriminierenden Gesetzesvorschlägen zu profilieren. Unter anderem wollte sie das Tragen von Kopftüchern im öffentlichen Raum und Gebetsräume für muslimische Mitarbeiter in dänischen Firmen verbieten lassen. Bei der Wahl im November 2007 erreichte die Dänische Volkspartei mit einem Stimmenanteil von 13,9 Prozent ihr bis dahin bestes Ergebnis und ist mit 25 Parlamentssitzen weiterhin die drittstärkste Partei Dänemarks. Ihr Erfolgsrezept: ein sehr polemischer und vor allem gegen muslimische Einwanderer gerichteter Wahlkampf, in dem sie den Islam mit islamistischem Fundamentalismus gleichsetzte. Der Islam sei unvereinbar mit der westlichen Demokratie und den christlichen Grundlagen der abendländischen Kultur, weil er nicht für Toleranz und gegenseitigen Respekt eintrete und Frauen unterdrücke. Mit ihrer Strategie konnte die DF immerhin ein Viertel ihrer neuen Wähler rekrutieren, die sie aus der traditionell sozialdemokratischen Wählerschaft abwarb. Die rechtspopulistischen Kampagnen wurden nach dem Wahlerfolg fortgesetzt, um die bürgerlichen Parteien zu einer Verschärfung des Asylrechts zu bewegen. Die Partei sieht Dänemark als überfremdetes Land, dem eine multikulturelle Zukunft in Form eines Nebeneinanders von verschiedenen Rechtssystemen drohe. Mit dieser Warnung vor einer angeblichen Zerstörung des dänischen Wohlfahrtsstaats zielt die Partei auf ein Kernelement der dänischen nationalen Identität.

Mit dieser Ausländerpolitik gewann das rechte Lager zwei weitere Wahlen. Was die Sozialdemokraten der Opposition nicht daran hinderte, ebenso wie die Rechtspopulisten die Justizbehörde zu kritisieren, die grünes Licht für Richterinnen mit Kopftuch gegeben hatte. Zeitweise versuchten sozialdemokratische Parteisprecher gar, die Dänische Volkspartei mit noch schärferen Forderungen nach Kopftuchverboten an Schulen, in Krankenhäusern und im Polizeidienst zu übertrumpfen. Die DF konterte mit der Forderung, dass Muslime vor ihrer Einbürgerung künftig ausdrücklich Teilen des Korans abschwören müssten.

Im Mai 2008 schockierte die Dänische Volkspartei mit einer neuen Anti-Islam-Kampagne. »Gebt uns Dänemark zurück!«, verlangte sie in Zeitungsanzeigen und zeigte auf einem Foto, wer nach ihrer Meinung vom Land Besitz ergriffen hat: eine komplett verschleierte Richterin in der Burka, mit dem Hammer der Justiz in ihrer Hand. In Dänemark gab es Proteste. In einem in der Tageszeitung *Politiken* veröffentlichten offenen Brief erklärte eine Gruppe von 26 Prominenten: »Seit den 1930er Jahren hat die dänische Gesellschaft keine derartige Hetze erlebt.« Zu den Unterzeichnern gehörten Politikveteranen wie der ehemalige sozialdemokratische Ministerpräsident Anker Jørgensen und Exaußenminister Uffe Ellemann-Jensen von den Liberalen oder die populären Schriftsteller Benny Andersen und Lise Nørgaard. Sie mahnten: »Das hier ist ein Anschlag auf das Zusammenleben von Menschen und ihr Gefühl von Zusammengehörigkeit, das gute Kräfte in diesem Land erzeugt haben.« Wenn man diese Aufgabe nicht ernst nehme, könnte es das ganze Land »teuer zu stehen kommen«.

Indessen beschloss die dänische Regierung im November 2009, die Prämie für diejenigen Einwanderer zu verzehnfachen, die definitiv in ihr Heimatland zurückkehren. Diese Menschen sollen künftig umgerechnet knapp 13 500 Euro erhalten. Laut einem Sprecher der Dänischen Volkspartei sei dieses Geld für Menschen gedacht, die sich »nicht integrieren wollen oder können«. Die Diskussion scheint in Dänemark weniger darum zu gehen, wie sich Diskriminierungsmechanismen in der Gesellschaft abbauen lassen, als darum, welche Probleme und Kosten die Einwanderer verursachen und wie sich ändern müssen. Mit einer solchen Gewichtung der öffentlichen Debatte stehen die Dänen nicht allein in Europa da. Auch in vielen anderen Ländern wird lebhaft darüber diskutiert, ob die heimische Kultur durch den Zuzug von Einwanderern – vor allem aus muslimischen Ländern – bedroht ist.

Aber wie lässt sich die Polarisierung innerhalb der dänischen Gesellschaft hinsichtlich der Ausländerfrage in den letzten Jahren erklären? In dem bei einem relativ niedrigen Ausländeranteil bestens funktionierenden, wirtschaftlich blühenden Dänemark mit einer laut Umfragen beneidenswert zufriedenen Bevölkerung? Ähnlich wie beim Euro scheint man in der Einwanderung eher das Risiko eines Verlustes nationaler Identität zu sehen. Gerade in einer egalitären Gesellschaft wie der dänischen, in der Konsens und einheitliche, basisdemokratische Haltungen zu den höchsten Werten zählen, werden jegliche Einflüsse von außen zunächst beargwöhnt – ganz gleich, ob es sich um europäische Geldscheine oder Kopftücher handelt. Beide könnten ja eine Bedrohung der *Danskhed* darstellen, ein viel gebrauchter Begriff, der sich nur annähernd mit »Dänentum« übersetzen lässt.

Zum Glück gibt es viele Dänen, wahrscheinlich die Mehrheit, die es sinnlos finden, zu bestimmen, was und was nicht zur dänischen Kultur gehört. Die glauben, dass es zwar wichtige demokratische Grundprinzipien gebe, an denen die Dänen festhalten müssten, dass aber Migration an sich kein Angriff auf die dänische Kultur sei.

»Wenn wenige zu viel und noch weniger zu wenig haben« – der dänische Wohlfahrtsstaat

Deutschland war weltweit das erste Land, in dem der Staat sich für die soziale Sicherheit der Bevölkerung engagierte, und zwar 1883 mit der Einführung der ersten öffentlichen Krankenversicherung. In den folgenden Jahren allerdings schufen viele andere Länder in Europa Regelungen zur wirtschaftlichen Absicherung der Bürger bei Unfällen, Krankheit und Arbeitslosigkeit sowie zur Altersversorgung – die sogenannten Kernleistungen des Wohlfahrtsstaates. Seitdem haben die skandinavischen Länder – darunter Dänemark – der sozialen Absicherung durch den Staat besonderes Gewicht beigemessen. Dänemark wird als Wohlfahrtsstaat bezeichnet. Eine andere, im Ausland oft verwendete Bezeichnung ist »dänisches Modell«.

Der dänische Wohlfahrtsstaat folgte dem Motto des großen dänischen Kirchenlieddichters, Pfarrers und Politikers Nikolai Frederik Severin Grundtvig (1783–1872): »Erst dann haben wir es zu wirklichem Reichtum gebracht, wenn wenige zu viel und noch weniger zu wenig haben.« Diese egalitäre Zielsetzung ist die Grundformel für den dänischen Wohlfahrtsstaat. Über das Steuersystem wird ein Ausgleich der Einkommen herbeigeführt, und ein engmaschiges Sozialnetz schützt die Bürger, so dass alle ein angemessenes Leben führen können.

Das Prinzip des skandinavischen Wohlfahrtsmodells ist die Gewährung von Leistungen an alle Bürger, ohne Rücksicht auf die berufliche oder familiäre Situation. Das System gilt für alle. Die Leistungen werden dem Einzelnen gewährt, so dass beispielsweise verheiratete Frauen, unabhängig von ihren Ehemännern, eigene Ansprüche haben. In Fällen von Krankheit und Arbeitslosigkeit ist der Leistungsanspruch jedoch immer von früherer Beschäftigung und zum Teil auch von der Höhe der Beitragszahlungen abhängig. Der weitaus größte Teil der finanziellen Last aber wird vom Staat getragen und hauptsächlich über allgemeine Steuern finanziert, nicht durch zweckgebundene Sozialbeiträge, wie dies in Deutschland der Fall ist. Ungefähr drei Viertel der Sozialausgaben werden in Dänemark von der öffentlichen Hand durch Steuern und Abgaben finanziert, gegenüber durchschnittlich nur etwa einem Drittel in anderen EU-Ländern. Daher hat Dänemark auch eine der höchsten Steuer- und Abgabenbelastungen in der EU. Die Ausgaben für den sozialen Bereich machen den größten Posten sowohl im Staatshaushalt als auch in den kommunalen Verwaltungen des Landes aus, und es sind gut 30 Prozent des Bruttoinlandproduktes (BIP).

Im Vergleich zu den meisten anderen EU-Ländern ist es für Dänemark bezeichnend, dass die Sozialleistungen nur in geringem Maß auf Arbeitgeberanteilen und direkten Beitragszahlungen der Versicherten basieren und dass der Anspruch auf finanzielle Unterstützung nur in begrenztem Umfang von früherer Erwerbstätigkeit abhängt. So wird allen Dänen eine Altersgrundrente *(Folkepension)* gezahlt – und das ganz gleich, ob sie 50 oder zwei Jahre ihres Lebens berufstätig gewesen sind. Früher lag die Altersgrenze beim vollendeten 67. Lebensjahr, seit 2004 ist das Rentenalter auf 65 Jahre herabgesetzt.

In der dänischen Gesellschaft ist es seit langem Tradition, sich um schwächere Mitbürger zu kümmern. Besonders nach dem Zweiten Weltkrieg wurde der Einsatz systematisiert, und heute hat Dänemark ein sehr feinmaschiges soziales Sicherungsnetz. Beispielsweise muss keiner direkt aus eigener Tasche Krankenhausbehandlungen, Grundausbildung oder dauerhafte Haushaltshilfen bezahlen. Dazu kommt eine breite Palette von Leistungen wie Kinderbetreuung, Urlaubsregelungen und Sicherung des Einkommens im Alter sowie bei Arbeitslosigkeit, Krankheit und dauerhafter Einschränkung der Erwerbsfähigkeit.

Der dänische Wohlfahrtsstaat will allen Kindern öffentliche Betreuungsprogramme wie Kinderkrippen, Kindergärten und Tagesbetreuung anbieten. So besteht für jedes Kind ab einem Alter von sieben Monaten eine Betreuungsgarantie, wobei zwischen traditionellen Krippen, ausgebildeten Tagesmüttern oder privaten Betreuern gewählt werden kann. Kostenlos ist das Ganze allerdings nicht: In Kopenhagen muss man für einen Kindergartenplatz umgerechnet 240 Euro monatlich zahlen. Etwa 88 Prozent der Kinder zwischen einem und fünf Jahren gehen in den Kindergarten oder werden von Tagesmüttern betreut. Die Kombination aus Gehaltskompensation während der Elternzeit und der Garantie auf Kinderbetreuung erleichtert die Gründung einer Familie. Niemand muss riskieren, durch Kinder in eine finanzielle Schieflage zu geraten, keine Frau muss durch die Entscheidung für ein Kind um ihre Karriere bangen. Das vermittelt natürlich ein Gefühl von Sicherheit und sorgt für eine hohe Berufstätigkeitsquote der dänischen Frauen. In Dänemark haben Frauen prinzipiell Anspruch auf den gleichen Lohn wie ihre männlichen Kollegen, wenn sie auch in der Praxis immer noch den Hauptteil der untergeordneten Stellungen innehaben.

Trotz eines höheren Frauenanteils auf dem Arbeitsmarkt werden in Dänemark mehr Kinder als in Deutschland geboren. Das mag zum großen Teil an den relativ guten Rahmenbedingungen im Bereich der Kinderbetreuung liegen, aber auch an der individuellen Besteuerung von Ehepartnern, die das Arbeiten für Frauen in Dänemark weitaus attraktiver macht als für Frauen in Deutschland. Dazu kommen zwei Wochen gesetzlich geregelter Vaterschaftsurlaub sowie seit 2002 das Angebot von insgesamt 52 Wochen Elternurlaub, den sich Vater und Mutter teilen können. Im Zeitraum 2007/08 kamen insgesamt 35 349 Kinder (55 %) in den Genuss, dass beide Elternteile von dem Urlaub für ihr Kind Gebrauch machten. Während die Mütter durchschnittlich 299 Tage des Urlaubs in Anspruch nahmen, waren es bei den Vätern aber lediglich 31 Tage. Eine Erklärung für diese Schieflage ist der Lohnausgleich, der an die Regelungen gebunden ist. Da Männer immer noch mehr als Frauen verdienen, wird der Familienhaushalt am meisten belastet, wenn der Vater den Urlaub nimmt.

In Deutschland löst eine Mutter oft Kopfschütteln aus, wenn sie ihr Kind bereits vor Vollendung des zweiten Lebensjahres in einer Einrichtung betreuen lässt. Umgekehrt ist es in Dänemark: Als Rabenmutter gilt, wer seinem Kind frühe soziale Kontakte verwehrt und mit ihm allein zu Hause bleibt. Ein Grund ist das unterschiedliche Gesellschaftsmodell, in dem in Deutschland weiterhin die Familie als kleinste Einheit betrachtet wird. So sind deutsche Eltern gesetzlich verpflichtet, die Ausbildung ihrer Kinder zu finanzieren. In Dänemark ist das Individuum die kleinste Einheit. Für alles, was auf individueller Ebene nicht gelöst werden kann, übernimmt der öffentliche Sektor die Verantwortung. Hierzu gehören die Kinderbetreuung und die Finanzierung der Ausbildung. Auf diese Weise können Kinder und Karriere besser auf einen Nenner gebracht werden. Die Geburtenraten sprechen ihre eigene, deutliche Sprache: Deutschland liegt in dieser Hinsicht weit hinter anderen europäischen Ländern, während sich Dänemark im oberen Drittel der Statistik befindet.

Die Dänen waren und sind in der Lage, ihre gesellschaftlichen Werte mit den industriellen Anforderungen zu kombinieren. So wie sie ihren Lebensstandard unter Aufrechterhaltung eines Gerechtigkeitsideals in allen Bereichen des Sozialsystems kontinuierlich verbessert haben, so haben sie auch die Fähigkeit unter Beweis gestellt, neue politische, soziale und wirtschaftliche Herausforderungen erfolgreich zu bewältigen. Die recht ambitiöse Zielsetzung der Dänen lautet: Wie erreichen wir Gerechtigkeit in einer Gesellschaft, in der die Möglichkeiten des Individuums zu Konsum und Wohlfahrt schneller wachsen als die Ressourcen, derer es bedarf, um eine allgemein verbreitete Wohlfahrt auf dem gleichen hohen Niveau zu schaffen? Hört sich recht kompliziert an, ist es auch, aber den Dänen scheint es zu gelingen.

Der Staat soll die feinen Details im System so ordnen, dass die Verteilung der Gewinne gerecht vor sich geht, wobei gleichzeitig die richtigen Voraussetzungen für wirtschaftliche Fortschritte und Wachstum vorhanden sind. Dieses Gleichgewicht zu finden war nicht immer leicht, aber ein größerer Wohlstand muss der gesamten Bevölkerung zugute kommen. Die Dänen glauben an eine gemeinsame Pflicht, zur *Volks*wirtschaft beizutragen, und – noch wichtiger – an ein allgemeines Recht, dass das Volk von ihr profitiert. Deshalb rangiert das Land innerhalb der OECD auf den vordersten Plätzen, wenn es um Fragen der sozialen Gerechtigkeit geht. Die Dänen fordern Gleichheit in ihrer Gesellschaft.

In Dänemark ist der Staat überall. Die Bürger führen die Hälfte ihres Gehalts als Steuern ab und finden das auch absolut in Ordnung. Sie wissen, dass sie für das Geld etwas bekommen. Zwar schluckt der öffentliche Sektor in Dänemark weit mehr Geld als in anderen OECD-Ländern, zwar erheben andere Länder niedrigere Steuern, die Lebensbedingungen dort sind aber für Menschen mit durchschnittlichem Einkommen nicht besser als in Dänemark, europäische Arbeitnehmer, die unterdurchschnittlich verdienen, stehen weitaus schlechter da als ein Däne in der gleichen Situation.

In Dänemark empfindet man den Staat nicht als Gegner, sondern als Partner. Natürlich gibt es Interessenkonflikte, aber im Wesentlichen betrachten die Dänen ihren Staat als ein System, das ihnen hilft. Der starke dänische Staat bestimmt nicht über das Leben der Menschen, er steht mit ihnen im Dialog. Die Bürger erwarten vom Staat, dass er stark und präsent ist (und der erfüllt diese Erwartung auch), zugleich aber fordern sie ein hohes Maß an Freiheit. Ein typisch dänischer Widerspruch, mit dem die Dänen aber gut zurechtkommen.

Eine allgemeine Steuerrebellion hat in Dänemark keine Chance, was Ausländer oft leicht erstaunt bemerken. Dies musste auch der in den 1970er Jahren zunächst erfolgreiche Steuerrebell Mogens Glistrup erkennen, der mit einer eigenen Partei, der Fortschrittspartei, gegen Staat und Steuern antrat. Er war letztlich erfolglos und – Ironie der Geschichte – landete am Ende wegen Steuerhinterziehung im Gefängnis.

Das dänische Modell wird besonders von denen angegriffen, die das freie Spiel der Kräfte des Marktes befürworten und einen Deregulierungsbedarf sehen. Sie übersehen dabei aber die traditionelle Rolle, die der Staat und die Sozialpartner für die dänische Gemeinschaft spielen. Ein Beispiel dafür ist, dass sich die Tarifpartner seit den 1980er Jahren bei Tarifabschlüssen zunehmend zurückgehalten haben.

Früher wurde Dänemark wegen der »Auswüchse« seines Wohlfahrtssystems kritisiert, die es einigen ermöglichte, ihr Leben lang nicht einen einzigen Tag arbeiten zu müssen. Inzwischen aber sind die Sozialprogramme verändert worden. Der Wohlfahrtsstaat ist heute weniger passiv, sondern fordernder. Während der Arbeitslosigkeit ist man verpflichtet, sich aktiv um eine Arbeit zu bemühen und dem Arbeitsmarkt zur Verfügung zu stehen. Sofern man keinen Job hat und weiterhin Leistungen beziehen will, muss man an Fortbildungsmaßnahmen teilnehmen, sonst gibt es die um 20 bis 40 Prozent geringere Sozialhilfe. Gegen sie wird allerdings das gesamte Vermögen bis auf einen Freibetrag aufgerechnet.

Einer der Hauptgründe für den großen Wohlstand der Dänen ist die gute Ausbildung der Bevölkerung. Die meisten Dänen sprechen ausgezeichnet Englisch und viele darüber hinaus eine weitere Fremdsprache. Bei meinen ersten Besuchen in Dänemark war es für mich geradezu ein erstaunliches Erlebnis, im Fernsehen deutsche und amerikanische Serien zu sehen, die alle im entsprechenden Originalton, aber mit dänischen Untertiteln ausgestrahlt werden. Damit werden die Dänen von Kindesbeinen (vor allem) mit dem Englischen vertraut, und außerdem wären Synchronisationen für einen kleinen Sprachraum von gut fünf Millionen Dänen ja auch zu kostspielig. Das lässt sich natürlich einsehen. Allerdings kommt es zwischen dänischen Gesprächspartnern und mir immer wieder zu Diskussionen, wenn mit einer gewissen Arroganz erklärt wird: »Wie kann man bloß in einem Film Humphrey Bogart oder Brad Pitt mit einer deutschen Sprecherstimme verunglimpfen?!«

Die guten Fremdsprachenkenntnisse der Dänen kommen nicht von ungefähr. Neben dem Sozial- und Arbeitsmarktsektor ist die Bildung der Bereich, für den der dänische Staat das meiste Geld ausgibt. 2009 betrugen die Ausgaben für das Bildungssystem 6,7 Prozent des Bruttoinlandsprodukts. Damit liegt das Königreich – hinter Island (7,2 %) – an der Spitze sämtlicher OECD-Länder.

Der Unterricht in allen staatlichen Bildungseinrichtungen ist kostenfrei – von der Grundschule (Schüler im Alter von sieben bis 16 Jahren) bis zu Bildungseinrichtungen für Jugendliche wie Gymnasium, HF (Höheres Vorbereitungsexamen), technische Schulen (Berufsschulen), Handelsschulen (Schüler im Alter von 16 bis 19 Jahren) und die weiterführende Ausbildung an Universitäten, Pädagogischen Hochschulen und Wirtschaftsuniversitäten. Der Staat finanziert auch einen bedeutenden Teil der Weiterbildungsmaßnahmen.

Neben dem Angebot von kostenlosem Unterricht für die Bevölkerung leistet der Staat finanzielle Unterstützung an junge Ausbildungssuchende in Form von Stipendien und Krediten. Die Staatliche Ausbildungsförderung (*Statens Uddannelsesstøtte,* SU) – etwa vergleichbar mit dem deutschen BAföG – wird jedes Jahr an ungefähr 250 000 Jugendliche gezahlt. Die SU ist insofern von Bedeutung, als dänische Jugendliche sie ungeachtet des Einkommens ihrer Eltern als Möglichkeit für eine längere weiterführende Ausbildung erhalten. Im Vergleich zu anderen Ländern ist Dänemark bei Bildung in einer vorteilhaften Situation. 83 Prozent eines Jahrgangs besuchen zurzeit eine Ausbildung, die entweder Berufskenntnisse oder Hochschulreife vermittelt, und 40 Prozent eines Jahrgangs nehmen eine weiterführende Ausbildung wahr.

Auch das dänische Gesundheitswesen wird im Wesentlichen über die Steuern finanziert. So haben alle Bürger kostenfreien und gleichberechtigten Anspruch auf die Leistungen. Die Kosten werden größtenteils von der öffentlichen Hand aus Steuereinnahmen finanziert. Dänische Frauen haben im Vergleich zu 15 anderen EU-Ländern eine vier Jahre kürzere Lebenserwartung (79 Jahre); die dänischen Männer werden im Schnitt sogar nur 74 Jahre alt. Die unmittelbare Ursache dafür können Rauchen, Alkoholkonsum und ungesunde Essgewohnheiten sein. Im Verhältnis zu vergleichbaren Nationen sind bei den Dänen Lungenkrebs, Leberzirrhose und Herzkrankheiten als Todesursache häufiger.

Die Dänen waren bislang traditionell ein Volk von Rauchern. Nach mehreren Nichtraucherkampagnen scheint sich das Blatt nun doch zu wenden, und auch in den Hotels gibt es fast nur noch Nichtraucherzimmer. Bereits 1995 hatte das Parlament ein Gesetz über Nichtraucherzonen verabschiedet. Dies hatte zur Folge, dass öffentliche Gebäude und Transportmittel heute ausschließlich Nichtraucherzonen sind. Auch in Tagesstätten und Schulen hat sich dies durchgesetzt, und in der privaten Wirtschaft werden ebenfalls mehr und mehr Unternehmen rauchfrei.

Auch der Alkoholkonsum, vor allem bei Jugendlichen, ist hoch. Die größte Gefahr für das Leben der Dänen stellen jedoch Herzkrankheiten dar. Trotz verschiedener Gesundheitskampagnen innerhalb der letzten Jahrzehnte essen die Dänen immer noch relativ zu fett und treiben zu wenig Sport.

Das trübt das Bild der dänischen Idylle ein wenig. Aber selbst die Skeptiker unter den Dänen müssen gestehen, dass ihr Heimatland seine Vorzüge hat. Fragt man die dänischen Wähler, was sie sich von ihrem Land wünschen, erhält man meist gleichlautende Antworten. Man wünscht sich die Erhaltung Dänemarks als Wohlfahrtsstaat und, wenn möglich, dessen weiteren Ausbau. Der ideologische Streit von früher, inwieweit der öffentliche Sektor abgebaut oder im Verhältnis zum privaten Sektor ausgebaut werden sollte, ist nahezu zum Erliegen gekommen.

Da staunt die Welt – Flexibilität schafft Arbeitsplätze und Wirtschaftswachstum

Der morgendliche Berufsverkehr in Dänemark rollt in zwei Wellen. Die erste zeigt sich im lokalen Umfeld: Väter oder Mütter schwingen sich auf die Fahrräder oder setzen sich in die Autos und machen sich mit ihren Kindern auf den Weg zur nächsten Kinderkrippe, zum Kindergarten oder zur privaten Tagesbetreuung. Die nächste Welle rollt auf die Arbeitsplätze in den größeren Städten zu. Für mich persönlich ist es immer wieder ein Erlebnis, im morgendlichen Kopenhagener Berufsverkehr als Fußgänger bei Rot an einer Ampel zu warten, zum Beispiel vor der Knippelsbro. Diese Brücke führt bei der Christians Brygge hinüber zur Insel Amager, und mich fasziniert es immer wieder aufs Neue, wie dann bei Grün eine wahre Lawine von Fahrradfahrern losrollt: es sind Hunderte – beiderlei Geschlechts, jeglichen Alters und sozialen Status.

Dänemark ist der Vollbeschäftigung näher als jedes andere europäische Land, und die Entwicklung des Arbeitsmarktes hat international Aufsehen erregt. Kein anderes europäisches Land konnte aus der Hochkonjunktur der letzten zehn Jahre den gleichen Nutzen für die Beschäftigung ziehen. Das liegt daran, dass die Regierung parallel zum Aufschwung der Wirtschaft eine Reihe umfassender Reformen auf dem Arbeitsmarkt durchführte. Diese zielten in erster Linie darauf ab, Barrieren für eine schnellere und zielgerichtetere Vermittlung der Arbeitslosen abzubauen. Zum Nutzen der Arbeitslosen, der Unternehmen und der Volkswirtschaft.

In einigen Bereichen stellen die Reformen einen Bruch mit der traditionellen Arbeitsmarktpolitik dar. Der Anspruch auf Arbeitslosengeld wurde verschärft sowie eine Verkürzung der Leistungsdauer für Arbeitslosengeld eingeführt – von ursprünglich sieben auf nur vier Jahre. Stattdessen wurde *Flexicurity* eingeführt. Dieser Begriff steht für die Idee, am Arbeitsmarkt und in den Beschäftigungsverhältnissen mehr Flexibilität *(flexibility)* mit sozialer Sicherheit *(security)* zu verbinden. Kennzeichnend für *Flexicurity* sind liberale Kündigungsschutzregeln, wie etwa kurze Kündigungsfristen. Dafür wird für den Fall der Arbeitslosigkeit aber auch ein hohes Lohnersatzniveau garantiert. Nach einer OECD-Studie, die auf Zahlen von 2008 basiert, beträgt der Anspruch eines Durchschnittsverdieners nach fünf Jahren Arbeitslosigkeit 72 Prozent (arbeitsloses Ehepaar ohne Kinder) bzw. 91 Prozent (arbeitsloses Ehepaar mit zwei Kindern) des letzten Einkommens. Damit liegt Dänemark auf Platz eins der Skala (Deutschland rangiert mit 46 Prozent auf Platz zwölf). Ein ähnlich starkes Gefälle zeigt sich bei Geringverdienern und Alleinstehenden. Grundlage für *Flexicurity* ist eine aktive Arbeitsmarkt- und Ausbildungspolitik, mit der Arbeitssuchende verstärkt motiviert werden, Qualifizierungsangebote wahrzunehmen. Wichtige flankierende Maßnahmen des Modells sind außerdem flexible Arbeitszeiten und Regelungen, welche die Vereinbarkeit von Beruf und Familie gewährleisten sollen.

In einem Papier zum Thema »Mehr und bessere Jobs durch Flexicurity und Sicherheit«, das die EU-Kommission im Sommer 2007 vorlegte, heißt es unter anderem, dass die Menschen zunehmend eher Sicherheit der Beschäftigung bräuchten als Sicherheit des konkreten Arbeitsplatzes. Für die »Beschäftigungssicherheit« sollen unter anderem lebenslanges Lernen (was übrigens eine der Maximen des bereits mehrfach erwähnten Volksaufklärers Grundtvig war) – als Recht wie auch als Pflicht – sowie höhere Investitionen in eine aktive Arbeitsmarktpolitik sorgen. Dazu seien Weiterbildung von Arbeitslosen und Unterstützung bei der Stellensuche, allerdings auch finanzieller bzw. wirtschaftlicher Druck erforderlich. Wichtiger als Arbeitnehmerrechte wie etwa ein strenger Kündigungsschutz sei die Chance, schnell einen neuen Job zu finden.

Dänemark hat dies in der Praxis zum größten Teil bereits umgesetzt und ist zum Musterland bei der Bekämpfung von Erwerbslosigkeit geworden. Lag die Arbeitslosenquote Anfang der 1990er Jahre noch bei mehr als zehn Prozent, liegt sie seit einigen Jahren bei etwa vier Prozent. Henning Jørgensen, Professor für Politikwissenschaften und Public Administration an der Universität Ålborg, stellt dem dänischen Modell ein insgesamt gutes Zeugnis aus. Nach seiner Auffassung ist die dauerhaft niedrige Arbeitslosenquote in Dänemark in erster Linie dem *Flexicurity*-Prinzip zu verdanken. Heute gehen vier von fünf erwerbsfähigen Dänen einer bezahlten Arbeit nach, und die Beschäftigungsquote zählt zu den höchsten in Europa. Als einen der Gründe führt Jørgensen an, dass jedes Jahr ein Fünftel der Dänen arbeitslos werde und ein Drittel jedes Jahr den Job wechsele, dies aber seinen Landsleuten kaum etwas ausmache: »Man hat keine Furcht, arbeitslos zu werden, weil man weiß, dass einem geholfen wird und man die erforderliche Qualifikation bekommt. Das Schlüsselwort heißt Vertrauen« – so der dänische Professor. Allerdings – und das muss dann auch Jørgensen zugeben – ist das Bild nicht ganz ungetrübt: Trotz aller Reformen würde nach wie vor rund ein Viertel der Menschen im erwerbsfähigen Alter von Sozialleistungen leben und nur aus der offiziellen Statistik herausfallen, weil sie außerhalb des normalen Arbeitsmarkts stehen. Insbesondere Migranten und Flüchtlinge ständen sich deutlich schlechter als Bürger mit dänischem Pass.

Der sehr flexible dänische Arbeitsmarkt erlaubt den Unternehmen weitgehend eine »Hire and Fire«-Politik, die durch hohes Arbeitslosengeld abgesichert wird. Hinzu kommt eine aktive Arbeitsmarktpolitik: Das Prinzip des »Förderns und Forderns« mit einer Kombination aus Weiterbildungsmaßnahmen und Sanktionen bei Nichtwahrnehmung eines Arbeitsangebots (wer sich weigert, eine Stelle anzunehmen, verliert sein Arbeitslosengeld) stellt sicher, dass kaum jemand auf Dauer ohne Job bleibt. Durch *Flexicurity* lässt sich der Arbeitsmarkt so flexibel strukturieren, dass er sich mit der Sicherheit für die Beschäftigten unter einen Hut bringen lässt. Und tatsächlich – beim Jobwechsel oder gar Verlust des Arbeitsplatzes geraten die Dänen darüber dann eben nicht in Panik. Sie haben nicht die existentielle Angst wie die Bürger anderer Länder vor einem eventuellen Verlust des Arbeitsplatzes, denn sie wissen, dass man ihnen hilft, schnell wieder einen neuen Job zu bekommen. Das wissen auch die Gewerkschaften, und daher akzeptieren sie dieses Modell.

Bei der hohen gesellschaftlichen Akzeptanz des *Flexicurity*-Prinzips spielt eine Rolle, dass das dänische Ideal einer beruflichen Karriere offensichtlich ein anderes ist als in Deutschland. Während hier als Ideal immer noch gilt, dass ein Arbeitnehmer sein ganzes Berufsleben in einem Unternehmen tätig ist, sieht man das in Dänemark anders. Vielleicht auch, weil die sozialen Kontakte der Dänen untereinander auch nicht so sehr vom beruflichen Umfeld bestimmt sind.

Flexicurity erhöht die Risikobereitschaft der Arbeitgeber, vor allem die der kleinen Gewerbetreibenden: Da sie sich bei einer Auftragsflaute rasch von ihren Mitarbeitern trennen können, stellen sie auch weitaus schneller Arbeitskräfte ein, wenn es wirtschaftlich wieder bergauf geht. Übrigens nicht nur Arbeitgeber, auch die Gewerkschaften unterstützen die Möglichkeit, dass Arbeitnehmer binnen kurzer Fristen entlassen werden können. Vor allem in der Jugendarbeitslosigkeit zeigt das System Erfolge: In Dänemark lag sie 2008 bei den 16- bis 24-Jährigen bei nur 1,2 Prozent. In der Hauptstadtregion Kopenhagen finden sich noch Arbeitsplätze, sowohl im Dienstleistungssektor als auch in der Industrie. Junge Schweden, die täglich über die Øresund-Brücke zur Arbeit pendeln, sind keine Seltenheit. Vor allem in der Hotelbranche ist mir dies in den letzten Jahren zunehmend aufgefallen, wenn man sich an der Rezeption auf Dänisch anmeldet, und die junge Frau hinter dem Tresen ganz locker das Gespräch auf Schwedisch weiterführt.

Auch der dänische Arbeitsmarkt selbst ist flexibel. Nur wenige Regelungen sind vom Gesetzgeber vorgeschrieben, die wichtigsten Fragen stimmen Gewerkschaften und Arbeitgeber in den Tarifverträgen ab. Vor allem aber ist vieles auf Unternehmensebene verhandelbar. Das zeigt sich unter anderem darin, dass Arbeitnehmer nicht selten Arbeitszeitmodelle aushandeln können, die optimal auf ihre Lebensumstände abgestimmt sind. Auf diese Weise wird es leichter, Beruf und Familie unter einen Hut zu bringen.

Während der zweiten Hälfte der 1990er Jahre ging die

Arbeitslosigkeit so schnell zurück, dass in einigen Branchen phasenweise Engpässe und Mangel an Arbeitskräften auftraten. Zuletzt begegneten die Dänen auch häufiger Deutschen am Arbeitsplatz. Die Anzahl der Deutschen, die in Dänemark arbeiten, hat sich allein seit 2002 verdreifacht. Die meisten pendeln täglich oder wöchentlich nach Dänemark, immer mehr Deutsche entscheiden sich aber auch dafür, mit ihrer Familie nach Dänemark zu ziehen.

Wer mindestens ein Jahr lang Mitglied einer Arbeitslosenkasse war, hat Anspruch auf Arbeitslosengeld. Wer allerdings Arbeitslosengeld erhält, hat sowohl das Recht als auch die Pflicht, Angebote zur Aktivierung anzunehmen. Hat man nach vier Jahren keine Arbeit gefunden, gelangt man in das Sozialhilfesystem, das von den Kommunen verwaltet wird.

Ist man aufgrund einer Behinderung nicht in der Lage, eine Arbeit auszuüben, kann man auch einen »Schonarbeitsplatz« oder einen »flexiblen Arbeitsplatz« bekommen. »Schonarbeitsplätze« sind für Menschen gedacht, die Frührente beziehen und keine Arbeit zu normalen Bedingungen finden. Hier wird auf gesundheitliche Bedingungen des Betreffenden Rücksicht genommen. Alle Arbeitgeber, die einen »Schonarbeitsplatz« einrichten, erhalten die Hälfte des Lohns als Zuschuss vom Staat. »Flexible Arbeitsplätze« gibt es für Menschen mit eingeschränkter Arbeitsfähigkeit, aber ohne Anspruch auf vorzeitige Rente. Hier erhält der Arbeitgeber bis zu zwei Drittel Lohnzuschuss vom Staat.

Die Dänen sind ein Volk von Arbeitnehmern. Im Vergleich zu anderen Ländern gründen wenige Dänen ihre eigene Firma. Warum – dafür gibt es keine eindeutigen Erklärungen. Die Regierung hat Initiativen gestartet, die mehr Dänen zur Gründung eines eigenen Unternehmens ermutigen sollen. Im internationalen Vergleich haben die Dänen im Durchschnitt relativ kurze Arbeitszeiten. Das liegt unter anderem daran, dass viele – insbesondere Frauen – einer Teilzeitbeschäftigung nachgehen und dass der Anteil der Selbständigen, die typischerweise eine lange Arbeitswoche haben, gering ist. Andererseits gehört Dänemark zu den Ländern mit der höchsten Beschäftigungsrate im Verhältnis zur Anzahl der Personen im erwerbsfähigen Alter.

Insgesamt gesehen sind der Staat und die Gemeinden die größten Arbeitgeber in Dänemark. Jeder dritte Däne ist bei einer öffentlichen Einrichtung angestellt. Der weitaus größte Teil der Angestellten im öffentlichen Dienst sind Frauen. In Dänemark sind über 80 Prozent der Arbeitnehmer Mitglied einer Gewerkschaft. Die Gewerkschaften sind in nationale Organisationen aufgeteilt, die wiederum einzelnen großen Dachorganisationen angeschlossen sind. Die Arbeitgeberorganisationen sind in gleicher Weise strukturiert. Größter Dachverband der Arbeitnehmer ist der Dänische Gewerkschaftsbund *(Landsorganisationen)*, in der Umgangssprache kurz LO genannt; die Dachorganisation der Arbeitgeber ist der Dänische Arbeitgeberverband, abgekürzt DA.

Dänemark erlebte die kräftige Steigerung der Beschäftigungsrate und der Einkommen in den letzten zehn Jahren, ohne dass sich dadurch das Einkommensgefälle vergrößerte. Hauptgrund dafür ist zum einen ein geringes Lohngefälle, aber auch die sehr umfassende Umverteilung von Einkommen und Konsummöglichkeiten mittels Steuern und öffentlicher Ausgaben. Die Unterschiede bei den verfügbaren Einkommen sind seit den 1990er Jahren zunehmend geringer geworden.

In Deutschland gilt der kleine Nachbar im Norden inzwischen als ein »guter Ort zum Arbeiten«. Das liegt zum einen an den relativ hohen Löhnen und Gehältern. Dänische Unternehmen zahlen sehr gut. Ein gelernter Handwerker kann im Schnitt mit einem Monatslohn von bis zu 4000 Euro rechnen, wobei allerdings auch die hohen Lebenshaltungskosten in Dänemark zu berücksichtigen sind. Dazu kommt die dänische Arbeitskultur, die im Vergleich zu den meisten anderen Ländern eine besonders offene und unverkrampfte Form der Zusammenarbeit ermöglicht. Hierarchien und Kommandoton sind in Dänemark nicht gerade beliebt. Mann oder Frau an der Basis werden immer um seinen/ihren Rat gebeten. Das bedeutet auch, dass der einzelne Mitarbeiter oft sehr selbständig arbeitet und große Verantwortung trägt. Dänische Mitarbeiter sind diszipliniert und motiviert, die Verhältnisse an dänischen Arbeitsplätzen sind aber auch durch ein gesundes Maß an Humor geprägt. Ein dritter Grund könnten die »geordneten Verhältnisse« sein.

Die Dänen haben über mehr als 100 Jahre hinweg ein gut funktionierendes Bündel an Absprachen zwischen den Tarifparteien aufgebaut, das unter anderem sichere Lohn- und Arbeitsverhältnisse, fachliche Entwicklungsmöglichkeiten und ein sicheres Arbeitsumfeld garantiert.

Von cleveren Geschäftsleuten und Unternehmern – Dänemark als Export-Großmacht

Dänemarks Wirtschaft ist stark vom Außenhandel abhängig, der den größten Teil des Bruttoinlandproduktes (BIP) ausmacht. Somit ist das Land sehr an einem freien Austausch von Waren und Dienstleistungen zwischen den Ländern interessiert. Nicht zuletzt durch seine Mitgliedschaft in den multinationalen Wirtschaftsorganisationen wie der Europäischen Union, der Organisation für wirtschaftliche Zusammenarbeit und Entwicklung (OECD) und der Welthandelsorganisation (WTO) kann sich Dänemark im Rahmen dieser Zusammenarbeit für die Beseitigung von Handelshindernissen einsetzen.

Seit dem Beitritt Dänemarks zur Europäischen Gemeinschaft 1973 haben sich Verschiebungen in der dänischen Außenhandelsbilanz ergeben. Bis dahin war die dänische Wirtschaft insbesondere mit der Großbritanniens verflochten. Heute ist Deutschland wichtigster Handelspartner, und sind dessen Konjunkturaussichten düster, sieht es auch für Dänemark nicht gut aus.

Dänemark besitzt eine der niedrigsten Verschuldungsraten in der EU, wobei die dänische Politik die Verschuldungsrate noch weiter reduzieren will, um den Wohlfahrtsstaat langfristig zu erhalten. Somit hält das Land die sogenannten Konvergenz-Kriterien des Maastrichter Vertrages ein und könnte den Euro einführen. Doch hat man sich nur für die Anbindung der Dänischen Krone an den Euro entschieden. Trotzdem ist der Euro in vielen dänischen Geschäften schon ein gängiges Zahlungsmittel und wird von zahlreichen dänischen Unternehmen beim Rechnungsverkehr verwendet.

Bis Ende der 1950er Jahre war Dänemark ein Agrarland, und Dänemarks Image im Ausland ist immer noch stark davon geprägt. Auch vielen Deutschen fällt auf die Frage nach Dänemarks Exportgütern keine bessere Antwort ein als »Bier und Käse«. Erst sehr spät überholte die Industrie den traditionellen Agrarsektor, wobei man sich mit Konservenindustrie, Verarbeitung landwirtschaftlicher Erzeugnisse und landwirtschaftlichem Maschinenbau weiterhin stark an diesem orientierte.

Heutzutage machen Industrieprodukte den weitaus größten Teil der dänischen Warenausfuhr aus. Wichtigste dänische Exportwaren heutzutage mit einem Anteil von rund 75 Prozent sind Maschinen und Apparaturen für die Industrie, gefolgt von Möbeln, chemischen Produkten, Textilien und Elektronik.

Die Dänen haben es verstanden, den Begriff Rohstoff weiter zu fassen, und sprechen stattdessen von Rohwaren: Milch, Zuckerrüben, Eier und Fleisch aus der Landwirtschaft wurden die Grundlage für die Herstellung von Milchpulver, Zucker, Kuchen, Fleischkonserven usw. Für die Weiterverarbeitung der Produkte mussten Maschinen eingesetzt werden, die die Dänen im Laufe der Zeit ebenfalls entwickelten – und exportierten. Die Exportwaren mussten verfrachtet und transportiert werden, woraus sich die dänische Werftindustrie entwickelte. Die Schiffe mussten mit Farbe gestrichen werden, und aus diesem Bedarf heraus entstand eine Farben- und Lackindustrie. Aus der Notwendigkeit heraus, die Waren während des Transports kühl und frisch zu halten, entwickelte sich eine Industrie für die Herstellung von Kühlanlagen. Und so weiter und so weiter.

Dabei ist die Landwirtschaft jedoch keineswegs zum Erliegen gekommen. Sie ernährt ihrem Volumen nach weiterhin 15 Millionen Menschen. Die Dänen exportieren natürlich weiterhin (und sehr erfolgreich) landwirtschaftliche Erzeugnisse und Nahrungsmittel wie Milch- und Fleischprodukte, Fisch, Bier und Aquavit sowie industriell weiterverarbeitete Agrarprodukte.

Ein Vorteil für die industrielle Entwicklung ist Dänemarks hervorragende Infrastruktur. Als Inselreich war das Land stets auf den Bau von Brücken zur Verbindung der einzelnen Landesteile angewiesen. Die Ingenieurbranche hat so prachtvolle Brückenbauten wie die Farø-Brücke und die Brückenverbindung über den Großen Belt geschaffen. 2000 wurde eine Brücken- und Tunnelverbindung zwischen Dänemark und Schweden bei

Kopenhagen und Malmö eröffnet. Hier hat sich ein regionales Kraft- und Wirtschaftszentrum entwickelt, in dem sich unter anderem Pharmaunternehmen aus vielen Ländern angesiedelt haben. Bereits heute ist von einem »Medicon Valley« die Rede. Die dänisch-schwedische Øresund-Region mit den Metropolen Kopenhagen und Malmö gehört zu den Regionen mit dem höchsten Wachstumspotential in Europa. Und ein neues Brückenprojekt steht an, das erheblichen Einfluss auf den Fährverkehr auf der »Vogelfluglinie« zwischen Dänemark und Deutschland haben wird: eine feste Verbindung über den Fehmarn-Belt. Der im Frühjahr 2009 von beiden Ländern ratifizierte Staatsvertrag sieht den Bau einer 19 Kilometer langen Brücke vor, die 2018 fertiggestellt sein soll.

Im Frühjahr 2000 kaufte der amerikanische Mikroprozessor-Riese Intel Corporation die kleine, hochtechnologisierte dänische Firma Giga für eine Rekordsumme. Das Geschäft für insgesamt 1,26 Milliarden Euro füllte die Titelseiten sämtlicher dänischer Zeitungen und begründete fast eine nationale Euphorie. Jeder redete von den 70 Mitarbeitern bei Giga, die dank ihrer Aktienoptionen plötzlich zu Millionären geworden waren. Das Geschäft führte sogar dazu, dass die Dänische Krone auf den internationalen Währungsmärkten stieg. Die wenigsten konnten begreifen, dass ein kleines dänisches Unternehmen so viel wert sein konnte, und noch weniger verstanden genau, was für eine einzigartige Prozessortechnologie die Ingenieure von Giga entwickelt hatten. Die Geschichte von Giga ist in vielerlei Hinsicht symptomatisch für die wirtschaftliche Entwicklung, die Dänemark in den letzten Jahren genommen hat. Die dänische Konkurrenzfähigkeit ist gerade dadurch wesentlich gestärkt worden, dass sich die dänischen Forschungsbedingungen und Technologieumfelder in rasantem Tempo entwickeln. Dazu kommen die Produktivität der Arbeitnehmer, das dänische Bildungssystem und die Fähigkeiten und Einstellungen der Bevölkerung.

Ein Exportzweig, der sich in der Zahlungsbilanz zunehmend sichtbar niederschlägt, ist der Kultursektor – Stichwort »Creative Industries«. Hier sind die Dänen wahrlich Meister. Sie sind kreativ und finden auch hier in der Kulturindustrie ihre Nischen, in denen sie sich neben Hollywood und EMI mit ihren Produkten der Film- und Musikbranche (Lars von Trier) hervorragend behaupten.

Die Dänen haben hart dafür gearbeitet, sich neue Nischen in den verschiedensten Branchen zu schaffen. Dies hat – auf der Grundlage des zutiefst demokratischen politischen Systems – dazu beigetragen, dass sich Dänemarks Unternehmen auch heute noch weitestgehend in dänischer Hand befinden. Die Dänen halten fremde Interessen intuitiv außerhalb der Landesgrenzen.

Mangels Masse war die dänische Industrie nicht auf die Gewinnung lokaler Rohstoffe angelegt. Es gab und gibt beispielsweise keine Kohle und keine Bergbau- oder Schwerindustrie und somit auch keinen Bedarf an massiven Kapitalinvestitionen von außen für die Gewinnung industriell genutzter Rohstoffe. Bei der industriellen Revolution im 19. Jahrhundert in Europa spielte Dänemark quasi die Rolle eines Außenseiters. Unter diesen Verhältnissen gab es für eine Schwerindustrie keine Grundlage, und eine großindustrielle Mentalität, wie man sie in vielen anderen Ländern kennt, konnte in Dänemark nie Fuß fassen. Dänemark ging in das 21. Jahrhundert mit einer Wirtschaft, die zu großen Teilen noch immer dänisch ist und die von dänischem Kapital unterstützt wird.

Zu den international marktführenden dänischen Unternehmen zählen Produzenten von Zementmaschinen, Hörgeräten, Enzymen für Nahrungsmittel und Waschpulver, Ausrüstungen zur Wasseraufbereitung, Armaturen für Bierzapfanlagen, medizinischen Messgeräten, Insulin, Windkraftanlagen und weiterem mehr. Allerdings gibt es unter den dänischen Unternehmen nur wenige wirkliche »Global Player«. Hierzu gehört der international operierende Konzern A. P. Møller-Mærsk, der mit vielen Tochterunternehmen weltweit 110 000 Mitarbeiter beschäftigt und einen Umsatz von 37,4 Milliarden Euro erzielt (2007). A. P. Møller-Mærsk ist weltweit das zweitgrößte Logistikunternehmen und Betreiber von Tankerflotten und Supermärkten sowie die weltweit größte Reederei für Schiffscontainer. Man begegnet den Mærsk-Containern in den Häfen von Rotterdam, Duisburg und Shanghai und auch auf den Güterterminals der

Eisenbahn. 1962 erhielt die Firma die Konzession zur Ausbeutung der dänischen Öl- und Gasvorkommen in der Nordsee und hält seither das Monopol. Zugleich ist der 1913 geborene Konzerninhaber Arnold Mærsk Mc-Kinney Møller einer der wichtigsten nationalen Kulturmäzene. Er ist Vorsitzender der »A. P. Møllers und Gattin Chastine Mc-Kinney Møllers Stiftung für gemeinnützige Zwecke«. Der Stadt Kopenhagen sponserte er 2005 für 335 Millionen Euro ein neues Opernhaus an der Hafenfront gegenüber Schloss Amalienborg. 2006 schenkte die Stiftung der dänischen Minderheit in Südschleswig ein Gymnasium in der Stadt Schleswig.

Der dänische Pharmakonzern Novo Nordisk beschäftigt rund 14 000 Mitarbeiter und vermarktet seine Produkte über Auslandsabteilungen in 61 Ländern. Unternehmensgrundlage war und ist traditionell die Insulin-Forschung. Novo Nordisk ist auch auf dem Gebiet der Grundlagenforschung sehr stark, zum Beispiel durch die Herstellung von reinem menschlichen Insulin durch Genmanipulation von Hefezellen (1987). Der Konzern stellt das Produkt in abgestimmten Dosen her, so dass der Patient sich auf die Einnahme von Insulin in passenden Abständen beschränken kann. Novo Nordisk hat auch die Anwendung des Mittels vereinfacht und brachte Ende der 1990er Jahre einen aufsehenerregenden Injektionsstift auf den Markt, der die Insulinspritze ablöste. Darüber hinaus wurden Tabletten zur Behandlung von Altersdiabetes entwickelt und Experimente mit der Inhalierung von Insulin durchgeführt. Neben Insulin werden unter anderem Wachstumshormone, Klimakteriumpräparate, Blutplasma, Medikamente gegen die Bluterkrankheit und Arzneimittel gegen Epilepsie produziert.

Eine der größten Bierbrauereien Europas ist die Carlsberg-Gruppe mit über sechs Milliarden Euro Jahresumsatz (2007) und mehr als 33 000 Mitarbeitern. Der Konzern betreibt Brauereien in 40 Ländern und setzt seine Produkte in 140 Staaten ab. 1970 gelang Carlsberg ein echter Coup mit der Übernahme seines Hauptkonkurrenten Tuborg, das als Marke in Deutschland weiterhin verbreiteter als Carlsberg ist. Zu der 1847 von Jacob Christian Jacobsen in Kopenhagen gegründeten Firma gehören heute unter anderem auch die Hannen-Brauerei und

Holsten-Brauerei in Deutschland. Über die Aktienmehrheit des Konzerns verfügt die Carlsberg-Stiftung *(Carlsbergfondet)*, ins Leben gerufen vom Unternehmensgründer. Ein erheblicher Teil der Unternehmensgewinne kommen der Förderung der dänischen Kultur und Wissenschaft sowie dem dänischen Nationalhistorischen Museum in Schloss Frederiksborg zugute. Auch das Wahrzeichen Kopenhagens, die Bronzefigur der Kleinen Märchenjungfrau aus dem gleichnamigen Märchen von Hans Christian Andersen, geschaffen von dem Bildhauer Edvard Eriksen, ist dem Mäzen Jacobsen zu verdanken. Er machte sie 1913 der Stadt Kopenhagen zum Geschenk, ohne zu ahnen, dass die kleine Figur an der Einfahrt zum Hafen von Kopenhagen sich zum wohl begehrtesten Fotoobjekt Dänemarks entwickeln würde.

Die Spielbausteine von Lego sind seit den 1960er Jahren aus keinem deutschen Kinderzimmer wegzudenken. Am Stammsitz des Unternehmens in Billund wurden von 1949 bis heute rund 440 Milliarden Lego-Steine produziert. Heute sind es jährlich etwa 19 Milliarden Stück. 2008 wurden 2350 verschiedene Bausteine produziert. Der Lego-Spielbaustein ist vom Magazin *Fortune* zum »Spielzeug des Jahrtausends« gewählt worden. Im Laufe der Zeit sind so viele Lego-Steine hergestellt worden, dass die Gesamtmenge im Durchschnitt 30 Stück pro Kopf der Weltbevölkerung entspricht. Das Unternehmen gründete 1968 seinen ersten Familienpark, Legoland, eine der größten Touristenattraktionen in Dänemark außerhalb von Kopenhagen; entsprechende Parks wurden 1996 und 1999 in Großbritannien bzw. Kalifornien eröffnet. Lego-Produkte werden in 60 000 Geschäften in mehr als 130 Ländern vertrieben. 2008 erzielte das knapp 5400 Mitarbeiter zählende Unternehmen einen Nettoumsatz von 1,27 Milliarden Euro.

Auch in sehr vielen deutschen Schuhfachgeschäften und Kaufhäusern sind Schuhe der Marke Ecco vertreten, ohne dass der deutsche Verbraucher die nationale Herkunft der Produkte kennen dürfte. Der dänische Schuhproduzent ist ein anschauliches Beispiel für ein global operierendes, erfolgreiches Unternehmen, wobei sich allerdings auch hier die negativen Auswirkungen der Globalisierung auf die eigenen Mitarbeiter, das heißt Stellenabbau im Inland, ablesen lassen. Als einer der Outsourcing-Pioniere des dänischen Wirtschaftslebens verfügt das Unternehmen heute über Produktionsstätten in Portugal, Indonesien, Thailand, der Slowakei und China. 1984 baute Ecco seine Produktionsstätte in Portugal auf, weil dort die Löhne niedriger als in der Heimat waren. Seither ist dort das Einkommensniveau deutlich gestiegen, woraufhin Ecco seine Produktion schrittweise automatisierte und die Anzahl der Stellen gleichzeitig deutlich von 1200 auf rund 620 senkte. 1998 zog dann ein Großteil der Produktion in die Slowakei um. Die Gründe: das noch niedrigere Lohnniveau sowie die Nähe der europäischen Ecco-Hauptmärkte. Heute liegen Design, Produktentwicklung, Marketing, die Konzeptentwicklung für die Läden und die Verwaltung in Dänemark, während die Produktion zum großen Teil im Ausland verstreut angesiedelt ist.

Die genannten Beispiele aber sind Ausnahmen, und es ist bezeichnend, dass diese ganz großen dänischen Unternehmen ein durch und durch internationales Image pflegen. Bei ihrem Marketing verzichten sie bewusst auf Hinweise auf ihre nationale (dänische) Herkunft, ja sehen diese sogar als eher hinderlich an für ihre globalen Absatzstrategien. Dagegen können und wollen die übrigen etwa 70 000 dänischen Unternehmen ihre Nationalität nicht verstecken. Dänemark ist bis heute das Land der kleinen und mittelgroßen Unternehmen, das heißt, die dänische Wirtschaftsstruktur ist typisch mittelständisch. Drei von vier dänischen Firmen haben weniger als fünf Mitarbeiter.

Dänische Unternehmen zeigen ein ganz eigenes Entstehungsmuster. Oft wurden und werden sie auf der Grundlage einer guten Idee oder einer kleinen Erfindung gegründet, wobei der Erfinder sein Privatvermögen in die Produktion investiert. Hat er Glück und hat er eine Nische auf dem Weltmarkt gefunden, kann sich die kleine Werkstatt zu einer Weltfirma entwickeln. Auf eine solche Entstehungsgeschichte können zum Beispiel Unternehmen wie Grundfos (Pumpen) und Lego (Spielzeug) zurückblicken. Die kleinen Firmen sind und bleiben der fruchtbare Nährboden der dänischen Wirtschaft und überleben gut auf einem stark vom Wettbewerb geprägten internationalen Markt, auch weil sie ihre Kräfte nicht direkt mit den Großen messen wollen. Die Dänen hatten und haben stets ein Gespür für Märkte an der Peripherie. Sie waren sich bewusst, dass ein kleines Land bestimmte Stellen in den Strukturen der Märkte ausfindig machen muss, Lücken, in die man mit seinem eigenen Einfallsreichtum und seinen eigenen Fähigkeiten vorstoßen konnte. Ihre Fähigkeit, sich auf Nischenproduktion zu konzentrieren, ist legendär: das dänische Unternehmen Danfoss etwa dominiert den Weltmarkt für Heizkörperventile.

Das Talent, Lücken und Nischen auf dem Markt zu finden, reicht aber allein nicht aus. Hinzu kommt eine eingefleischte Tradition für enge Zusammenarbeit. Denn aus dem Gefühl des »wir« und »die anderen« heraus gelingt es Firmenleitung und Mitarbeitern fast immer, am selben Strang zu ziehen. Firmen können Konkurs gehen, und sie können Pleite machen, ohne dass daraus ernste Probleme für die Angestellten und die örtliche Gemeinschaft entstehen. Als allgemeine Erkenntnis gilt, dass, wenn man aufgeweckt genug ist, man immer Arbeit finden kann; und es gibt auch einen gesellschaftlichen Druck, dass man sich verändert, seine Erfahrungen macht und von vorn beginnt, auf einer neuen Suche nach einer modernen, zeitgemäßen und haltbaren Marktnische.

Dieser Druck beruht auf Erfahrungen aus der Vergangenheit. Die Dänen wissen, dass ihre Strategie funktioniert, weil sie sie seit dem 19. Jahrhundert praktizieren. Die Genossenschaften des 19. Jahrhunderts, die Volkshochschulbewegung und die allgemeine Anhebung des Bildungsniveaus haben bei den Dänen das Bewusstsein für die Notwendigkeit geschärft, sich weiterzubilden. Das Gefühl, dass man, wenn alle kreativ und gut ausgebildet (und deshalb zur Zusammenarbeit imstande) sind, Fortschritt für alle erzielen kann, verleiht den Dänen ein enormes Selbstvertrauen und die Fähigkeit, sich den Veränderungen der Weltwirtschaft schnell und präzise anzupassen.

Die Fähigkeit, Tätigkeitsbereiche von einem Markt auf einen anderen zu verlagern, seine positiv eingestellten Arbeitskräfte mitzunehmen und sie umschulen zu lassen, oder eine andere kompetente Belegschaft zusammenzustellen, wachsam zu sein und seine Firma im Verhältnis zur umgebenden Welt zu verändern, all dies basiert auf einem Konsens – der Übereinstimmung darin und dem Verständnis dafür, dass alle Dänen ihre Rechte und Pflichten haben, darunter eine Pflicht, in einer Atmosphäre zusammenzuarbeiten, die konstruktiv ist und von Abgrenzungen zwischen »reich« und »arm« (fast) völlig frei. Hier haben wir die Grundlage für das Zusammengehörigkeitsgefühl und für die Ruhe am Arbeitsplatz, die für Dänemark so kennzeichnend ist. Sie ist gleichzeitig der Ausgangspunkt für die Stimmungslage, die politische Friedfertigkeit schafft.

Im Zuge der Globalisierung sind dänische Unternehmen zunehmend auch im Ausland tätig, so wie auch ausländische Firmen in erheblichem Umfang Niederlassungen in Dänemark gründen. 2008 betrugen die dänischen Direktinvestitionen im Ausland 18,37 Milliarden Euro, während das Ausland für insgesamt knapp sieben Milliarden Euro in Dänemark investierte. Auf beiden Seiten entfällt der größte Teil der Direktinvestitionen auf die Bereiche Finanzsektor und Dienstleistungen. Auch wenn in zunehmendem Maße Asien das Ziel dänischer Auslandsinvestitionen ist, entfällt davon doch der größte Teil auf die anderen europäischen Länder, so wie auch ausländische Investitionen in Dänemark größtenteils aus Europa stammen.

In vielen Ländern wird in der öffentlichen Debatte die Globalisierung meist automatisch mit etwas Negativem, Bedrohlichem gleichgesetzt. Der dänische Fall zeigt, dass dies so nicht sein muss: Die Dänen fühlen sich für die Globalisierung gerüstet und sehen ihr zuversichtlich entgegen. Das mag einerseits etwas erstaunlich sein, weil die Dänen doch im Allgemeinen sehr um die Bewahrung ihrer nationalen Identität besorgt sind. Dies ist aber nur ein scheinbarer Widerspruch, neigen die Dänen doch traditionell gleichzeitig auch zu Offenheit gegenüber neuen Perspektiven.

Eine Untersuchung aus dem Jahre 2006 zeigte, dass in keinem anderen europäischen Land die Zustimmung zur Globalisierung so groß ist wie in Dänemark. Sage und schreibe 77 Prozent der Bevölkerung betrachten die Globalisierung als Chance. Dänemark ist darüber hinaus das einzige EU-Land, in dem diese Zustimmung in den vergangenen drei Jahren angestiegen ist. Die positive Grundeinstellung stützt sich unter anderem auf die gute Wirtschaftslage im eigenen Land. Die vergleichsweise niedrige Arbeitslosigkeit (im Dezember 2009 nur 4,3 Prozent, trotz globaler Finanzkrise), der hohe Lebensstandard und die komplett abgebauten Auslandsschulden stärken das Selbstbewusstsein der Dänen, sich gegen die globale Konkurrenz gut behaupten zu können. Diese Einschätzung ist keineswegs ein Trugschluss, der sich aus einer Momentaufnahme ergibt. Schon vor 35 Jahren hat sich die dänische Industrie von ihren arbeitsintensiven Produkten verabschiedet. Sie haben bereits all die Strukturreformen hinter sich, die Länder wie Deutschland gerade mühsam umsetzen. Die Dänen sind schon seit langer Zeit in der Wissens- und Dienstleistungsgesellschaft angekommen. Nahezu 38 Prozent aller Berufstätigen arbeiten in diesem Wirtschaftsbereich. In einer Gesellschaft, in der rund 25 Prozent aller Arbeitnehmer jährlich den Arbeitsplatz wechseln und in der eine aktive Arbeitsmarktpolitik es ermöglicht, dass jeder Erwerbslose berufsrelevante Fähigkeiten erwirbt, schrumpft die Angst davor, aus dem Arbeitsmarkt ausgeschieden zu werden.

In vielen Ländern fürchtet man, dass die Globalisierung einen Verdrängungswettbewerb in Gang setze: Die Großen schlucken die Kleinen, die Billigen verdrängen die Teuren. Die dänische Erfahrung der vergangenen Jahre ist jedoch, dass *gerade* eine kleine, offene und reformfähige Gesellschaft wie die dänische in der Lage ist, sich den Wandlungen anzupassen. Wer es schafft, den anderen einen Schritt voraus zu sein, wird von der Öffnung der globalen Märkte profitieren. In der Globalisierung gibt es auch genügend Möglichkeiten für die Kleineren.

Leuchten der Wissenschaft – viele Entdeckungen und Errungenschaften sind den Dänen zu verdanken

Mal ehrlich: Wer weiß schon, dass wir die Entdeckung der Lichtgeschwindigkeit dem Dänen Ole Rømer und die des Elektromagnetismus seinem Landsmann Hans Christian Ørsted zu verdanken haben? Die dänische Wissenschaft hat seit dem 16. Jahrhundert viele kluge Köpfe hervorgebracht – darunter auch eine ganze Reihe von Nobelpreisträgern.

Die Ursachen dafür liegen wahrscheinlich darin, dass in Dänemark der Wissenschaft recht früh ein fruchtbarer Boden bereitet wurde. Mit der 1479 von Christian I. gegründeten Universität Kopenhagen bekam Dänemark sein erstes wichtiges Wissenschaftszentrum. Nach Uppsala ist die Uni Kopenhagen die zweitälteste Hochschule in Skandinavien und vor Århus, Odense, Aalborg und Roskilde die größte Alma Mater Dänemarks. An den fünf Fakultäten der Kopenhagener Universität – Theologie, Sozialwissenschaften, Geisteswissenschaften, Medizin und Mathematik/Naturwissenschaften – sind heute über 30 000 Studenten eingeschrieben. Die Kopenhagener Uni war aber nicht nur unter nationalem Aspekt als Keimzelle für viele kluge dänische Köpfe sehr wichtig, sondern auch im Hinblick auf einen jahrhundertelangen Austausch mit der europäischen Geistesgeschichte. Der Austausch von Akademikern ist wahrlich keine Erfindung des 20. Jahrhunderts. Höchstens formal, denn er wurde in Europa individuell schon seit dem 17. Jahrhundert praktiziert.

Nicht zu vergessen etliche andere wissenschaftliche Einrichtungen, die dieser Entwicklung förderlich waren und auf Initiative der Monarchen zurückging: 1742 wurde zur Förderung der Wissenschaft die Königlich Dänische Gesellschaft der Wissenschaften gegründet, drei Jahre später die Königlich Dänische Gesellschaft für Vaterländische Geschichte, 1759 schließlich entstand die Gesellschaft zur Förderung der Schönen und Nützlichen Wissenschaften, die 1966 mit der 1960 gegründeten Dänischen Akademie zusammengelegt wurde.

Woran es noch liegt? Nun, vielleicht nicht zuletzt vor allem daran, dass die Dänen generell sehr wissbegierig sind. Sie *wollen* lernen und haben Spaß daran. Dabei denke ich nicht einmal in erster Linie an die Jugendlichen, sondern an die Erwachsenen. Nicht umsonst ist die *Folkehøjskole,* die Volkshochschule als Ganztagsbildungsstätte, eine echt dänische Erfindung auf dem Gebiet der Erwachsenenbildung und seit Mitte des 19. Jahrhunderts bis heute in der Gesellschaft Dänemarks fest verwurzelt. Und als Internet und Handy ihren Durchbruch erlebten, waren es in Europa vor allem auch Frau Jensen und Herr Hansen, die sich mit den neuen Instrumenten der globalen Informationsgesellschaft am schnellsten anfreundeten, während der Otto Normalverbraucher in anderen Ländern (darunter in Deutschland) noch jahrelang hinterherhinkte. Mir erscheint dies geradezu als typischer Zug für die Offenheit der Dänen gegenüber Neuem, dem spielerischen Drang, das Neue zu entdecken und auszuprobieren. Und das – so meine ich – gilt nicht allein für den sozialen Alltag, sondern auch für den Bereich Forschung und Wissenschaft.

Ein illustres Beispiel für den dänischen Entdeckerdrang ist der jahrelang in russischen Diensten stehende Marineoffizier und Entdecker Vitus Bering (1681–1741). Bering stammte aus der dänischen Kleinstadt Horsens, wo eine Gedenkplatte im Vitus-Bering-Park an ihn erinnert. 1703 trat er in die Marine von Zar Peter dem Großen ein und nahm als Kapitän am Großen Nordischen Krieg gegen Schweden und am Russisch-Türkischen Krieg teil. Weiterhin in russischen Diensten, unternahm Bering ab 1728 mehrere Schiffsexpeditionen, durch die sein Name bis heute weltweit in Erinnerung ist. Nach Vitus Bering sind etliche geographische Orte benannt, darunter die auch aus dem Schulatlas allen bekannte Beringstraße. Er entdeckte als erster Europäer Alaska und bewies unter anderem, dass Asien und Nordamerika nicht miteinander verbunden sind.

Die gleiche wissenschaftliche Neugier, den gleichen Entdeckungsdrang verkörperte wohl keiner eindrucksvoller als der Polarforscher Knud Rasmussen (1879–1933), der unter den Dänen der älteren Generation bis heute eine Art Volksheld geblieben ist. Rasmussen hatte grönländische Vorfahren und verbrachte auf Grönland auch einen Teil seiner Kindheit. 1902 bis 1904 unternahm er seine erste Grönland-Expedition, auf der er bereits deutlich seine außergewöhnlichen Fähigkeiten als Arktis-Entdeckungsreisender unter Beweis stellte. Mutig und tatkräftig beherrschte er die Sprache der Ureinwohner, der Inuit, und konnte selbst Hundeschlitten lenken. In den Jahren 1912 bis 1932 leitete Rasmussen sieben Thule-Expeditionen in den Nordosten Grönlands, das arktische Kanada und nach Alaska. Alle Expeditionen schufen die Grundlage für die Erforschung der Kultur und Lebensbedingungen der Polareskimos. Knud Rasmussen war in seinem Innersten ein ewig Reisender: »Gebt mir Winter, gebt mir Hunde« – lautet das vielleicht bekannteste Zitat von ihm.

Aus dem Bereich der Physik möchte ich auf jeden Fall drei Namen von Dänen erwähnen, die im Laufe der Jahrhunderte bedeutende Beiträge zur Wissenschaft geleistet haben. Wie erwähnt war Ole Rømer (1644–1710) der Erste, der die Messung der Lichtgeschwindigkeit vornahm. Als er sich 1676 in Paris aufhielt, beobachtete er, dass der Zeitunterschied zwischen zwei aufeinanderfolgenden Verdunkelungen des Jupitermondes Io größer ist, wenn die Erde sich auf ihrer Bahn dem Jupiter nähert, als wenn sie sich von dem Planeten entfernt. Aus der scheinbaren Veränderung der Zeit des Erscheinens des Jupitermondes Io und der jahreszeitlichen Änderung des Abstandes zwischen Erde und Jupiter errechnete Rømer, dass das Licht zum Durchqueren des Erdbahndurchmessers etwa 22 Minuten braucht, also eine endliche Ausbreitungsgeschwindigkeit hat. Damit lag er nur etwas zu hoch (der korrekte Wert sind knapp 17 Minuten). Als sich Rømers Voraussage, die Verfinsterung des Mondes Io werde am 9. November 1676 um zehn Minuten »zu spät« sichtbar sein, eintraf, stellte er im November 1676 seine Erklärung der königlichen Akademie der Wissenschaften in Paris vor und veröffentlichte sie einen Monat später in einer Fachzeitschrift. Seine Berechnungen auf der Basis der astronomischen Beobachtungen der Zeitverzögerung ergaben eine Lichtgeschwindigkeit von rund 213 000 Kilometer pro Sekunde – gegenüber ca. 299 792 Kilometer pro Sekunde nach heutigen Erkenntnissen auf der Basis von Lasermessungen: Ole Rømer lag also nicht ganz richtig, aber doch schon recht gut.

Watt, Volt, Ampere – noch vom Physikunterricht her kennt sie wohl jeder als Begriffe aus der Elektrizitätslehre. Aber was, bitte schön, ist ein Oersted? Wohl nur Physikern und Fachleuten für Elektrotechnik dürfte der Name bekannt sein: Hans Christian Ørsted, dänischer Naturforscher und Entdecker des Elektromagnetismus, weswegen die Maßeinheit der magnetischen Feldstärke Oersted (abgekürzt Oe) nach ihm benannt wurde. Geboren wurde er 1777 in Rudkøbing auf der Insel Langeland, südlich von Fünen. Er studierte zunächst Pharmazie, promovierte 1799 und reiste von 1801 bis 1803 nach Frankreich und Deutschland, wo er die Schelling'sche Naturphilosophie kennenlernte. 1806 wurde Ørsted Professor für Physik und war von 1829 bis zu seinem Tod 1851 Leiter des Polytechnischen Instituts in Kopenhagen.

Der prominenteste dänische Naturwissenschaftler des 20. Jahrhunderts ist wohl immer noch Niels Bohr (1885–1962), einer der Väter der modernen Atomphysik. Bohr entwickelte Theorien zum Aufbau des Atomkerns und dessen Veränderung, die von entscheidender Bedeutung für die Nutzung der Atomenergie waren. 1927 entwickelte er zusammen mit Werner Heisenberg die sogenannte Kopenhagener Deutung der Quantentheorie. Bohrs Forschungen revolutionierten das physikalische Weltbild und brachten ihm 1922 den Nobelpreis ein.

Während der deutschen Besatzung Dänemarks ab 1940 engagierte sich Niels Bohr für die dänische Widerstandsbewegung. Von Freunden gewarnt, verließ er 1943 Dänemark und floh nach Schweden. Von dort holte ihn der britische Geheimdienst zunächst nach England. Dann reiste Bohr weiter in die USA, wo er von 1943 bis 1945 in Los Alamos (New Mexico) an der Entwicklung der Atombombe mitarbeitete. Noch während des Krieges versuchte er jedoch, Roosevelt und Churchill von der Notwendigkeit einer internationalen Kooperation zu überzeugen, und erklärte, dass Nuklearwaffen nur durch freien

Austausch von Expertenwissen unter Kontrolle zu halten seien. 1945 kehrte Bohr nach Kopenhagen zurück, wo er an der Universität unverzüglich an der friedlichen Nutzung der Kernenergie zu arbeiten begann. 1950 warnte er in einem offenen Brief an die Vereinten Nationen vor den Gefahren der atomaren Aufrüstung, forderte eine Zusammenarbeit zwischen den Supermächten USA und Sowjetunion und rief auf der von ihm 1955 organisierten »Ersten Internationalen Konferenz zur friedlichen Nutzung der Atomkraft« weiterhin zur Besonnenheit auf. 1957 wurde Niels Bohr in Washington als erster Preisträger mit dem »Atoms for Peace Award« zur Förderung der Entwicklung und friedlichen Anwendung von Atomenergie ausgezeichnet. Der englische Schriftsteller Michael Frayn hat mit seinem 1998 erschienenen Theaterstück *Copenhagen* ein Gespräch zwischen Niels Bohr und Werner Heisenberg auf die Bühne gebracht, das auf die historisch verbürgte Begegnung der beiden Physiker sowie Bohrs Frau Margrethe 1941 in dem zu dieser Zeit von den Deutschen besetzten Kopenhagen zurückgeht. Das Drei-Personen-Kammerspiel in zwei Akten wurde nicht nur in Theaterkreisen ein internationaler Erfolg, sondern löste mit seinen Fragen nach der Verantwortung der Wissenschaft sowie möglichen Interpretationen der Vergangenheit eine Debatte über Heisenbergs Rolle im Nuklearprogramm des nationalsozialistischen Regimes aus.

Das Niels-Bohr-Institut für theoretische Physik an der Universität Kopenhagen war Jahrzehnte hindurch Sammelpunkt für Forscher aus aller Welt und wurde von Niels Bohrs Sohn Aage Bohr weitergeführt. Auch der im September 2009 verstorbene Aage Bohr wurde, zusammen mit Benjamin Roy Mottelson, einem der leitenden Mitarbeiter des Instituts amerikanischer Abstammung, für seine grundlegenden Studien zur Struktur der Atome mit dem Nobelpreis für Physik ausgezeichnet (1975).

Aber nicht nur in den Naturwissenschaften, auch auf anderen Gebieten wie der Philologie und Sprachwissenschaft waren und sind die Dänen fit. Rasmus Rask (1787–1832) wuchs zu einer Zeit auf, als das Interesse an der nordischen Vorzeit und ihren alten Sprachen stark zunahm. Rask machte sich gründlich mit der Sprache der altisländischen Sagas vertraut und beantwortete 1814 eine von der Königlich Dänischen Gesellschaft der Wissenschaften ausgeschriebene Preisaufgabe mit seiner Untersuchung *Über den Ursprung der alten nordischen oder isländischen Sprache.* Mit der gleichnamigen, 1817 gedruckten Schrift schuf Rask die erste Grundlage der vergleichenden Sprachforschung. Rask stellte fest, dass man zur Untersuchung der Sprachverwandtschaft vor allem die grammatische Struktur der Sprachen untersuchen müsse. Wörter lassen sich leicht entlehnen, die Grammatik aber verändert sich nur langsam. Eine alte Verwandtschaft zeige sich außerdem, wenn man feste Regeln für die Lautübergänge von einer zur anderen Sprache finden kann. Rask wies damit nach, dass demzufolge Latein und Germanisch gemeinsamen Ursprungs sein müssen. Dieses Lautgesetz, von dem deutschen Sprachforscher Jacob Grimm weitergeführt, wurde später als »Germanische Lautverschiebung« bekannt (und unter so manchen Germanistikstudenten gefürchtet).

Rasmus Rasks Landsmann und Zeitgenosse Johan Nikolai Madvig (1804–1886) gewann als Latinist internationalen Ruf, als er sich der antiken Schriftsteller annahm. Da deren Werke nur aus Abschriften mit vielen Fehlern überliefert sind, formulierte er 1826 Regeln für das textkritische Verfahren. Madvigs *Lateinische Sprachlehre* erschien erstmalig 1841 und wurde wie seine *Griechische Wortfügungslehre* (1846) in mehrere Sprachen übersetzt.

Keinesfalls fehlen in der langen Reihe sollten meiner Meinung nach zwei Persönlichkeiten, die nicht allein durch ihre Forschungen die Wissenschaftsgeschichte bereichert haben, sondern deren Lebensläufe auch deutlich eine europäische Dimension erkennen lassen: Tycho Brahe und Niels Steensen.

Mitten im Øresund vor den Toren Kopenhagens liegt die kleine Insel Hven (die offizielle Schreibweise ist Ven, da die Insel heute zu Schweden gehört). Hier steht das Denkmal eines Mannes, der den Blick zum Himmel gerichtet hat: Tycho Brahe (1546–1601). Tycho Brahe gehörte der Kopenhagener Universität nicht offiziell als Dozent an, aber seine Forschungen auf dem Gebiet der Astronomie wurden dort sehr geschätzt. Brahe war Hofastronom des dänischen Königs Frederik II., von dem er die Insel 1576 zur Verfügung gestellt bekam. Hier lebte und forschte er 21 Jahre lang und machte seine Beobachtungen der Himmelskörper. Der dänische Astronom entdeckte beispielsweise einen neuen Stern im Sternbild der Kassiopeia und schuf die Grundlage für die Kepler'schen Gesetze der Planetenbewegung um die Sonne, und damit auch für das Newton'sche Gravitationsgesetz. Zu seinem Gedenken tragen der Mondkrater *Tycho* und der Krater *Tycho Brahe* auf dem Mars seinen Namen. Und natürlich sind auch die Dänen stolz auf ihren großen Landsmann und haben das Ende der 1980er Jahre eröffnete Planetarium in Kopenhagen nach ihm benannt.

Als ich vor einigen Jahren nach vielen Anläufen endlich meine lange geplante Reise nach Prag unternehmen konnte, führte mich der erste Tag meines Besuches in der tschechischen Metropole »natürlich« auch zur Teynkirche am Altstädter Ring. Als ich den dunklen Innenraum der Kirche betrat, fand ich sofort das, wonach ich gesucht hatte. Sie war nicht zu übersehen, die dänische Nationalflagge, der *Dannebrog*. Sie markiert die Stelle, wo unter einer Grabplatte Tycho Brahe ruht. Die Frage, wieso stirbt 1601 ein dänischer Wissenschaftler ausgerechnet in Prag, lässt sich einfach beantworten: Hier verbrachte Tycho Brahe seine letzten beiden Lebensjahre. Kaiser Rudolf II. hatte ihm eine Stelle als Hofmathematiker angeboten und wollte ihm dort eine Sternwarte erbauen lassen. Brahe starb jedoch, bevor der Bau beendet war, und wurde in der Teynkirche beigesetzt. Kein Geringerer übrigens als der bekannte deutsche Astronom Johannes Kepler war ab 1600 Tycho Brahes Assistent und wurde nach dessen Tod 1601 sein Nachfolger als Kaiserlicher Mathematiker.

Auf einen Schüler Tycho Brahes, den Dänen Christen Sørensen Longomontanus (1562–1647), Astronom und Mathematiker, geht die Einrichtung des Observatoriums in einem der bemerkenswertesten Gebäude in Kopenhagen zurück. Dort, wo sich die lebhafte Fußgängerzone Købmagergade zu einem Nadelöhr verengt, erhebt sich der »Runde Turm« *(Rundetårn)*. Ein absolutes Muss für jeden, der Kopenhagen zum ersten Mal besucht. Der 1637 bis 1642 im Auftrag König Christians IV.

erbaute Turm hat eine Höhe von 36 Metern und misst im Durchmesser 15 Meter. Anstatt einer Treppe konstruierten die Hofarchitekten eine 205 Meter lange Rampe, auf der sich auch schweres Gerät nach oben transportieren ließ. Als Russlands Zar Peter der Große 1716 Kopenhagen besuchte, soll er die Rampe hinauf geritten sein, gefolgt von Zarin Katharina in einer von sechs Pferden gezogenen Kutsche. Der Turm war Glockenturm der 1656 als Universitätskirche eingeweihten Trinitatis-Kirche, außerdem diente er zwei Jahrhunderte lang als Zugang zur Kopenhagener Universitätsbibliothek. Bis 1861 befand sich im »Runden Turm« auch das erste öffentliche Observatorium, das für Longomontanus eingerichtet worden war.

Ein Ereignis des Jahres 1988 muss den Dänen, von denen die überwiegende Mehrheit lutherisch-protestantischen Glaubens ist, sehr ungewöhnlich vorgekommen sein. Und zwar, dass einer von ihnen 300 Jahre nach seinem Tod vom Oberhaupt der katholischen Kirche seliggesprochen wurde. Die Rede ist von dem Naturforscher, Theologen und Bischof Niels Steensen (lat. Nicolaus Steno, 1638–1686). Niels Steensen war ein Mann der Wissenschaft und der Kirche. In seinen frühen Jahren erwarb er sich große Verdienste auf dem Gebiet der Geologie und Kristallographie, der Anatomie und Physiologie. Er entdeckte als Erster den Ausgang der Ohrspeicheldrüse *(ductus Stenonianus)* und gilt als Begründer der neuzeitlichen Geologie. 1667 konvertierte Steensen zum Katholizismus, erhielt 1675 in Florenz die Priesterweihe und wurde bereits zwei Jahre später in Rom zum Bischof geweiht. In den Folgejahren war Steensen für die katholische Seelsorge in Norddeutschland und den nordischen Ländern verantwortlich. Niels Steensen gehörte zu den großen Kulturpersönlichkeiten des 17. Jahrhunderts in Europa. Er beherrschte mehrere Sprachen, und seine Auslandsreisen führten ihn unter anderem nach Deutschland, wo er in Hannover auch mit dem deutschen Philosophen Leibniz verkehrte. Seine letzten Jahre verbrachte Steensen in Hamburg und Schwerin, wo er am 25. November 1686 starb und wo man ihm ein Denkmal setzte (sein Leichnam wurde später nach Florenz überführt und in der Basilika San Lorenzo beigesetzt). Auch wenn Niels Steensens Leben und Werk in katholischen Ländern Europas wie Italien und Deutschland bekannter ist als in seiner dänischen Heimat, so hat man ihm auch dort, nicht weit vom Kopenhagener Zentralkrankenhaus Rigshospital, ein Denkmal errichtet.

Im Rigshospital, dem staatlichen Ausbildungs- und Forschungskrankenhaus, arbeitet man neben vielen anderen Forschungsbereichen auch an Mitteln zur Bekämpfung von Aids. Die dänische Forschung von heute knüpft an 500-jährige Traditionen und die Leistungen berühmter Wissenschaftler an. Beispielsweise an die von Ole Worm (1588–1654), der auch prähistorische Studien durchführte und den nach ihm benannten »Wormschen Knochen« in den Schädelnähten entdeckte, oder an die des Arztes, Mathematikers und Theologen Thomas Bartholin (1616–1680), der 1653 herausfand, dass die Lymphgefäße ein eigenständiges Organsystem sind. Nach seinem Sohn, dem Anatomen Caspar Bartholin dem Jüngeren, wurden die Bartholin-Drüsen im Genitalbereich der Frau benannt. Für seine Entdeckung der oft heilenden Wirkung von Infrarotstrahlen und den erstmaligen erfolgreichen Einsatz von Lichttherapie bei Hautkrankheiten wurde Niels R. Finsen (1860–1904) mit dem Nobelpreis für Medizin ausgezeichnet (1903).

Die medizinische Forschung ist auf einem hohen Stand. Im Fibiger Labor – benannt nach dem dänischen Arzt und Pathologen Johannes Fibiger (1867–1928) – wird intensive Krebsforschung betrieben. Fibiger wurde 1926 als Erstem der Medizinnobelpreis für Krebsforschung verliehen. Ihm gelang erstmals der Nachweis, dass Krebs auch durch äußere Einflüsse ausgelöst werden kann. Neben der Medizin sind auch hervorragende Leistungen der Dänen auf dem Gebiet der Chemie, Biochemie und Biophysik zu nennen, zum Beispiel die des Physiologen und Biochemikers Henrik Dam (1895–1976), der 1943 für seine Entdeckung des Vitamins K mit dem Nobelpreis für Medizin ausgezeichnet wurde. Der Biophysiker Jens Christian Skou forschte an dem Phänomen, dass chemische Stoffe Zellwände durchdringen – eine Entdeckung mit praktischen Auswirkungen auf die Behandlung von Herz-, Asthma- und Allergieleiden. Er erhielt 1997 gemeinsam mit John Ernest Walker und Paul Delos Boyer den Nobelpreis für Chemie.

Andersen, Kierkegaard & Co. – Dänemarks Beitrag zur europäischen Kulturgeschichte

Auch die Dänen könnten sich mit Fug und Recht als ein Volk der Dichter und Denker bezeichnen. Zwar ist das Königreich Dänemark im Laufe der letzten 1000 Jahre von einstiger imperialer Größe im Mittelalter auf ein kleines EU-Mitgliedsland geschrumpft, aber dabei sollten doch die zahlreichen kulturellen Leistungen nicht vergessen werden, mit denen die Nachfahren der Wikinger bis heute erstaunliche Beiträge zur Kulturgeschichte Europas leisten.

Der Vorläufer des modernen Existentialismus – Søren Kierkegaard

Am 5. Mai 1813 wurde in Kopenhagen Søren Aabye Kierkegaard als Sohn eines wohlhabenden pietistischen Kaufmanns geboren. Kierkegaards Leben war arm an äußeren Ereignissen: Mit Ausnahme des Winters 1841/42, in dem er in Berlin wohnte und Schellings Vorlesung gegen Hegel hörte, lebte er bis zu seinem Tod als Schriftsteller in Kopenhagen, wo er seine täglichen Spaziergänge unternahm.

Søren Kierkegaards Gesamtwerk umfasst religiöse Schriften (1843–47), journalistische Arbeiten gegen die offizielle Theologie (1854/55) und die vorwiegend in literarischer Form verfassten Hauptwerke *Entweder–Oder* (1843), *Furcht und Zittern* (1843), *Der Begriff Angst* (1844) und *Stadien auf dem Lebensweg* (1845). Kierkegaards Leben wurde weitgehend von der religiösen Schwermut seines Vaters bestimmt. Nach dessen Tod schloss der junge Søren seine philosophischen und theologischen Studien mit der Schrift *Über den Begriff der Ironie*

(1841) zum Magister ab. Die einjährige Verbindung mit Regine Olsen löste Kierkegaard im Oktober 1841 auf, da er seine Verlobte mit seiner Schwermut nicht belasten zu dürfen glaubte. Aus dieser inneren Situation entstanden seine ersten ästhetischen Werke unter mehreren Pseudonymen (Viktor Eremita u. a.) und zugleich die Distanz zu den verschiedenen Möglichkeiten der Existenz, die Kierkegaard dialektisch entfaltete.

In der Folge wurde aus dem ästhetischen Schriftsteller ein religiöser Denker, der das Christentum seiner Zeit an der Vorstellung der Gleichzeitigkeit mit Christus maß und verwarf. Mit seinem extremen Individualismus, der nur einer Minderheit zubilligte, die höheren Stadien der Existenz zu erreichen, stand der Philosoph im Gegensatz zum liberal-demokratischen Aufbruch in Dänemark. Kierkegaards Eintreten für den Absolutismus führte 1845 zu der sogenannten Kierkegaard-Fehde in der dänischen Zeitschrift *Corsaren* (1840–1855), einer satirischen Zeitschrift junger dänischer Republikaner, die politische Freiheit und soziale Gerechtigkeit forderte. Außerdem machte er sich durch die heftige Polemik gegen den dänischen Bischof Martensen Feinde. Scharf griff Kierkegaard die offizielle Kirche in Kopenhagen an. In seiner Flugschriftenreihe *Der Augenblick* vertrat Kierkegaard die Auffassung, dass das Christentum des Neuen Testaments nicht mehr gegenwärtig sei. Christenheit und Kirche seien eigentlich nur die »arglistige und verlogene Abschaffung des Christentums«. Kierkegaard starb am 11. November 1855 in Kopenhagen. Sein philosophisches Gedankengut bildet den Übergang zur Neuzeit und erlebte nach 1945 eine Renaissance. Die Intensität seines Denkens, das unter anderem manche Einsichten der Psychoanalyse vorwegnahm, ebenso die dialektische Entwicklung des Existenzbegriffs haben im 20. Jahrhundert tiefgehende Wirkung ausgeübt. Große Philosophen wie Nietzsche, Heidegger, Sartre und andere haben sich mit den grundlegenden Gedanken Kierkegaards auseinandergesetzt, der damit als Vorläufer des modernen Existentialismus angesehen werden kann.

Theologe, Dichter, Volksaufklärer – Nikolai Frederik Severin Grundtvig

Ein Mann, der als Theologe, Dichter, Politiker und Volksaufklärer wie kaum eine andere Persönlichkeit in Dänemark die Emanzipation der Bürger und die Entwicklung der demokratischen Traditionen des Landes bis zum heutigen Tag entscheidend geprägt hat, war Nikolai Frederik Severin Grundtvig (1783–1872). Nach Abschluss eines Theologiestudiums wurde er Pfarrer und später Titularbischof (1861). Grundtvigs literarisches Schaffen war vom Gedankengut der Nationalromantik geprägt. Er übertrug altnordische Werke ins Dänische und war in seinen dramatischen und lyrischen Arbeiten um die poetische Erfassung nordischer Sage und Geschichte bemüht. Sein umfassendes, ab 1837 entstandenes *Gesangswerk für die dänische Kirche* enthält religiöse Lehrgedichte und volkstümliche Gedichte, die in Dänemark heute noch auch außerhalb der Kirche lebendig sind. Darüber hinaus aber wurde Grundtvig als der Vater der Volkshochschulidee bekannt. Bereits 1844 wurde die erste *Folkehøjskole* in Dänemark gegründet, und bis heute gehört diese Bildungsform nicht nur zu den Grundpfeilern der dänischen Erwachsenenbildung, sondern diente auch als Vorbild für die Volkshochschulen in vielen anderen Ländern. Im Zentrum der von Grundtvig ins Leben gerufenen Volkshochschulbewegung stand eine im weitesten Sinn politische Bildung, die das Volk ermutigen soll, sich selbst zu verwirklichen, sowie ein Freiheitsdenken, das sich auf den Respekt vor den Mitmenschen gründet. Dieses pädagogische Gedankengut fand auch im Ausland Interesse. Grundtvigs allgemein gesellschaftspolitisches Engagement führte ihn mehrmals als Abgeordneten ins nationale Parlament, das Folketing. Die durch Grundtvig ausgelöste Bildungswelle sorgte auch im politischen, sozialen und wirtschaftlichen Bereich für neue Denkanstöße. Dies gilt nicht zuletzt für die Genossenschaftsbewegung, die mit den Leitzielen »Unabhängigkeit«, »Selbstverwaltung« und »Selbstverantwortung« eine wesentliche Rolle vor allem in der Landwirtschaft spielen sollte.

»Es war einmal ...« – Hans Christian Andersen

So beginnen viele der zahlreichen Märchen des Dichters Hans Christian Andersen, die in fast alle Sprachen der Welt übersetzt wurden. Nicht alle enden so glücklich wie das stark autobiographisch gefärbte Märchen *Das hässliche Entlein,* das sich später zu einem schönen Schwan entwickelt.

Andersen wurde 1805 in Odense auf der Insel Fünen als Sohn eines Schuhmachers geboren. Hier verbrachte der junge Hans Christian seine Kindheit in Armut. 1819 ging er nach Kopenhagen, wo er zunächst auf eine Karriere als Balletttänzer hoffte, später aber sein schriftstellerisches Talent entdeckte, das ihn zu Weltruhm führen sollte. Andersen unternahm viele Bildungsreisen ins Ausland, wo ihn die fremden Kulturdenkmäler und Lebensverhältnisse zu poesievollen Reisebeschreibungen anregten, so beispielsweise in *Eines Dichters Basar* (1842). Auch als Romanschriftsteller machte sich Andersen einen Namen, zum Beispiel mit *O. T.* (1836) oder *Nur ein Spielmann* (1873), in denen er aus romantisch geprägter Sicht den sozialen Aufstieg armer Leute schilderte. Der internationale Durchbruch aber gelang ihm erst nach 1836, als seine *Märchen, erzählt für Kinder* erschienen. Nachdem er anfangs Volksmärchen verarbeitet hatte, schuf Andersen später zunehmend eigene Märchenmotive und pflegte das Kunstmärchen. In allen Andersen-Geschichten ist die Sehnsucht spürbar, dass das Gute über das Böse siegen möge und dass der Adel der Gesinnung – nicht der Adel der Geburt – ausschlaggebend für die soziale Stellung des Menschen sein müsse. Nach einem erfüllten Künstlerleben starb Hans Christian Andersen am 4. August 1875 in Kopenhagen und wurde unter großer Anteilnahme der Bevölkerung auf dem Kopenhagener Friedhof *Assistens Kirkegaard* beigesetzt. Sein Geburtshaus in Odense wurde zu einem modernen Museum ausgebaut, das eine umfassende Sammlung der literarischen und zeitgenössischen Zeugnisse vom Leben und Schaffen des Dichters beherbergt.

Das »Goldene Zeitalter«

In der Geschichte fast jedes Volkes gibt es eine Epoche, die als »Goldenes Zeitalter« bezeichnet wird, da es in diesem historischen Zeitabschnitt gleich mehrere hervorragende Persönlichkeiten gab, die in den unterschiedlichen Künsten zu einer kulturellen Blütezeit beitrugen. In Dänemark war dieses *Guldalder* die Zeit um 1800.

Eine Schlüsselfigur ragt aus den Literaten, Künstlern und Schöngeistern im Kopenhagen des frühen 19. Jahrhunderts heraus: Adam Gottlob Oehlenschläger (1779–1850), Hauptvertreter der dänischen Romantik. Im Frühsommer 1802 war der junge Norweger Henrik Steffens, der in Deutschland studiert hatte, in die dänische Hauptstadt gekommen, durchglüht von den neuen Ideen der deutschen Romantik. In Kopenhagen traf er den 22-jährigen Adam Oehlenschläger. In einem legendär gewordenen (aber überlieferten) 16-stündigen Gespräch erfuhr dieser, dass es ein Universalgesetz gebe, welches die Natur zu einem großen Ganzen vereine. Das ganze Sein sei von *einem* göttlichen Geist beseelt, der sich im Stein, in der Pflanze, im Tier und – mit dem Menschen – in der Geschichte, den Wissenschaften und schließlich in der Kunst finde, wo er seine höchste Offenbarung erreiche. Die Poesie, die intuitiv die Wahrheit erfasse, sei der Höhepunkt der Kultur. Literatur und Kultur der Neuzeit seien veraltet, die nationale Vorzeit, nicht zuletzt das bisher verachtete Mittelalter, hätten die große Poesie hervorgebracht.

Dem jungen Oehlenschläger eröffnete sich eine neue Welt. In nur einer Nacht schrieb er sein berühmt gewordenes Gedicht *Die Goldhörner* und läutete damit die Nationalromantik in Dänemark ein. Das Thema entnahm Oehlenschläger einem Sensationsstoff der damaligen Zeit: Zwei prachtvolle Goldhörner aus der Bronzezeit, gefunden 1639 und 1734 in Gallehus (Südjütland), waren aus einem Museum gestohlen und eingeschmolzen worden, ehe man den Dieb ergreifen konnte. Der Dichter schildert in freien, gereimten Rhythmen die beiden Funde als Geschenk der Götter und ihren Verlust als die Strafe für (s)eine Generation, die die tiefe Bedeutung dieses Geschenks aus einer großen, heidnischen Zeit nicht erfasst hatte. In den folgenden Jahren erneuerte Oehlenschläger ganz im Geiste der Romantik auch das Märchen. Sein dramatisches Gedicht *Aladdin* (1805) ist ein Drama vom Glück, das zu den Auserwählten ungerufen kommt, dann aber von seinen Lieblingen fordert, dass sie alles wagen, um es auch festzuhalten.

Zu dem Kreis einflussreicher Kulturpersönlichkeiten dieser Zeit gehörte auch der Kritiker und Dramatiker Johan Ludvig Heiberg (1791–1860), der das Lustspiel am Königlichen Theater in Kopenhagen erneuerte. Heiberg schrieb zahlreiche Vaudevilles nach französischem Vorbild, unter anderem für seine Frau Johanne Luise Heiberg (1812–1890), eine gefeierte Primadonna ihrer Zeit. Da er von einem Studienaufenthalt in Paris her mit dem französischen Singspiel vertraut war, vermochte er seine eigene Form dieses Genres zu schaffen. 1826, im Laufe von fünf Monaten, führte das Königliche Theater drei seiner Vaudevilles auf, Alltagslustspiele mit Gesang und Instrumentalbegleitung, die ihre satirische Spitze gegen Missstände in der Gesellschaft richten. Heiberg gelang es, sich im dänischen Theaterleben fest zu etablieren, und er siegte 1828 im Wettbewerb um ein nationales Festspiel. In diesem Stück, *Elfenhügel,* dem bis heute meistgespielten des Königlichen Theaters in Kopenhagen, verband Heiberg dramatische Kunst geschmackvoll mit Gesang und Tanz. Im selben Jahr wurde Heiberg als Theaterdichter und Übersetzer angestellt und eroberte sich mit der Zeit zugleich die Stellung des führenden Kritikers. In literarischen Fragen galt er als *die* große Autorität.

Die von ihm übersetzten Schauspiele des Franzosen Eugène Scribe eröffneten seiner sehr viel jüngeren Frau Johanne Luise alle Möglichkeiten, ihr Talent für doppelbödige Charaktere unter Beweis zu stellen und sich zu einer wahren Primadonna zu entwickeln. Kein Geringerer als Søren Kierkegaard schrieb eine tiefgründige Analyse der schauspielerischen Darstellungskraft von Frau Heiberg in der Rolle als Shakespeares Julia.

Was die Heibergs für das Schauspiel bedeuteten, war auf dem Gebiet des Tanzes August Bournonville (1805–1879). Der heutige internationale Ruf des Königlich Dänischen Balletts ist untrennbar mit dem Namen seines Begründers verbunden. Als

Sohn des französischen Ballettmeisters Antoine Bournonville trat August Bournonville bereits mit sieben Jahren als Eleve in die Königliche Ballettschule ein. Mit 15 Jahren wurde August selbst Tänzer des Königlich Dänischen Balletts. 1826 führte er seine Studien in Paris fort und eignete sich eine Tanztechnik an, die in der Folgezeit das Fundament seines eigenen Schaffens bilden sollte. Vier Jahre später kehrte Bournonville als Solist, Choreograph und Ballettdirektor nach Kopenhagen zurück, wo er die Ballettschule neu organisierte und den Tanz zu einer der wichtigsten Künste des Landes machte. Von 1830 bis 1877 Leiter des Königlichen Balletts, entwickelte er den unverwechselbaren Stil, der sich bis heute tradiert hat und als »Bournonville-Stil« dem dänischen Ballett seinen bedeutenden Rang und seine herausragende Stellung im internationalen Tanzgeschehen verleiht. Bournonville schuf die Choreographie für rund 50 Ballette, von denen zehn erhalten sind. Darunter die Hauptwerke »La Sylphide« (1836), »Napoli« (1842) und »Eine Volkssage« (1854), die bis heute zum Repertoire des Königlichen Balletts in Kopenhagen gehören.

Einen entscheidenden Beitrag zur Bildenden Kunst des »Goldenen Zeitalters« in Dänemark stellen die Bilder von Christoffer Wilhelm Eckersberg (1783–1853) dar. Er ging 1813 nach Rom, um die antiken Götter zu malen, war aber von der Architektur der Stadt so fasziniert, dass er eine ganze Reihe origineller Ansichten der antiken und mittelalterlichen Bauwerke anfertigte. Eckersberg war ein ausgesprochen vielseitiger, technisch sehr versierter Maler mit einer Vorliebe fürs Detail. Nach seinen Studien an der Kopenhagener Akademie und in Paris bei Jacques-Louis David wandte er sich dem Klassizismus zu. Später Professor an der Kopenhagener Kunstakademie, gab Eckersberg seine Ideale an jüngere Maler weiter, die die Realität des Alltags zum Hauptthema machten. Viele der Gemälde dieser Künstler sind heute in den Kopenhagener Museen zu sehen. Der wohl talentierteste von Eckersbergs Schülern war Christen Købke, der eine Reihe von zarten, ländlichen Szenerien und Porträts malte. Zu den anderen wichtigen Malern der Epoche gehört neben Martinus Rørbye, der sich auf Folkloreszenen und Familienporträts spezialisierte, auch Constantin

Hansen sowie Wilhelm Marstrand und der Porträtmaler Christian Albrecht Jensen. Ab 1830 kamen nationalromantische Tendenzen in der dänischen Malerei auf, die eine neue nationale Kunst der Landschaftsmalerei forderten, wie sie von Johan Thomas Lundbye verkörpert wurde, der oft mit Caspar David Friedrich verglichen wird.

Zu den herausragenden Gestalten des »Goldenen Zeitalters« in Dänemark von wahrhaft europäischer Dimension gehört der Bildhauer Bertel Thorvaldsen, schon zu Lebzeiten eine Legende, der durch sein Schaffen und seine persönliche Ausstrahlung viele Künstler seiner Zeit anzog und zu einem der Exponenten des europäischen Klassizismus wurde. 1770 als Sohn eines isländischen Bildschnitzers in Kopenhagen geboren, besuchte er die Kopenhagener Kunstakademie. 1793 traf Thorvaldsen auf einer Bildungsreise in Rom ein, wo er aus der Anschauung der Antike die ihm eigene Form eines empfindsamen Klassizismus ausbildete und wo er die meisten seiner berühmt gewordenen Grabmäler, Stand- und Reiterbilder, Bildnisbüsten und Bildtafeln schuf. Zu seinen bekanntesten Werken gehören der antike »Jason«, das Relief »Ganymed mit dem Adler« und »Christus und die 12 Apostel« in der Kirche Unserer Lieben Frau *(Vor Frue Kirke)* in Kopenhagen. Unter Thorvaldsens Auftraggebern befanden sich beispielsweise der bayerische Kronprinz und spätere König Ludwig I. Weitere Aufträge kamen aus Stuttgart (Schiller-Denkmal), Mainz (Gutenberg-Denkmal) und Frankfurt (Goethe-Denkmal). Schon bevor der zu europäischem Ruhm gelangte Künstler 1838 nach Kopenhagen zurückkehrte, war hier die Planung eines eigenen Museums für Thorvaldsen im Gange. Der triumphale Empfang bei der Rückkehr in seine Heimatstadt ist auf den Außenwänden des Museums dargestellt, in dessen Innenhof der Künstler zwei Jahre nach seinem Tod nach Fertigstellung des Gebäudes 1846 seine letzte Ruhestätte fand.

In Skagen, ganz oben in Jütland, an der nördlichsten Landspitze Dänemarks, gibt es ein Naturphänomen, dem sich eigentlich kein Tourist entziehen kann. Hier stoßen Skagerrak und Kattegat aufeinander, das heißt, wenn man sich am Strand breitbeinig ins flache Wasser stellt, kann man sich – deutlich sichtbar – die Füße von zwei unterschiedlichen Meeresgewässern umspülen lassen.

Ab Mitte der zweiten Hälfte des 19. Jahrhunderts wurde der kleine Fischerort zum wohl wichtigsten Gegenpol zur dominierenden Kunstszene der Hauptstadt Kopenhagen. Mit dem berühmten Brøndums Hotel als Sammelpunkt übte Skagen auf dänische Maler wie auch auf Künstlerkollegen aus anderen Ländern große Anziehungskraft aus. In der lebensfrohen Atmosphäre dieser Künstlerkolonie wurden Werke geschaffen, die zu den besten der dänischen Kunstgeschichte gehören und für die inzwischen auf internationalen Auktionen hohe Preise erzielt werden. Während vor allem in der früheren Phase der Skagen-Malerei die naturalistische Schilderung der Menschen und ihrer eng mit dem Meer verbundenen Schicksale im Vordergrund stand, ließen sich die Künstler um die Jahrhundertwende auch von dem besonderen Licht inspirieren, das zusammen mit dem Wasser der beiden hier bei Skagen aufeinandertreffenden Meere eine besondere Atmosphäre für stimmungsvolle Bilder impressionistischer Manier schuf. Viele Werke der Skagen-Maler sind im Skagens Museum zu besichtigen, das vor allem im Sommerhalbjahr Ziel in- und ausländischer Kunstinteressenten und Touristen ist: weiße Strände mit weißgekleideten Frauen, wie sie Peder Severin Krøyer malte, Fischer im täglichen Kampf gegen Sturm und Meer, mitfühlend geschildert von Michael Ancher, und die Alltagsstimmung der armen Leute, wie sie durch seine Frau, Anna Ancher, vermittelt wurde.

Skagen war in den 1880er und 1890er Jahren der ideale Tummelplatz für Künstlerseelen, die die Freiluftmalerei bevorzugten, wie sie sie in Frankreich erlernt hatten. Der Bekannteste unter ihnen war Peder Severin Krøyer, der 1880 zum ersten Mal nach Skagen kam. Andere folgten ihm – aus Dänemark, Schweden, Norwegen, Deutschland und England. Es bildete sich eine echte Künstlerkolonie.

Auch Holger Drachmann (1846–1908), ein Multitalent der malenden und schreibenden Zunft, gehörte zu dem munteren Künstlervölkchen. Als Sohn eines Arztes in Kopenhagen geboren, wurde er zunächst Maler, arbeitete als Journalist und unternahm mehrere Auslandsreisen. Sein Vater schickte ihn auf eine Seereise nach Schottland und Spanien, wo ihm klar wurde, dass er Maler werden wollte. Die Inspiration für seine Bilder gewann Drachmann zunächst vor allem auf der Ostseeinsel Bornholm, wo er in den 1860er Jahren mehrere Sommer verbrachte. Als Literat gehörte Drachmann mit seiner Lyrik zu den Anhängern des Modernen Durchbruchs im Sinne von Georg Brandes. Drachmanns realistische Prosa wie *Mit Kohle und Kreide* (1872) oder *In Sturm und Stille* (1875) zeigt seine Volksnähe, und in seinem Roman *Verschrieben* (1890) übte er Kritik an der bürgerlichen Gesellschaft des ausgehenden Jahrhunderts. Holger Drachmann starb 1908 im Alter von 61 Jahren in Hornbæk (Insel Seeland), seine Asche jedoch wurde in einer Urne nahe der Landspitze von Skagen beigesetzt.

Um 1910 entstand die sogenannte Bornholmer Schule, als sich die Ostseeinsel Bornholm zu einem der künstlerischen Zentren Europas entwickelte. Es handelte sich um einen losen Zusammenschluss befreundeter Künstler, darunter Oluf Høst (1884–1966) und Karl Isakson (1878–1922). Dass die Insel Fünen mehr als »nur« Hans Christian Andersen und Carl Nielsen zu bieten hat, sondern auch etwas Besonders für Freunde der Bildenden Kunst, beweist die idyllische Kleinstadt Faaborg an der Südwestküste der Insel. Die durch ihren neoklassizistischen Bau wohl auffälligste Sehenswürdigkeit der Stadt ist das Museum for Fyn's Malerkunst, wo Werke der sogenannten Fünen-Maler zu sehen sind, die neben den Malern von Skagen und Bornholm die dritte wichtige Künstlergruppe in der Geschichte der dänischen Kunst darstellen. Zu ihnen zählen Johannes Larsen, Peter Hansen und Fritz Syberg, deren Bilder oft vom Einfluss des französischen Impressionismus zeugen.

Einen Maler gilt es nicht zuletzt unter europäischem Aspekt unbedingt noch zu erwähnen. Im Kunstmuseum Silkeborg

(Mitteljütland), bekannt für seine Sammlung moderner Kunst, finden sich mehrere Werke von Asger Jorn (1914–1973). Im November 1948 wurde von fünf Künstlern aus Dänemark, Holland und Belgien die Künstlergruppe COBRA (nach den Städtenamen Copenhague, Bruxelles und Amsterdam) gegründet. Der dänische Künstler war der Maler, Graphiker und Keramiker Asger Jorn, der durch seine abstrakten Bilder in starken Farben bekannt wurde. Als Mitglied der COBRA-Gruppe erlangte er wie kaum ein anderer dänischer Künstler der Moderne Weltruf und vermachte noch vor seinem Tod den größten Teil seiner Werke seiner Heimatstadt Silkeborg.

Unter den zeitgenössischen Vertretern der Bildenden Kunst ist Per Kirkeby (geb. 1938) der bekannteste dänische Künstler seiner Generation und einer der wichtigsten zeitgenössischen Kulturschaffenden in Europa. Nach seinem Geologiestudium und mehreren Expeditionen nach Grönland hat er seit Mitte der 1960er Jahre konsequent einen künstlerischen Weg beschritten, der neben der Erforschung der vielfältigen Möglichkeiten der Malerei auch die Arbeit als Bildhauer, Architekt, Drucker, Zeichner, Filmemacher und Schriftsteller umfasst. Eine wichtige Rolle spielen dabei die zahlreichen Querverbindungen zwischen den unterschiedlichen Medien, in denen Kirkeby arbeitet. In Deutschland ist Per Kirkeby in Kunstkreisen hoch geschätzt und hat nachhaltige Spuren hinterlassen. So war er als Mitglied der Fluxus-Bewegung mit Joseph Beuys und Jörg Immendorf bekannt. Zu seinen vielen Stationen zählen unter anderem die langjährige Zusammenarbeit mit der Galerie Michael Werner in Köln, seine Beiträge zur Documenta in Kassel 1982 und 1992, die Lehraufträge an der Staatlichen Kunstakademie in Karlsruhe Ende der 1970er Jahre und an der Städelschule in Frankfurt am Main Ende der 1980er Jahre oder die Skulpturen-Ausstellung 1998/99 in der Düsseldorfer Kunstsammlung Nordrhein-Westfalen. Zuletzt zeigte das Museum kunst palast, ebenfalls in Düsseldorf, von Ende September 2009 bis Januar 2010 eine umfassende und beeindruckende Per-Kirkeby Retrospektive.

Bjørn Nørgaard, geboren 1947 und von 1985 bis 1993 Professor an der Königlich Dänischen Kunstakademie, gehört seit langem zur Avantgarde bildender Künstler. Seine umfangreiche Produktion reicht von Aktionskunst über Filme bis zur Skulptur und Textilkunst. Wie bei Per Kirkeby war Nørgaards künstlerischer Ausgangspunkt die Experimentelle Kunsthochschule in Dänemark, wo er ab 1964, unter anderem inspiriert durch Joseph Beuys, an kollektiven Werken und Happenings arbeitete; so entstanden »Der weibliche Christus« (1969) und »Das Pferdeopfer« (1970), die erhebliche Diskussionen in der dänischen Öffentlichkeit auslösten. Nørgaard setzte seine Experimente in der Graphik, Keramik und Filmproduktion fort, arbeitete aber seit den 1970er Jahren am meisten mit Skulpturen. Seine üppige Phantasie und seine Freude an ungewöhnlichen Kombinationen aus höchst unterschiedlichen Materialien kommen in einer Reihe monumentaler Skulpturen zum Ausdruck, wie etwa bei dem 26 Meter hohen »Thors Turm« (1986). Nørgaards bislang größter und ehrenvollster Auftrag waren die Skizzen für elf große Wandteppiche (1990–2000) mit Motiven aus der Geschichte Dänemarks. Die Gobelins, gewebt bei Les Manufactures Nationales des Gobelines in Paris, waren zum 50. Geburtstag von Königin Margrethe bestellt worden. Finanziert wurde das Geschenk von einer Reihe dänischer Unternehmen und Stiftungen sowie mit Unterstützung des französischen Staates. Zehn Jahre später war das Werk vollendet, und die Gobelinserie wurde am 12. April 2000, kurz vor dem 60. Geburtstag der Monarchin, offiziell eingeweiht. Dabei schenkte die Königin die Wandteppiche dem dänischen Staat und dem dänischen Volk. Heute hängen die imposanten Gobelins im Rittersaal von Schloss Christiansborg in Kopenhagen.

Natürlich sorgen auch große Talente der jüngeren Generation für Furore. Hier fällt mir spontan der 43-jährige Multikünstler Olafur Eliasson ein, dessen Arbeiten in Sammlungen in der ganzen Welt vertreten sind. Der Künstler lebt und arbeitet in Berlin sowie in Kopenhagen. Über seine Gründe, in die deutsche Hauptstadt umzusiedeln, sagte er einmal, es gebe in Berlin, ganz im Gegensatz zu dem, was er von Kopenhagen her gewohnt sei, eine ganz andere Seriosität bezüglich der Kunst – sowohl in Bezug auf die Inhalte als auch auf das Verhältnis der Künstler untereinander. Eliasson ist unter anderem ein Meister der Licht- und Wasserkunst. Sein Projekt »light lab«, eine mehrteilige Lichtinstallation, wurde speziell für das Dach des Neuen Portikus in Frankfurt am Main konzipiert (2006). Im Juni 2008 installierte Olafur Eliasson vier große künstliche Wasserfälle rund um die Südwestspitze Manhattans.

Von Ludvig Holberg zum »Modernen Durchbruch«

Das Königliche Theater am Kongens Nytorv in Kopenhagen gehört zu den großen Bühnen Europas und wurde Ende 1748 als erstes Theatergebäude in Dänemark eröffnet. Rechts vom Eingang des Theaters steht die Statue von Ludvig Holberg (1684–1754), dem Begründer der nationalsprachigen Theatertradition in Dänemark und für mich eine der wichtigsten Figuren der dänischen Kulturgeschichte.

Eigentlich aus der Stadt Bergen in Norwegen stammend, das damals noch zum Königreich Dänemark gehörte, ging Holberg zum Studium nach Kopenhagen, an dessen Universität er zunächst Professor für Metaphysik und später für Geschichte wurde. Holberg unternahm mehrere Reisen, darunter nach England, Deutschland und Italien. Neben seinen historischen und juristischen Werken ist Holberg als herausragende Persönlichkeit der europäischen Aufklärung auch durch seine zahlreichen Komödien bekannt geworden, die er von 1722 an für die neue dänische Nationalbühne schrieb und an denen sich besonders das neue bürgerliche Publikum ergötzte. Unter Holbergs Komödien – geschrieben im Stil Molières, aber dennoch eigenständig dänisch – finden sich zeitlose Stücke, darunter *Der politische Kannengießer* oder die Tragikomödie *Jeppe vom Berge.* Lessing ließ sich von Holberg zu seiner Komödie *Der junge Gelehrte* inspirieren.

Der 1764 geborene Dichter Jens Baggesen war ein kritischer Geist und ein echtes Kind seiner Zeit, der Aufklärung. Aus einer armen Familie stammend, erhielt er die Möglichkeit zum Theologiestudium, machte viele Auslandsreisen und war unter anderem Professor in Kiel. 1826 starb er in Hamburg. Baggesens Artikel mit scharfer Kritik an der romantischen Dichtung seines

Landsmanns Oehlenschläger lösten eine Literaturfehde in der Öffentlichkeit aus. Einen Teil seiner Werke schrieb Baggesen in deutscher Sprache. Interessant seine Reiseerzählung über Deutschland, die Schweiz und Frankreich unter dem Titel *Das Labyrinth* (1789).

Die zweite Hälfte des 19. Jahrhunderts setzte neue Akzente. Georg Brandes (1842–1927) war wohl *der* dänische Literaturkritiker und Essayist dieser Zeit. Ein zeitkritischer Geist, der Jura und Ästhetik studierte, 1870 über die französische Ästhetik promovierte und zu einem der wichtigsten Vermittler zwischen Dänemark und den Nationalliteraturen Europas wurde. Seit 1902 war Brandes Professor an der Universität Kopenhagen. Durch seine Vortragsreisen im Ausland erhielt er entscheidende Anregungen, mit der er zum geistigen Führer des sich im letzten Drittel des 19. Jahrhunderts emanzipierenden Bürgertums in Dänemark wurde. Brandes trat bedingungslos für die Freiheitsideale des liberalen Bürgertums und für eine Literatur ein, die die gesellschaftliche Realität kritisch widerspiegelt. Unter Hinweis auf Shakespeare verwarf er jegliche romantische Idealisierung und forderte eine wirklichkeitsnahe Darstellung der Charaktere in der Literatur.

Zu Brandes' Hauptwerken zählen die *Hauptströmungen der Literatur des 19. Jahrhunderts*, die von 1872 bis 1890 in sechs Bänden erschienen und schon bald auch in deutscher Übersetzung vorlagen. 1883 veröffentlichte er das Buch *Die Männer des Modernen Durchbruchs*. Welch nachhaltige Wirkung dieses Werk hatte, zeigt sich darin, dass die gesamte dänische Literatur des ausgehenden 19. Jahrhunderts bis heute als die literarische Epoche des »Modernen Durchbruchs« bezeichnet wird. Das wachsende Interesse für die nordischen Literaturen in Deutschland in dieser Zeit war nicht zuletzt den Vorträgen und Publikationen Georg Brandes' zu verdanken. Von 1877 bis 1883 lebte Brandes als freier Schriftsteller in Berlin. Neben seinen wissenschaftlichen Studien schrieb er für skandinavische Zeitungen Berichte über die Ereignisse und die Atmosphäre in Berlin.

Zu den Autoren des »Modernen Durchbruchs« gehörte Jens Peter Jacobsen (1847–1885), der auch im deutschen Sprachraum ungemein populär wurde. Jacobsen entstammte einer einfachen Kaufmannsfamilie aus Jütland. Er studierte zunächst Botanik und übersetzte Darwins Werke ins Dänische. In seinen beiden Romanen *Frau Marie Grubbe* und *Niels Lyhne* nahm er die Psychologie des Unbewussten voraus.

Neben Jens Peter Jacobsen zählte auch Herman Bang (1857–1912) zu den skandinavischen Schriftstellern, die in Deutschland sehr bekannt wurden und (zusammen mit dem Schweden August Strindberg und dem Norweger Knut Hamsun) um 1900 im Bücherschrank jedes Haushalts des Bildungsbürgertums zu finden waren. Herman Bang, Sohn eines Pastors, studierte ab 1875 Rechtswissenschaft an der Universität Kopenhagen, gab sein Studium allerdings 1877 auf und wurde Journalist. Nach etlichen Reisen ließ er sich in Kopenhagen nieder. Bang war homosexuell, was ihm manche Anfeindungen und Isolation in Dänemark eintrug. Sein Talent aber ermöglichte es ihm, seine Veranlagung literarisch zu verarbeiten. Zwar scheiterte Bang als Schauspieler, avancierte aber zu einem angesehenen Schriftsteller und Theaterregisseur. Bis zu seinem Tod war er häufig auf Reisen und als Schriftsteller, Journalist, Theaterregisseur und Vortragsreferent geradezu rastlos tätig. Viele Vortragsreisen führten ihn durch Europa und die USA. Auf einer dieser Reisen starb Herman Bang 1912 in Ogden im US-Staat Utah.

Sein schriftstellerisches Werk war anfangs noch dem Naturalismus verhaftet und von Zola, Ibsen und Darwin beeinflusst. Der Roman *Hoffnungslose Geschlechter* (1880), mit dem Bang der Durchbruch gelang, erzählt vom letzten männlichen Nachkommen eines berühmten Geschlechts und ist damit der damaligen zeitgenössischen Dekadenz-Literatur zuzurechnen. Die intime Beziehung der jungen Hauptperson des Romans zu einer viel älteren Frau wurde als Pornographie verurteilt, und das Buch wurde beschlagnahmt. In den Jahren 1885 bis 1887 hielt sich Bang in Berlin, Wien und Prag auf, von wo aus er Artikel für dänische Zeitungen schrieb. Gleichzeitig wurden diese Jahre zu einem Höhepunkt seiner schriftstellerischen Tätigkeit: Es entstanden Bücher wie *Exzentrische Novellen* (1885), *Stille Existenzen* (1886) und der Roman *Stuck* (1887), in dem die Stimmung in dem baufreudigen Kopenhagen der Gründerjahre festgehalten ist. Der Roman *Tine* (1889), eine Liebesgeschichte mit katastrophalem Ausgang, spielt vor dem Hintergrund der Niederlage Dänemarks im Krieg 1864. Es folgten weitere Romane und Novellen, in denen häufig enttäuschte Liebe und Resignation thematisiert werden. Seine Meisterschaft bewies Bang in eindringlichen psychologischen Porträts von Frauen, die irgendwo *Am Wege* leben, wie der Titel einer seiner bekanntesten Novellen lautet. Mit seiner Sprachkunst schuf er Novellen und Romane, die als impressionistisch gelten und bisweilen an die Filmschnitt-Technik erinnern. Sein Erzählstil gehört zu den originären dänischen Beiträgen zur Weltliteratur.

Henrik Pontoppidan (1857–1943) war zunächst als Lehrer tätig und wurde später freischaffender Schriftsteller. In seinen Erinnerungen bekannte Pontoppidan, er habe am ewigen Befreiungskampf des menschlichen Geistes teilnehmen wollen. Ein Bemühen, das 1917 mit dem Literaturnobelpreis belohnt wurde, den er sich mit seinem Landsmann und Schriftstellerkollegen Karl Gjellerup teilte.

Auch Johannes V. Jensen (1873–1950) zählt zu den literarischen Schwergewichten. Bekannt wurde Jensen durch seine Schilderungen des Bauernlebens in der nordjütischen Heimat des Dichters vor der Industrialisierung, und vor allem durch den historischen Roman *Des Königs Fall* (1900/01). Dieses Werk wurde 1999 von den dänischen Tageszeitungen zum (dänischen) Buch des Jahrhunderts gewählt.

International bekannt als Arbeiterdichter wurde Martin Andersen Nexø (1869–1954). Seine Romane beschreiben vor allem die Lebensbedingungen des Proletariats. *Pelle der Eroberer* und *Ditte Menschenkind* fanden vorwiegend in sozialistisch regierten Ländern starke Verbreitung. Nexøs leidenschaftliches soziales Engagement prägte sein gesamtes Werk, in dem er sozialistische Gesellschaftskritik mit lebendiger Menschenschilderung verband. 1952 zog Nexø nach Dresden, wo er 1954 als Ehrenbürger der Stadt starb. Er wurde auf dem Assistens Friedhof in Kopenhagen, wo zahlreiche berühmte Dänen liegen, beigesetzt.

Eine Sonderstellung nimmt die Schriftstellerin Karen Blixen

(1885–1962) ein, die in Deutschland unter dem Namen Tania Blixen bekannt wurde. Sie gehört bis heute zu den populärsten dänischen Autoren in Deutschland, und sämtliche Werke von ihr liegen in deutscher Übersetzung vor. Den literarischen Durchbruch erlebte Blixen erst mit 49 Jahren: Die *Sieben phantastischen Geschichten,* erschienen 1934 in New York unter dem Pseudonym Isak Dinesen, wurden gleich ein Erfolg. Karen Blixens Werk besteht überwiegend aus Erzählungen. Die Wiederbelebung der klassischen Erzählung mit einer bewusst altmodischen Darstellungsform und fabulierenden Phantasiewelt sind charakteristisch für ihr schriftstellerisches Werk. Mit ihrer aristokratischen Haltung und Gesinnung distanzierte sie sich von der psychologischen und sozialen Wirklichkeitsschilderung der zeitgenössischen Literatur. Karen Blixens stark autobiographische Geschichte *Die Afrikanische Farm* (sie betrieb von 1914 bis 1931 eine Kaffeeplantage in Kenia) kam 1985 unter dem Titel »Jenseits von Afrika« (»Out of Africa«) in der Regie von Sydney Pollack in die Kinos und gewann sieben Oscars. 1988 verfilmte der dänische Regisseur Gabriel Axel – ebenfalls mit großem Erfolg – die Blixen-Novelle *Babettes Fest.* 1991 wurde das Karen Blixen Museum in der Nähe von Rungsted, nördlich von Kopenhagen, eingeweiht. Es liegt inmitten eines großen Parks, in dem sich auch das Grab der Schriftstellerin befindet. Das Anwesen war trotz vieler Reisen und Auslandsaufenthalte stets ihr zentraler Ruhepunkt. Hier wurde sie am 17. April 1885 geboren, hierhin kehrte sie im Laufe ihres bewegten Lebens immer wieder zurück und hier verbrachte sie auch ihre letzten Tage bis zu ihrem Tod am 7. September 1962.

Peter Seeberg (1925–1999) gehört zu den Autoren, die entscheidend zur Erneuerung der dänischen Prosa nach 1945 beigetragen haben. Seebergs Romanerstling *Die Nebenfiguren* (1959) ist die Geschichte einer Gruppe ausländischer Arbeiter, die während des Zweiten Weltkriegs in einem Berliner Filmatelier beschäftigt werden.

Der Schriftsteller, Philosoph, Übersetzer, Publizist und Literaturkritiker Villy Sørensen (1929–2001) gilt als bedeutendster dänischer Philosoph des 20. Jahrhunderts. Beeinflusst wurde er von Martin Heidegger, dem Marxismus und Sigmund Freud.

Für sein literarisches Werk wurde er mehrfach ausgezeichnet. Sørensens Bedeutung zeigt sich auch darin, dass seine Werke teilweise in mehrere Sprachen übersetzt wurden. Ab 1959 gab er zusammen mit seinem Autorenkollegen Klaus Rifbjerg die renommierte Kulturzeitschrift *Windrose (Vindrosen)* heraus. Außerdem veröffentlichte er kulturkritische und philosophische Schriften, Essays, Bücher und Prosasammlungen.

Henrik Stangerup (1937–1998) entfaltete eine vielseitige Tätigkeit als Romanautor, Journalist, Essayist und Filmregisseur. Sein erster Roman *Die Schlange in der Brust* (1969) handelt von einem dänischen Journalisten, der in Paris eine tiefe persönliche Krise durchlebt. Eine Wendung hin zum polemischen Kommentar zeitgenössischer Zustände machte Stangerup in seinen Romanen in den 1970er Jahren, so in *Der Mann, der schuldig sein wollte* (1973), einer Abrechnung mit dem Wohlfahrtsstaat. Stangerups Hauptwerk stammt aus den 1980er Jahren, eine Romantrilogie, die von Kierkegaards Gedanken über den ästhetischen, den ethischen und den religiösen Menschen inspiriert ist. *Der Weg nach Lagoa Santa* (1981) handelt von dem Ethiker, dem dänischen Naturforscher P.W. Lund, der sich im 19. Jahrhundert von der europäischen Zivilisation abwandte und sich in Brasilien niederließ. Die Hauptperson in *Es ist schwer, in Dieppe zu sterben* (1985) ist der Ästhet und Kritiker P.L. Møller, der im Paris der 1850er Jahre ein ausschweifendes Leben führte. Das religiöse Stadium schließlich wird durch die Titelfigur in *Bruder Jacob* (1991) repräsentiert, einen dänischen Franziskanermönch, der von der Reformation aus dem Land fliehen muss und als Missionar und unerschrockener Fürsprecher der indianischen Bevölkerung endet. Mit dieser Trilogie setzte Stangerup seine Kritik am dänischen Puritanismus in eine farbenkräftige Epik mit internationaler Perspektive und Format um. Die Filme Stangerups sind von der französischen Kultur inspiriert, die er durch mehrere längere Aufenthalte in diesem Land eingehend kennenlernte. Wie die Romane und Filme zeugt auch Stangerups umfassendes essayistisches Werk von seiner internationalen Orientierung und unversöhnlichen Haltung gegenüber intellektuellem Konformismus jeglicher Art.

Neben Villy Sørensen ist Klaus Rifbjerg (geb. 1931) einer der produktivsten und populärsten dänischen Schriftsteller der Nachkriegszeit. Rifbjerg ist in den verschiedensten Genres zu Hause: er schreibt Romane, Novellen, ist Drehbuchautor, Kritiker und Herausgeber und war mehrere Jahre lang literarischer Direktor des Verlages Gyldendal. Sein Debütroman *Die chronische Unschuld* (1958), der im Kopenhagen der 1940er Jahre spielt, wurde zu einem Kultbuch der Jugend der 1960er Jahre. Rifbjerg ist inzwischen längst zu einer Institution in der dänischen Kulturszene geworden. In Deutschland war Rifbjerg leider nie der ganz große Erfolg beschieden, dafür sind seine Bücher wohl »zu dänisch«.

Erfolgreich in Deutschland war hingegen die Lyrikerin und Romanautorin Inger Christensen (1935–2009), die mehrfach für den Literaturnobelpreis vorgeschlagen wurde. Ihr erstes Hauptwerk, der Gedichtzyklus *Es* von 1969, ist ein linguistisch orientierter, formal systematisierter Ausdruck für das Prinzip der Schöpfung selbst: dass Sprache und Welt einander in einem Traum von Freiheit in Gemeinschaft aufrechterhalten. Das nahezu magisch singende Gedicht über Angst und Liebe, Macht und Ohnmacht setzte sich auch in Inger Christensens Romanprosa fort, unter anderem in *Das gemalte Zimmer* (1976), mit der Stadt Mantua zur Zeit der Renaissance als Schauplatz. Nach dem Gedichtzyklus *Alphabet* von 1981 verwendete die Autorin in *Das Schmetterlingstal* (1991) den Sonettenkranz und schuf bewegende Gedichte über Tod und Hoffnung. Mit ihrer herausragenden Position hat Inger Christensen die Traditionen des Modernismus in einer bewegenden Poesie fortgeführt, die in alle wichtigen Sprachen übersetzt wurde. In Deutschland hatte sie ihren Durchbruch nicht zuletzt den kongenialen Übersetzungen von Hanns Grössel zu verdanken, die im Kleinheinrich Verlag in Münster erschienen.

Ab den 1970er Jahren machten besonders Autorinnen von sich reden wie Suzanne Brøgger, Dea Trier Mørch sowie Dorrit Willumsen. Kirsten Thorups 1982 entstandener Roman *Himmel und Hölle,* der auch erfolgreich verfilmt wurde, ist eine breit angelegte Milieu- und Menschenschilderung aus dem Kopenhagen der 1960er Jahre. Großartig beschrieben hat Vita

Andersen die Probleme zwischen Mutter und Tochter in ihrem Roman *Welche Hand willst du?*

In den 1980er Jahren traten Lyriker und Lyrikerinnen wie Michael Strunge oder Pia Tafdrup und Søren Ulrik Thomsen an die Öffentlichkeit. Zu den Talenten der jüngeren Generation gehören Ib Michael, Kirsten Hammann, Helle Helle, Naja Marie Aidt, Carsten Jensen und andere.

Nicht zu vergessen ist der 1957 in Kopenhagen geborene Peter Høeg, der sich schon früh künstlerisch orientierte und Schauspiel, Tanz und Vergleichende Literaturwissenschaft studierte. Nach Abschluss des Studiums 1984 arbeitete Høeg unter anderem als Schauspieler und Tänzer und war häufig auf Reisen. Sein Romandebüt, 1988 in Dänemark veröffentlicht, erschien in Deutschland 1992 unter dem Titel *Vorstellung vom 20. Jahrhundert.* Der Ich-Erzähler erzählt darin über mehrere Jahrhunderte die Geschichte einer dänischen Familie, in der es von neurotischen Personen nur so wimmelt. 1990 veröffentlichte Høeg sein zweites Buch, *Von der Liebe und ihren Bedingungen in der Nacht des 19. März 1929* – sechs Erzählungen über die Liebe, die sich um ein Motiv und ein Datum ranken. Der Roman *Der Plan von der Abschaffung des Dunkels,* erschienen 1994 in Dänemark, ist autobiographisch geprägt und berichtet von dem Waisenkind Peter, der in einer Kopenhagener Privatschule gemeinsam mit den Kindern Katharina und August gegen ein unmenschliches Schulsystem ankämpft. Der darauffolgende Roman *Die Frau und der Affe* (1996) zeigte Høeg von einer heiteren Seite. Es ist eine Art philosophischer Krimi über die vereinsamte, alkoholkranke Madeleine, die den hochintelligenten Affen Erasmus aus den Händen ihres Forscher-Gatten rettet und sich schließlich in ihn verliebt (Kafka lässt grüßen?). Nach fast zehnjähriger Pause erschien dann 2006 der Roman *Das stille Mädchen.* Für 2010 ist ein weiteres, ganz neues Werk angekündigt. Alle genannten Titel liegen übrigens in deutscher Übersetzung vor. Seinen bislang größten und in dieser Form bis dahin unerreichten kommerziellen Erfolg für einen dänischen Autor auf dem internationalen Buchmarkt erzielte Peter Høeg mit seinem Roman *Fräulein Smillas Gespür für Schnee* (1992), der 1994 auf Deutsch erschien und monatelang auf den deutschen und amerikanischen Bestsellerlisten stand. Die Kombination aus Thriller und anspruchsvoller Literatur erzählt von einer Grönländerin, die zwischen zwei Kulturen lebt und einem Mord auf die Spur kommt, und wurde 1997 von Bille August ebenso erfolgreich verfilmt.

Von geistlicher Musik zum Jazz

Musik hat in Dänemark eine lange Tradition. Die ersten überlieferten Instrumente aus der Zeit 1100 bis 500 v. Chr. waren die Luren, große, geschwungene Bronzehörner. Einen Eindruck vermittelt das Lurenbläserdenkmal neben dem Kopenhagener Rathaus. Bedeutung für die dänische Musikgeschichte aber gewann erst die Tradition der Balladen- und Volkslieddichtung seit dem Spätmittelalter.

Eine herausragende Stellung in der Geschichte der dänischen Musik nehmen Komponisten wie zum Beispiel Dieterich Buxtehude (1637–1707) ein, der in Helsingør, nördlich von Kopenhagen, geboren wurde und dort bis 1668 als Organist tätig war. Später wurde er an der St.-Maria-Kirche in Lübeck Organist, ein Amt, das er bis zu seinem Tod bekleidete. Buxtehude schuf auf dem Gebiet der Orgelmusik viele neue musikalische Ausdrucksformen. Von seinen insgesamt 275 erhaltenen Werken sind 90 Orgelmusikwerke. Der in Uelzen bei Hannover geborene Friedrich Kuhlau lebte ab 1810 in Kopenhagen und nimmt mit seinen von Cherubini, Weber und Rossini inspirierten Opern sowie seiner Musik zum dänischen Nationalfestspiel »Elfenhügel« (*Elverhøj*, 1828) einen wichtigen Platz in der dänischen Musikgeschichte ein. Zu nennen wären außerdem Komponisten wie C. E. F. Weyse (1774–1842) und J. P. E. Hartmann (1805–1900), besonders aber Niels Wilhelm Gade (1817–1890) – die beherrschende Gestalt in der dänischen Musikszene des 19. Jahrhunderts und in den 1840er Jahren auch Leiter des Leipziger Gewandhausorchesters.

Den Übergang vom 19. zum 20. Jahrhundert markiert in Dänemark kein geringerer als Carl Nielsen (1865–1931), Zeitgenosse und Musikerkollege des Norwegers Edvard Grieg und des Finnen Johann Sibelius, mit denen er ein »nordisches Dreigestirn« bildete. Carl Nielsen ist bis heute der wohl wichtigste und auch im Ausland bekannteste dänische Komponist. Zunächst in der romantischen Tradition verwurzelt, sollte er in seinem späteren Werk der dänischen Musik des 20. Jahrhunderts entscheidende Impulse geben. 1865 in einem Dorf bei Odense geboren, fand der Sohn armer Eltern, der als Kind seinen Vater als Dorfmusikant unterstützt hatte und in jugendlichem Alter Militärmusiker in Odense geworden war, schnell zu seiner Musikerberufung. Als 18-Jähriger legte er dem großen alten Mann der dänischen Musik, Niels W. Gade, in Kopenhagen ein Streichquartett vor und wurde daraufhin unverzüglich ins Konservatorium aufgenommen. Als Brotberuf nahm Nielsen 1889 eine Stelle als Violinist im Königlichen Theaterorchester an, dessen Kapellmeister er später wurde. Auch wirkte er als Lehrer am Konservatorium. Zu Nielsens umfassendem Werk zählen zwei Opern (»Saul und David« und »Maskerade«), Solokonzerte, Klavier- und Orgelmusik, hervorragende Kammermusik und die in seiner Heimat sehr populären Lieder und Chorgesänge, oft auf der Basis von Volksliedern. Mit musikästhetischen Essays, besonders aber mit seinen *Erinnerungen an meine Kindheit auf Fünen,* hat Carl W. Nielsen auch einige Bedeutung als Schriftsteller erlangt. Er starb 1931 als hochangesehener Komponist. Nicht weit vom Geburtshaus Hans Christian Andersens entfernt wurde 1997 in Odense auf der Insel Fünen ein Museum für Carl Nielsen eröffnet.

So überragend wie Carl Nielsen ist seitdem kein dänischer Komponist klassischer Musik mehr gewesen, abgesehen vielleicht von dem Komponisten Vagn Holmboe (1909–1996), ab 1955 Professor am Königlichen Musikkonservatorium in Kopenhagen, wo unter anderem Per Nørgård und Ib Nørholm, zwei der bekanntesten zeitgenössischen dänischen Komponisten, zu seinen Schülern gehörten. Außerdem war Holmboe etliche Jahre als Musikkritiker tätig. Ein Aufenthalt in Rumänien 1933/34, wo er Volksmusik studierte, bekam entscheidende Bedeutung für den Stil seiner nahezu 400 Werke, darunter 13 Solokonzerte, 20 Streichquartette, 13 Symphonien, drei Opern, Klaviermusik, Lieder mit Klavierbegleitung sowie zahlreiche Werke für A-cappella-Chormusik. Er selbst betrachtete sich als jemand, der die klassische symphonische Tradition von Brahms über Carl Nielsen und Sibelius weiterführte. Gleichwohl orientiert sich auch die moderne dänische Musik an neuen Strömungen der europäischen Avantgarde. Hier sind Namen wie Niels Viggo Bentzon, Finn Savery, Ib Glindemann, Ib Nørholm, Per Nørgaard oder Karl Aage Rasmussen zu nennen.

Neben den landesweit sechs Sinfonieorchestern in Dänemark genießt das Nationale Rundfunk-Sinfonieorchester der Rundfunk- und Fernsehanstalt *Danmarks Radio* einen hervorragenden Ruf. Daneben gibt es zahlreiche Kammermusikensembles und kleinere Orchester. Auch Chormusik ist sehr beliebt und wird auf teilweise sehr hohem Niveau ausgeübt. Mehrere Ensembles, nicht zuletzt der Kopenhagener Knabenchor, sind oft erfolgreich auf Auslandstournee.

Die bunte Vielfalt der dänischen Musikszene bezieht sich nicht allein auf die klassische Musik, sondern gilt ebenso für Jazz, Rock oder Popmusik. In jedem Sommer verwandelt sich das Land in ein einziges großes Open-Air-Konzert. Insgesamt gibt es um die 150 Festivals, von Skagen bis Kopenhagen. Bekanntestes Ereignis und zugleich größtes Rockspektakel in Skandinavien ist das jährlich stattfindende »Roskilde Festival«, das auch zahlreiche Besucher aus dem Ausland anzieht. Der zu den bekanntesten Musikfestivals in Europa zählende Event findet jedes Jahr in der ersten Juliwoche statt. Alles begann im Sommer 1971, natürlich inspiriert durch »Woodstock«, als auf dem Dyrskuepladsen am südlichen Stadtrand von Roskilde das erste Festival stattfand. Damals hieß es noch »Sound Festival« und lockte bescheidene 10000 Besucher an, die »Love & Peace« erleben wollten. Inzwischen hat die Veranstaltung ganz andere Dimensionen erreicht. Jedes Jahr pilgern Anfang Juli rund 75000 dänische Musikfans und Besucher aus ganz Europa nach Roskilde, etwa 25 Kilometer südwestlich von Kopenhagen. Rund 150 Bands treten bei diesem mehrtägigen Megafestival üblicherweise auf. Das Festival bietet dänischen und skandinavischen Bands eine breite Plattform, aber auch zahlreiche etablierte Repräsentanten der internationalen Pop- und Rockmusik haben sich seit den 1970er Jahren immer wieder die Ehre gegeben, darunter Stars wie Black Sabbath, Brian Wilson und Duran Duran (2005), Bob Dylan und Guns N'Roses (2006) oder The Who und Red Hot Chili Peppers (2007) – um nur einige wenige zu nennen. Das »Roskilde Festival« ist ein multikulturelles Fest und präsentiert ein modernes und fortschrittliches Musikprogramm von Rock über Worldmusic und Hip-Hop bis hin zu elektronischer Musik. Bemerkenswert die friedliche Atmosphäre dieser Veranstaltung und die Tatsache, dass es sich dabei um ein unabhängiges Nonprofitfestival handelt, das von einer Handvoll festangestellter Mitarbeiter und Tausenden freiwilliger Helfer organisiert wird. Die gesamten Einnahmen des Festivals gehen an nationale und internationale humanitäre Einrichtungen oder werden für kulturelle Zwecke verwendet.

Kopenhagen gilt heute auch als europäische Jazzmetropole, und das jährlich im Sommer stattfindende »Copenhagen Jazz Festival« zieht ein großes Publikum in seinen Bann. Ansonsten gehen Jazz-Enthusiasten in das »Copenhagen Jazzhouse«, das seit 1991 existiert. Ebenso lebendig, nicht nur auf nationaler Ebene, ist die Szene in der Pop- und Rockmusik. Immer wieder tauchten und tauchen neue Talente wie Gnags oder TV2 auf, die sich neben den etablierten Bands und Solo-Interpreten behaupten können. Musiker wie Kim Larsen oder die vier »großen Damen« – Anne Linnet, Lis Sørensen, Sanne Salomonsen und Hanne Boel – sind seit vielen Jahren erfolgreich im Geschäft. Einen Sonderstatus genoss die landesweit populäre Band Shu-bi-dua. Die Band war *das* Phänomen der 1970er Jahre in Dänemark. Ihre Musik, inspiriert von Elvis, den Beatles und den Bee Gees, aber mit dänischen Texten, sprach fast alle Altersgruppen an und erwies sich als durchschlagender Erfolg. Gegründet 1973, erschien 1974 das erste Album der Gruppe mit dem Namen der Band als Titel: »Shu-bi-dua«. In den Folgejahren, bis 2005, gab die Band sage und schreibe 19 Alben heraus.

Unter dem Einfluss der Grunge-Welle war in den 1990er Jahren bei Gruppen wie Dizzy Mizz Lizzy, Kashmir und Psyched Up Janis Gitarrenrock angesagt. Die dänische Rockszene ist aber auch offen für Sampling-Techniken und Möglichkeiten der

Verschmelzung musikalischer Stilrichtungen. So interpretierte die Gruppe Sorten Muld alte dänische Balladen mit Techno-Arrangements. Heute prägen Bands wie Veto oder Dúné und Sängerinnen wie Sys Bjerre oder Aura die nationale Popmusikszene.

Kunst auf Zelluloid

Nur zwei Jahre nachdem die Brüder Lumière 1895 in Paris lebende Bilder präsentiert hatten, wurde der erste Film in Kopenhagen gezeigt. In den Jahren danach folgte eine Reihe von Stummfilmerfolgen, die in den großen Freiluftstudios nördlich von Kopenhagen gedreht worden waren, welche später von Nordisk Film übernommen wurden, der größten Filmgesellschaft in Dänemark und zugleich ältesten noch produzierenden Filmgesellschaft der Welt. In der Folgezeit konnte man in den meisten europäischen Städten dänische Filmdramen sehen. Im Stummfilm »Der Abgrund« debütierte 1910 Asta Nielsen, die zur ersten Primadonna des dänischen Films wurde und in ganz Europa sehr populär war.

Als der dänische Regisseur Carl Theodor Dreyer 1919 mit »Der Präsident« seinen ersten Film schuf, war das der Beginn einer der interessantesten Laufbahnen in der Geschichte der Filmkunst überhaupt. Durch seinen souveränen Umgang mit den Möglichkeiten des Schwarzweiß-Films für Beleuchtung und Komposition, verwendete Dreyer die Filmleinwand wie ein bildender Künstler. Mit Filmen wie »Jeanne d'Arc«, »Tag des Zorns« und anderen schuf Dreyer einen eigenen Stil, der Filmschaffenden auch heute noch Anregungen gibt.

Es dauerte bis zum Beginn der 1960er Jahre, bevor sich eine neue Generation von Filmschaffenden und neue Tendenzen durchsetzten. Der Durchbruch kam mit Palle Kjærulff und Bent Christensen und nicht zuletzt mit Henning Carlsens Verfilmung von Knut Hamsuns Roman *Hunger* (1966). Die 13 Filme umfassende Serie über die »Olsenbande« wurde ab Ende der 1960er Jahre zum bis dahin größten kommerziellen Erfolg des dänischen Films und wurde in viele Länder exportiert. 1998 bekam die Serie einen Nachruf mit dem Film »Der letzte Streich der Olsenbande« in der Regie von Tom Hedegaard und Morten Arnfred. Während sich das Gaunertrio, dargestellt von Poul Bundgaard, Ove Sprogøe und Morten Grunwald, auch beim Publikum in der früheren DDR größter Beliebtheit erfreute, trafen die Filme in der Bundesrepublik nicht so sehr den Geschmack der Kinofans. Im Gegenzug lief die dänische Fernsehserie »Matador« unter dem deutschen Titel »Die Leute von Korsbæk« Anfang der 1980er Jahre mit großem Erfolg im Vorabendprogramm der ARD.

Durch die Verabschiedung eines neuen Filmgesetzes 1963 wurde die Möglichkeit geschaffen, die Filmbranche durch einen Filmfonds direkt zu unterstützen. Im gleichen Zug wurde auch die erste Filmschule für Kameraleute, Techniker und Filmregisseure gegründet. Das Filmgesetz wurde 1972 im Sinn einer eigentlichen Kunstförderung revidiert und in Kopenhagen wurden das Dänische Filmmuseum und das Dänische Filminstitut eingerichtet. 1988 wurde ein neues Filmgesetz verabschiedet, das als Neuerung die Möglichkeit einer staatlichen Garantie von bis zur Hälfte der veranschlagten Produktionskosten vorsah. Seit den 1980er Jahren nutzen dänische Filmproduzenten weitgehend die Möglichkeit internationaler Koproduktion.

Heute gehören Namen wie Gabriel Axel, Bille August, Ole Roos, Morten Arnfred, Nils Malmros, Søren Kragh-Jakobsen, Erik Clausen und Lars von Trier zu den führenden Regisseuren dänischer Spielfilme von hoher Qualität. Internationalen Ruf genießen dänische Dokumentar- sowie Kinder- und Jugendfilme, die auf Festivals im Ausland immer wieder vordere Plätze belegen. Der Regisseur Gabriel Axel erzielte seinen internationalen Durchbruch 1988 mit der Verleihung des heißbegehrten Oscar für seinen Film »Babettes Fest« – der erste dänische Film, der eine Erzählung von Karen Blixen zur Vorlage hat. Ebenfalls 1988 und ebenso sensationell war die Verleihung der Goldenen Palme bei den Filmfestspielen in Cannes an Gabriel Axels Landsmann und Kollegen Bille August. Sein Emigrantenepos *Pelle der Eroberer* ist eine hervorragend gelungene filmische Adaption des gleichnamigen Romans des Arbeiterdichters Martin Andersen Nexø. Dass dieser Erfolg keine Eintagsfliege war, bewies Bille August auch Anfang der 1990er Jahre mit der international erfolgreichen Verfilmung von Isabel Allendes Roman *Das Geisterhaus.*

Zu der jüngeren Garde dänischer Filmemacher, die sich anschickten, weltweit Aufsehen zu erregen, gehört auch Lars von Trier mit Filmen wie »Europa« oder »Das Reich«, die den modernen Zeitgeist widerspiegeln und in den 1990er Jahren international für Furore sorgten. Am 20. März 1995 stellte Lars von Trier zusammen mit seinen dänischen Regisseurkollegen Thomas Vinterberg, Kristian Levring und Søren Kragh-Jacobsen in Paris das Manifest »Dogma 95« vor. Das Manifest bezog sich auf die Produktion von Filmen und richtete sich insbesondere gegen die zunehmende Wirklichkeitsentfremdung des Kinos. Es verbannte Effekte und technische Raffinessen, Illusion und dramaturgische Vorhersehbarkeit. Große Erfolge feierte Lars von Trier mit »Breaking the Waves« (1996) und »Dancer in the Dark«, der ihm die Goldene Palme bei den Internationalen Filmfestspielen in Cannes 2000 einbrachte. Lars von Triers letzter Coup war der 2009 in Deutschland gedrehte Film »Antichrist« mit Willem Dafoe und Charlotte Gainsbourg in den Hauptrollen. Ein in seiner Exzessivität verstörendes Werk, ein Psychothriller mit Elementen des Horrorfilms, das bei Filmkritikern und in der Öffentlichkeit große Diskussionen auslöste.

Dass die Dänen sich auf Thriller verstehen, bewies der junge Regisseur Ole Bornedal, dem gleich mit seinem ersten Film »Nightwatch« 1994 der internationale Durchbruch gelang. Dänische Krimis sind auch in Deutschland sehr beliebt. Ein Beispiel ist die Fernsehserie »Der Adler – Die Spur des Verbrechens«, eine dänisch-deutsche Koproduktion, die das ZDF ab Anfang 2005 ausstrahlte. Drei Jahre später zeigte derselbe Sender an zehn aufeinanderfolgenden Sonntagen die in Dänemark äußerst erfolgreiche Serie »Kommissarin Lund – Das Verbrechen«. So etwas scheint beim deutschen Fernsehpublikum anzukommen, denn im Oktober 2009 präsentierte wiederum das ZDF »Protectors – Auf Leben und Tod« aus dem Milieu der Bodyguards.

In Dänemark konnte man fast nahtlos an die früheren Erfolge des dänischen Films seit Asta Nielsen und Carl Theodor

Dreyer anknüpfen. Die jungen Regisseure wie Anders Thomas Jensen (»Dänische Delikatessen«, »Adams Äpfel«), Susanne Bier, Thomas Vinterberg, Per Fly und viele andere drehen Filme, die nicht das nur heimatliche Publikum fesseln, sondern auch im Ausland auf großes Interesse stoßen. Nicht zuletzt dank internationaler Koproduktionen und einer gemischten Rollenbesetzung mit einheimischen und internationalen Stars hat sich der dänische Film inzwischen längst zu einem wahren (Kultur-) Exportschlager entwickelt.

Die Italiener des Nordens – der Stolz der Dänen auf ihre Designer und Architekten

Dänisches Design ist überall: nicht nur die Stühle von Arne Jacobsen oder die Pendelleuchten von Poul Henningsen. Auch wer kein Design-Freak ist, hat in Deutschland und anderen Ländern täglich Umgang damit – in Form von Danfoss-Heizreglern oder Velux-Dachfenstern. Millionen Menschen sitzen von Montag bis Freitag auf Bürostühlen, die sich auf Kevi-Rollen von Jørgen Rasmussen bewegen. Die Dänen genießen internationalen Ruf für Angewandte Kunst und Design mit einem breiten Spektrum an Kleidermode, Wohntextilien, Möbeln, Silberwaren, Porzellan und Schmuck. Sie wachsen quasi von Kindesbeinen an (Lego lässt grüßen) mit einladender Formgebung auf.

Dänisches Design gelangte in den 1940er und 1950er Jahren zu Weltruhm, hat aber weiter zurückreichende Wurzeln. Ein wichtiger Faktor war beispielsweise die späte Industrialisierung Dänemarks und dass das Land stets auf eine lebendige Handwerkstradition und handwerkliche Qualitätsbegriffe bauen konnte.

So begann sein Siegeszug eigentlich schon vor 200 Jahren mit Porzellan und Silber. 1775 wurde die Königliche Porzellanmanufaktur gegründet, und nur ein Dutzend Jahre später begann man mit der Produktion eines der schönsten Tafelgeschirre: das Service »Flora Danica«, bestehend aus 1800 Teilen mit Motiven aus der dänischen Blumen- und Pflanzenwelt, wird heute noch hergestellt. Es sollte eigentlich ein Geschenk des dänischen Kronprinzen (des späteren Königs Frederik VI.) an die russische Zarin Katharina II. werden. Diese starb jedoch, bevor das Service nach 15 Jahren fertig war, und das Tafelgeschirr wurde stattdessen dem dänischen Königshaus überlassen. Nachfolger der Königlichen Porzellanmanufaktur ist heute Royal Copenhagen. Der Konzern stellt eine reichhaltige Auswahl von Gebrauchsgeschirr und Tafelschmuck aus Porzellan her und hat jeweils einen Mitarbeiterstab von Künstlern unter Vertrag.

Der Silberschmied Georg Jensen (1866–1935) schuf prächtige Korpusarbeiten und Bestecke. Mehrere Jahrhunderte lang hatten dänische Silberschmiede ihr Handwerk ausgeübt, aber erst mit der Silberschmiede Georg Jensen wurde dänische Silberkunst in der Welt bekannt. Es begann in einer kleinen Werkstatt in Kopenhagen, wo Georg Jensen in seiner Person talentiertes Künstlertum mit sicherem Handwerk verband. Die Firma Georg Jensen bietet heute einzigartige Schmuckarbeiten und Uhren sowie eine ausgesuchte Auswahl von Silberwaren, Kaffee- und Teegeschirr, Besteck und Kerzenleuchter.

Der internationale Begriff »Danish Design« wurzelt in den ersten Jahrzehnten des 20. Jahrhunderts, in der großen Zeit des deutschen Bauhaus und des internationalen Stils der 1920er Jahre. Ziel war es, den Dingen eine schöne und zweckmäßige Form geben – ganz gleich, ob es sich um Gebrauchsgegenstände für den Alltag oder Bauwerke handelt. Die Dänen mischten den Funktionalismus des Bauhaus mit einem organischeren Verständnis der Form. Großer Respekt vor der Funktion sowie das Interesse am Zusammenspiel von Benutzer, Gegenstand und Umgebung charakterisierten die Dinge, die vereinfacht, aber nicht verflacht werden sollten. Und sie sollten nicht nur schön aussehen, sondern das Bewusstsein in Gänze und somit alle unsere Sinne ansprechen. Der Engländer Terence Conran, Inhaber eines der weltweit führenden Architektur- und Design-Unternehmen und Besitzer einer eigenen Kette von Geschäften für exklusive Möbel und Accessoires, hat einmal gesagt: »Charakteristisch für nordisches und insbesondere dänisches Design sind seine Schlichtheit, seine Rationalität und sein sehr nüchterner Ausdruck. Besser als die meisten haben es dänische Designer verstanden, mit diesen Qualitäten zu arbeiten.«

Design kommt auch durch die Ästhetik eines Produktes zum Ausdruck, aber ungeachtet dessen, wie schön dänisches Design sein kann – die Schöpfer streben selten direkt nach Schönheit.

Sie versuchten eher, den grundlegenden Forderungen an Design zu entsprechen: ein Problem auf so einfache Weise wie möglich zu lösen, ohne jedoch der Komplexität des Auftrages Gewalt anzutun und ohne jemals zu vergessen, dass ein neues Produkt in erster Linie für den Benutzer ein guter Gebrauchsgegenstand sein muss. In Dänemark wird Design typischerweise als Prozess zur Lösung eines Problem betrachtet, das heißt, das Produkt soll gefällig, aber auch schlicht sein. Der Benutzer soll sich mit dem Gegenstand unmittelbar verstehen, dazu soll das Produkt hochwertig sein und in seine Umgebung passen. Daraus wird erkennbar, dass »Dänisches Design« kein Stil oder gar eine Mode ist, sondern Ausdruck für oder Ergebnis einer Reihe von Zielen und Werten, die über einen langen Zeitraum Gültigkeit haben.

Die meisten großen dänischen Unternehmen setzen nicht erst seit heute auf ein klares und qualitätsorientiertes Design-Profil. Hierzu gibt es viele Beispiele, aber hervorzuheben ist vielleicht auch der Elektronikhersteller Bang & Olufsen, dessen HiFi-Geräte und Fernseher aufgrund ihrer bestechenden Eleganz und Qualität weltweit gefragt sind. Allerdings – und das ist durchaus bewusste Unternehmenspolitik – geht es dabei um einen begrenzten Kreis sehr kaufkräftiger Kunden.

Terence Conran bescheinigt Dänemark »ein Design-Bewusstsein, das einen fundamentalen Teil der Kultur des Landes ausmacht«. Diese Aussage kann ich aus eigener Anschauung und Erfahrung nur unterstreichen. Selbst bei nicht so üppigen Einkommensverhältnissen gehört es sich quasi für einen ordentlichen dänischen Haushalt, dass man sich das eine oder andere (sehr) teure Stück anschafft: Klassiker wie einen Sessel von Fritz Hansen, eine Pendelleuchte von Poul Henningsen oder andere Designermöbel oder -leuchten. Diese Produkte werden wahrlich nicht zu Schnäppchenpreisen erworben, und während der Durchschnittsverdiener und -verbraucher in Deutschland sich lange überlegt, ob er sich eines dieser Designerprodukte zu einem stolzen Preis anschaffen soll bzw. kann, leistet sich der Däne das einfach. Aber nicht aus Angeberei, sondern um der Wohnkultur willen.

Modernes Design ist Teil der nationalen Identität der Dänen

und auch ein Teil ihres Alltags. Viele dänische Produkte sind zu Archetypen oder Ikonen geworden. Weder die Lampe noch der Stuhl oder das Rad wurden in Dänemark erfunden, aber dänische Designer haben durch die Interpretation dieser elementaren Dinge ein Design entwickelt, das als »Die Leuchte« (von Poul Henningsen) oder »Der Stuhl« (von Hans J. Wegner) dauerhaft überlebt.

Der Designer, Architekt, Schriftsteller und Multikünstler Poul Henningsen (1894–1967) arbeitete mit den Wirkungen des Lichts und entwarf Lampen, die das Beste an Beleuchtungstechnik und -ästhetik darstellen. Henningsen entfaltete ausgehend von der befreiten, radikalen Kulturszene der 1920er Jahre auf vielen Gebieten großen Ideenreichtum: Er entwarf die blendfreie Tischleuchte (die sogenannte PH-Lampe), die in mehreren Formen entwickelt und auf der ganzen Welt imitiert wurde, baute Häuser im Stil des Funktionalismus und gewann ab 1941 Bedeutung als Architekt für den Tivoli. In Zeitungen trat Henningsen polemisierend und provozierend für Formfreiheit und Natürlichkeit ein.

Von dem Industriedesigner Jacob Jensen stammen unter anderem Radio- und Fernsehgeräte, Telefone und Autos, und einige seiner Arbeiten sind im Museum of Modern Art in New York ausgestellt. Möbeldesigner wie Hans J. Wegner (1914–2007) haben – Hand in Hand mit höchst qualitätsbewussten Handwerkern – Möbel aus Dänemark zu einem Synonym für raffiniertes Design und Bequemlichkeit gemacht. Zu den Tausenden ausländischer Möbelkunden zählt auch der UN-Sicherheitsrat.

Hervorragende Handwerker, Architekten und Künstler zeigten auf ihrem jeweiligen Gebiet neue Wege auf. Zu diesen Wegbereitern gehörte auch der Architekt Hans J. Wegner. Er kombinierte das Materialverständnis des Handwerkers mit der organischen Vereinfachung, die sich nie auf Kompromisse hinsichtlich der Funktion einließ. Wegner gründete 1943 in Århus sein eigenes Architektenbüro, das 1946 nach Kopenhagen übersiedelte, und hinterließ eine umfangreiche Möbelproduktion, wobei insbesondere der Stuhl eine Aufgabe war, die er in vielen Formen entwickelt hat. Er schuf Stühle in Stahlkonstruktion, brach 1960 mit seinem »Schlummersessel« *(Pøllestolen)* mit der Tradition des Ohrensessels und schuf verschiedene andere neue Formen. Wegner hatte ein freies Verhältnis zu Materialien, wobei er Holz bevorzugte und sich damit in eine ausgeprägt dänisch-nordische Tradition einreihte. Seine Arbeit mit Konstruktion und Form kommt klar in den von ihm geschaffenen Stuhlfamilien zum Ausdruck. So im »Chinastuhl« von 1944. Auf dieser Grundlage wurden auch der »Y-Stuhl« und »The Chair« (1950) entwickelt.

Arne Jacobsen (1902–1971) war Modernist und Minimalist, der die Konstruktion an die Grenzen des technisch Möglichen führte, um sie so elegant wie möglich zu gestalten, koste es, was es wolle. Er war auch Ästhet mit sicherem Gespür für die Möglichkeiten, die neue Materialien boten. Jacobsen war ein echter Pionier und eine wahre Ausnahmeerscheinung – einer der Ersten, die den Begriff Design umfassend interpretierten und Design als etwas Ganzheitliches betrachteten. Größtes Aufsehen erregten 1958 seine Sessel »Der Schwan« und »Das Ei«, die heute noch vom Möbelunternehmen Fritz Hansen hergestellt werden. Und Jacobsens stapelbarer Stuhl »Die Ameise« (1952) schließlich erwies sich gar als Geniestreich und gleichzeitig als Wendepunkt in seiner Designerkarriere. Dieses Möbel war die unmissverständliche Absage an die bisherige dänische Möbeltradition. Zugleich verabschiedete er sich damit auch endgültig vom strengen Funktionalismus der Vorkriegszeit. Zudem war »Die Ameise« einer der ersten wirklich industriekompatiblen Stühle. Er bestand aus nur zwei Teilen, Sitz und Beinen, sowie deren Verbindung, war also extrem ökonomisch konstruiert, auch durch den minimierten Materialeinsatz. Mit nur drei Beinen und einer schmalen Ameisentaille wirkte die Form derart avantgardistisch, dass der dänische Möbelhersteller Fritz Hansen anfangs gar nicht an eine Massenproduktion glaubte (den Stuhl aber bis heute mit Erfolg verkauft). Weit über eine Million »Ameisen« wurden seitdem verkauft, und zwar in vielen verschiedenen Farben (zu denen der Purist Jacobsen vermutlich nie seine Einwilligung gegeben hätte). Mitte der 1950er Jahre wiederholte Jacobsen das erfolgreiche Prinzip mit dem etwas robusteren Modell »3107« in rund 50 verschiedenen Varianten. Seine leichten Stapelstühle sind mittlerweile weltweit in Klassenzimmern, Seminarräumen, Vortragssälen und Kantinen zu finden. Im Laufe der 1960er Jahre wandte sich Jacobsen zunehmend den grundlegenden geometrischen Formen zu, nicht zuletzt dem Kreis. Für sein letztes großes Bauprojekt, den Neubau der dänischen Nationalbank in Kopenhagen, entwarf er eine Serie von Armaturen. Die Idee zu der Armaturen-Serie »Vola« (1969), bei der alle Leitungen in die Wand eingebaut und nur Griffe und Hähne sichtbar sein sollten, stammte von dem Fabrikanten Verner Overgaard, der damit zu Jacobsen kam, als dieser 1961 als Sieger aus dem Wettbewerb um den Neubau der Nationalbank hervorging. Die Arbeit mit den zylindrischen Grundformen setzte Arne Jacobsen mit einer Serie von Serviergeschirr aus Edelstahl für die dänische Firma Stelton fort, die unter dem Namen »Cylinda-Line« (1967) berühmt wurde.

Verner Panton (1926–1998) galt als Konzeptionist und Gaukler, der in nur einem Augenblick der Inspiration mit schneller Hand eine neue Konstruktion oder ein originales Konzept entwickeln konnte. Zugleich aber war er der Designer, der zehn Jahre an dem Stuhl arbeitete, der mehr als jedes andere Möbelstück zu einer Ikone für das Design des 20. Jahrhunderts geworden ist – der »Panton-Stuhl« – gebaut von Hermann Miller und anschließend von Vitra.

Eigentlich gehört er nicht hierhin, andererseits aber doch wieder. Die Rede ist von dem Multitalent Piet Hein (1905–1996). Er war weder Designer noch Architekt oder Möbelschreiner, auch wenn seine Schaffenskraft einmal ein Möbelstück hervorbrachte. Piet Hein war Poet, Philosoph und Mathematiker. Sein Prinzip der »Superellipse« (ein Mittelding zwischen Ellipse und Rechteck) aus dem Jahr 1959 fand sowohl innerhalb des Möbeldesigns Verwendung als auch in Verbindung mit Bauprojekten. Beispiele wären der Sergels-Platz in Stockholm, der unter anderem aufgrund des Kreisverkehrs in Form der Hein'schen Superellipse bekannt ist, sowie die Anlage von Sportstadien, wie das Olympiastadion in Mexiko City. In Dänemark bleibt Piet Hein weiterhin vor allem durch seine »Gruk«, eine spezielle, von ihm selbst erfundene Form von Gedichten, in Erinnerung, die sehr dänisch und stark mit dänischem Humor gewürzt sind.

Auf dem Möbelsektor stehen für das Fach Design auch Namen wie Nanna Ditzel (1923–2005), Jørgen Gammelgard (1938–1991) oder Niels Jørgen Haugesen sowie eine neue Generation experimentell arbeitender Designer, zu denen Niels Hvass (geb. 1958) und Kasper Salto (geb. 1967) zählen.

Einer der traditionellen Bereiche dänischen Designs sind Textilien. Zu den Vorreitern gehörten hier Unternehmen wie Unika Væv, Gabriel und Kvadrat. Eine besondere Rolle spielt die Bekleidung – dänische Modeschöpfer und Labels, allen voran Erik Mortensen (1926–1998), aber auch Roy Kreijberg, Munthe Plus Simonsen, Stig P, Part Two oder Bruuns Bazaar, genießen inzwischen auch weltweit einen guten Ruf.

Zu den herausragenden Persönlichkeiten, die sich auch in die Geschichte der Architektur eingeschrieben haben, gehört der bereits erwähnte Arne Jacobsen. Er trug wesentlich zur Einführung des Funktionalismus in Dänemark in den 1930er Jahren bei und errang aufgrund der Vielseitigkeit und Produktivität seines Wirkens große Bedeutung in nahezu allen Bereichen der Architektur. Er wurde zum Erneuerer auf dem Gebiet des Wohnungsbaus, des Baus öffentlicher Gebäude und von Fabriken. 1929 gelang Jacobsen mit seinem Vorschlag für einen Architekturwettbewerb um das »Haus der Zukunft« der Durchbruch als Architekt. Der von dem damals 27-Jährigen zusammen mit Flemming Lassen erarbeitete Entwurf einer visionären Wohnmaschine wurde Sieger des Wettbewerbs und im Rahmen einer großen Wohnungsbau-Ausstellung vorübergehend auch realisiert und bedeutete den eigentlichen Durchbruch moderner Architektur in Dänemark. Erstmals internationale Resonanz rief Jacobsens Reihenhaussiedlung Søholm in Klampenborg, nördlich von Kopenhagen, hervor. Sie repräsentierte bereits kurz nach dem Krieg jenen entspannten Modernismus, der in den 1950er Jahren als typisch skandinavisch angesehen wurde. In den Folgejahren bekam Jacobsen Aufträge für den Bau etlicher Häuser modern eingestellter und wohlhabender Personen. Sein erstes großes Bauprojekt wurde die Appartementanlage »Bellavista« (1933/34) mit dem sich daran anschließenden Restaurant- und Theaterkomplex »Bellevue« (1935/36) in Klampenborg – eine charmante Einheit aus Theater, Strandbad und Wohnungen, deren schlichtes, kubisches und weißgekälktes Erscheinungsbild das neue architektonische Ideal propagierte.

Zu Jacobsens Hauptwerken in den späten 1950er Jahren zählen das Rathaus von Rødovre (1957) und das SAS Royal Hotel im Zentrum von Kopenhagen (1958–1960). Letzteres fällt nicht allein durch sein äußeres architektonisches Erscheinungsbild auf, sondern auch durch seine Einrichtung: Jacobsen entwarf für dieses Hotel neben Möbeln, Lampen, Armaturen und Gardinen auch Essbesteck und Gläser – Architektur und Design als Gesamtkunstwerk. Erst sieben Jahre nach Jacobsens Tod 1971 und 17 Jahre nachdem er seine ersten Skizzen angefertigt hatte, war das neue Gebäude der Dänischen Nationalbank am Holmens Kanal in Kopenhagen fertig. Das Ergebnis war ein monumentaler Betonsarkophag mit einer Fassade aus Naturstein, Glas und Aluminium, dessen moderner Ausdruck einen krassen Kontrast zu den benachbarten historischen Bauten Christiansborg und Börse bildet. Im Innern der Nationalbank sind Wände und Boden des fast 20 Meter hohen Foyers mit Marmor verkleidet und – wie könnte es anders sein – mit Jacobsens »Schwänen« möbliert.

In seinen späteren Jahren konnte Jacobsen seine Position als einer der führenden Architekten Europas durch eine Reihe bekannter Bauten festigen, darunter in England und Deutschland. Beispiele sind das Saint Catherine's College in Oxford (1964–1966), der Entwurf für die dänische Botschaft in London (1969), ein Foyergebäude im Schlosspark Herrenhäuser Garten in Hannover (1965), das Verwaltungsgebäude der Elektrizitätsgesellschaft HEW in Hamburg (zusammen mit Otto Weitling) (1965), das Christianeum-Gymnasium in Hamburg (1966–1971) und das Rathaus von Mainz (1970–1973).

Die Architektenfirma Dissing+Weitling (D+W) wurde 1971 von Hans Dissing und Otto Weitling als Weiterführung des Architektenbüros von Arne Jacobsen gegründet. D+W hat die Formgebung des Modernismus weiterentwickelt und verfeinert. In Dänemark war das Unternehmen federführend beim Bau der Ostbrücke der festen Verbindung über den Großen Belt (1998).

Internationale Projekte waren beispielsweise die Nationalbank in Bagdad (1985) und die 1986 eröffnete Kunstsammlung Nordrhein-Westfalen in Düsseldorf, ein Museumsbau mit herrlich geschwungener Fassade aus poliertem Bornholmer Granit.

Zu den Schwergewichten unter den dänischen Architekturunternehmen, die seit vielen Jahren sowohl in Dänemark als auch international erfolgreich im Geschäft sind, gehört Bo & Wohlert. 1958 bauten die beiden Architekten Jørgen Bo (1919–1999) und Vilhelm Wohlert (1920–2007) nördlich von Kopenhagen, in der kleinen Ortschaft Humlebæk, direkt am Øresund, das Louisiana, das seitdem als eines der wichtigsten Museen für moderne Kunst internationalen Ruf genießt. Von den Projekten im Ausland wären als Beispiele zu nennen die dänische Botschaft in Brasília (1974), das Kunstmuseum in Bochum (1983) und zu Beginn der 1990er Jahre das Gustav-Lübcke-Museum in der Ruhrgebietsstadt Hamm mit seiner Sammlung angewandter Kunst und Kunst des 20. Jahrhunderts.

Das Architekturbüro von Henning Larsen hat sich seit seiner Gründung 1959 innerhalb wechselnder Strömungen profiliert – vom Strukturalismus bei der Universität Trondheim (1978) über klassizistische Züge wie beim saudi-arabischen Außenministerium in Riad (1984) bis hin zum Neomodernismus wie am jüngsten Beispiel der neuen Oper in Kopenhagen (2004). Auch die Entwürfe für die 2001 eröffnete Kunsthalle Würth in Schwäbisch Hall sowie für das neue Konzerthaus in Uppsala (2007) stammen aus der Feder des renommierten Kopenhagener Architekten.

Zu den jüngeren, aber kaum weniger erfolgreichen dänischen Architekturbüros, die sich auch im Ausland behaupten, gehört 3xNielsen, gegründet 1985. Das Team hat sich insbesondere durch eine klare, fast kompromisslose Anwendung unterschiedlicher Positionen in der Architektur bemerkbar gemacht, unter anderem des Neomodernismus. Wichtige Beispiele aus der jüngeren Vergangenheit sind das Konzerthaus Muziekgebouw in Amsterdam (2005) und das Museum von Liverpool (2005–2010) auf dem denkmalgeschützten Dockgelände direkt am Mersey River. Das ebenfalls von 3xNielsen entworfene Gebäude der dänischen Botschaft in Berlin (1999) als Teil des gemeinsamen Baukomplexes der Nordischen Botschaften hat sich zu einem wahren Publikumsmagneten entwickelt.

Das 1986 gegründete Architektenteam Schmidt, Hammer & Lassen hat sich stetig einem modernistischen Ausgangspunkt angenähert, zu sehen am Beispiel des Grönländischen Kulturhauses in Nuuk (1997) und am Erweiterungsbau für die Königliche Bibliothek in Kopenhagen, dem sogenannten »Schwarzen Diamanten« (1999).

Auch wenn sie nicht mehr unter den Lebenden weilen und ihre spektakulären Projekte nicht neueren Datums sind – zwei Namen wären auf jeden Fall noch zu nennen. Vor allem, weil sie mit ihren internationalen Projekten nachhaltig gezeigt haben, dass die Dänen tüchtige Architekten haben. Johan Otto von Spreckelsen (1929–1987) lieferte diesen Beweis durch den Bau des neuen Pariser »Triumphbogens«, der Grande Arche im Geschäftsviertel La Défense im Westen der französischen Hauptstadt, mit dem er internationale Berühmtheit erlangte. Als Spreckelsen 1987, zwei Jahre vor Fertigstellung des neuen »Triumphbogens«, starb, wurde der Bau von dem französischen Architekten Paul Andreu vollendet. Last but not least der ebenfalls international bekannt gewordene Architekt Jørn Utzon (1918–2008). Ihm gelang der Durchbruch 1956 mit den Plänen für das Opernhaus in Sydney, gebaut 1959 bis 1973. Der Däne hatte sich in einem Architektenwettbewerb gegen 276 Mitkonkurrenten durchgesetzt. Der Erfolg brachte Utzon weltweites Ansehen und Aufträge ein, so den Bau der Melli-Bank in Teheran (1963) und das Parlamentsgebäude in Kuwait (1972–1987), dessen Bau er gemeinsam mit seinem Sohn Jan betreute. 2003 wurde Utzon mit dem renommierten »Pritzker-Preis« für sein Lebenswerk ausgezeichnet.

Zwischen Selbstbewusstsein und Minderwertigkeitskomplex – die dänische Mentalität

Inflation und Arbeitslosigkeit sind in Dänemark unbedeutend, die Wirtschaft ist solide und gesund, und in der technologischen Entwicklung liegen die Dänen an der Weltspitze. Nicht schlecht für ein Land mit nur rund 5,5 Millionen Einwohnern. Die Dänen schreiben diesen Erfolg dem Umstand zu, dass sie alle Tugenden ihres deutschen Nachbarn besitzen, aber kaum dessen Fehler. Ihrer Selbsteinschätzung zufolge teilen sie mit den Deutschen die methodische Vorgehensweise, allerdings fehlt die – so die Dänen – deutsche Phantasielosigkeit. So bleibt eine bewundernswerte Mischung aus Gewissenhaftigkeit und Ungezwungenheit, auf die sie stolz sind.

Die Dänen sind auch stolz auf ihre Fahne, den *Dannebrog*. Wer nach Dänemark fährt, kennt das Phänomen – eine wahre Orgie in Rot und Weiß: in jedem Vorgarten ein Fahnenmast mit der dänischen Nationalflagge oder zumindest einem rot-weißen Wimpel. Preisschilder in *Dannebrog-Design,* Schaufensterdekorationen in den Nationalfarben, Fußballfans, die sich und ihre Nationalmannschaft als rot-weißes dänisches Dynamit feiern – von den unzähligen offiziellen Flaggen auf Amtsgebäuden und vor Schulen ganz zu schweigen. Beim Anblick des rot-weißen *Dannebrog* vor einem klaren, blauen (natürlich dänischen) Himmel geht den Dänen das Herz auf. Landbewohner haben ihre eigene Fahnenstange in der Mitte ihres Gartens aufgestellt, Städter pflanzen in ihren Schrebergärten eine Fahnenstange in die Gemüsebeete. Diejenigen, die keine Fahne draußen hissen können, haben zu Feierlichkeiten und an Feiertagen kleine Fähnchen als Dekoration auf ihrem Tisch, und sogar Briefe und Geburtstagskarten werden mit kleinen *Dannebrog*-Fähnchen beklebt. Alle haben an ihren Kühlschränken mit einem Magneten Datumslisten befestigt, die ihnen sagen, wann gefeiert wird: Geburtstage, Feiertage, Festtage, Jubiläen usw. Am Tag des Geburtstags ihrer Königin wimmelt es auf dem Schlossplatz von Amalienborg in Kopenhagen nur so von kleinen Fähnchen, mit denen Schulkinder (aber auch Erwachsene) ihrer Monarchin zujubeln. Ja, sogar der dänische Weihnachtsbaum wird mit Girlanden aus kleinen Papierfähnchen in den rot-weißen Nationalfarben geschmückt! Allerdings – und das gilt es zu unterstreichen – hat dieser nationale Fahnenkult nichts Bedrohliches.

Die Dänen betrachten die Welt um sich herum mit der festen Überzeugung, dass sie selbst vielleicht noch nicht die perfekte Gesellschaft erreicht haben, aber diesem Ideal bereits näher gekommen sind als die meisten anderen Nationen. Es gibt möglicherweise nur zwei Dinge, um die die Dänen andere Völker beneiden: warme Winter und eine melodischere Sprache.

Demokratisch, sozial verantwortungsbewusst, leistungsfähig – solche Adjektive würden die meisten Dänen verwenden, um sich selbst und ihre Gesellschaft zu beschreiben. Die Dänen halten es für ein Privileg, Däne zu sein, und glauben, dass sie dies zu etwas Besonderem macht. Sie möchten dem Rest der Welt zu der Einsicht zu verhelfen, wie wunderbar Dänemark ist, und sie bedauern die armen Menschen, die keine Dänen sind, die nie das Land besucht haben, in dem Milch und Honig fließen. Dies ist für sie aber kein Anlass, damit anzugeben. Im Gegenteil: In starkem Kontrast zu diesem Selbstbewusstsein, Däne zu sein, versuchen sie, ihr Licht unter den Scheffel zu stellen. Aber aufpassen, das ist meistens nur scheinbar, die reine Koketterie!

In Wirklichkeit handelt es sich um fast britisch anmutendes *understatement*. Wie oft habe ich schon aus dem Munde so mancher dänischer Gesprächspartner – aus allen sozialen Schichten übrigens – Äußerungen gehört wie »Ja, ja, die *dummen Dänen*«. Natürlich lupenreines *fishing for compliments*: Sie erwarten ja beileibe nicht, dass man eine solches Statement bestätigt, sondern dass der Gegenüber sich beeilt, das Gegenteil zu sagen, so wie etwa »Aber nein, wie kannst du so was sagen? Ihr seid doch nicht dumm.«

Die Dänen gelten als leuchtende Beispiele dafür, was gesunden Menschenverstand und Sinn für das Praktische angeht. Sie sind nicht leicht zu erregen, und sie sind nicht sonderlich romantisch, sie haben gepflegte, gestrichene Häuser in einer ordentlichen und gepflegten Landschaft – ein wenig wie die Schweizer, nur ohne Berge.

Ihre Sprache zu erlernen, erfordert einige Anstrengungen, ihre kulturelle Identität schwankt zwischen Nationalität und Internationalität, aber alle mögen die Dänen. Es ist unmöglich, sie nicht zu mögen, die Schöpfer der Lego-Bausteine, die Produzenten so großer Mengen Schinkenspeck und Butter, die zudem das (ihrer Meinung nach) beste Bier der Welt brauen.

Die Dänen von heute sind ein friedliches Volk. Die einzigen verbliebenen behelmten Krieger sind die Mitglieder der beiden verfeindeten Rockerbanden »Hell's Angels« und »Bandidos«.

Verglichen mit ihrer Haltung leichter Verachtung den Deutschen gegenüber und dem Mitleid mit den Schweden zeigen die Dänen eine wahre Engelsgeduld gegenüber den Engländern. Der Anblick eines angetrunkenen Arsenal-Fans, auf halbem Weg einen Laternenpfahl hinaufkletternd, verursacht kaum heftigere Reaktionen als ein leichtes Kopfschütteln. Ein Deutscher wäre vielleicht verhaftet worden. Das große Ausmaß an Toleranz bei den Dänen (im Gegensatz zu den meisten Deutschen) ist nicht nur heute zu beobachten, sondern geht bis weit in die Geschichte zurück. Bereits im 17. Jahrhundert waren die ersten Juden nach Dänemark eingewandert. 1814 hatten sie Gleichberechtigung erlangt, und viele jüngere Juden nutzten den neugewonnenen Zugang zu höheren Ausbildungsmöglichkeiten. Das 19. Jahrhundert entwickelte sich zur Blütezeit der jüdischen Gemeinschaft in Dänemark. Sie zählte Anfang der 1930er Jahre rund 8000 Menschen, die vollkommen in die dänische Gesellschaft integriert waren und denen ihre dänischen Mitbürger 1943 zur Flucht vor den Deutschen verhalfen.

Schon 1967 wurde das gesetzliche Verbot für pornographische Schriften in Dänemark endgültig aufgehoben, und auch im Verhältnis gegenüber homosexuellen Mitbürgern ist man stets offen gewesen. Mit großem Vergnügen war Kopenhagen vom

25. Juli bis 2. August 2009 Gastgeber der zweiten Schwulenolympiade »World Outgames« – ein internationales Sport-, Kultur- und Menschenrechte-Event für Homosexuelle, zu dem Tausende Teilnehmer aus der ganzen Welt in die dänische Hauptstadt anreisten.

Selbst in einem so kleinen Land wie Dänemark gibt es regional bedingte mentale Unterschiede. Die Kopenhagener behaupten allen Ernstes, dass sie den breiteren, regionalen Dialekt Jütlands nicht verstehen würden. Oft sind die Landsleute auf der Halbinsel auch Ziel des Spotts, und besonders auf die Leute in der Stadt Århus im nördlichen Jütland hat man es abgesehen. Es gibt in Dänemark wohl genau so viele Århusianer-Witze wie früher in Deutschland Ostfriesen-Witze. Die Jütländer wiederum halten die Kopenhagener für arrogante Großstädter und Schnösel.

Hygge und *Janteloven*

Um den dänischen Volkscharakter allerdings gänzlich deuten zu können, muss man die beiden Begriffe *hygge* und *Janteloven* verstehen. Die Vorliebe für *hygge* und das Bedürfnis danach ist ein wichtiger Teil der dänischen Mentalität. Das Wort wird meistens recht ungenau mit »Gemütlichkeit« übersetzt; das ist jedoch zu vereinfacht. »Gemütlichkeit« – im deutschen Sinn – hat vor allem mit der räumlichen Umgebung zu tun; eine Kneipe, ein warmes Bett kann »gemütlich« sein kann. *Hygge* hat jedoch vor allem etwas mit dem Verhalten der Leute untereinander zu tun. Es ist die Kunst, Intimität zu schaffen, ein Gefühl von Freundschaft, Heiterkeit und Zufriedenheit, alles kombiniert in einem Begriff. *Hygge* beinhaltet gewöhnlich, mit Freunden und Familie zusammen zu sein und zu essen und zu trinken. Ältere Dänen finden es schrecklich, wenn sie von jungen Leuten hören, die sich mit einer ausgeliehenen DVD und einer Tüte Chips allein auf dem Sofa *hyggen*.

Freunde oder Bekannte, die sich nach einem »gemütlichen Beisammensein« (man merkt, wie steif ein solcher Versuch der Beschreibung dieses Phänomens auf Deutsch klingt) am nächsten Tag auf der Straße begegnen, sagen, dass es *hyggeligt* war, sich zu treffen. Auch wenn jemand ein liebenswerter, freundlicher Mensch ist, mit dem es Spaß macht, zusammen zu sein, nennt man denjenigen einen *hyggeligen* Kerl, während er in diesem Sinn wohl kaum als »gemütlicher Typ« bezeichnet werden könnte. Von der wahren, gefühlsmäßigen Tiefe in dem Begriff *hyggelig* erhält man den besten Eindruck, wenn man das Gegenteil, *uhyggelig,* betrachtet. Dieser Begriff kann vieles bedeuten – von Trostlosigkeit über Düsternis bis hin zum ausgesprochen Grauenerregenden.

Um eine *hyggelige* Atmosphäre zu schaffen, bedarf es des Scheins von Kerzen. Und in der Tat sind die Dänen ganz verrückt nach offenem Kerzenlicht, und sie verwenden es überall, sowohl zu Hause als auch öffentlich in Cafés, Bars und Restaurants. Das gedämpfte Licht hilft, die glatten, ordentlichen Oberflächen und die kompromisslos weißen Wände weicher zu machen.

Als einen der wenigen Flecke auf der ansonsten ziemlich weißen Weste der Dänen empfinde ich persönlich ein Phänomen, das, außer in Skandinavien, nirgendwo sonst in dieser Form anzutreffen und vor allem schriftlich definiert (!) ist – das *Jantelov,* das sogenannte Jante-Gesetz. Dieses »Gesetz« wurde von dem dänisch-norwegischen Autor Aksel Sandemose in seinem Roman *Ein Flüchtling kreuzt seine Spur* von 1933 entwickelt. Sandemose wuchs in Nykøbing auf der dänischen Insel Mors auf, einem Ort, den er in seinem Roman Jante nannte. In seinem Roman porträtiert er diese kleine Stadt zu Beginn des 20. Jahrhunderts. Das *Jantelov* ist den Zehn Geboten nachempfunden und besteht aus zehn Regeln:

»Du sollst nicht glauben, dass du etwas bist.
Du sollst nicht glauben, dass du genauso viel bist wie wir.
Du sollst nicht glauben, dass du klüger bist als wir.
Du sollst dir nicht einbilden, dass du besser bist als wir.
Du sollst nicht glauben, dass du mehr weißt als wir.
Du sollst nicht glauben, dass du mehr bist als wir.
Du sollst nicht glauben, dass du zu etwas taugst.
Du sollst nicht über uns lachen.

Du sollst nicht glauben, dass sich irgendjemand um dich kümmert.
Du sollst nicht glauben, dass du uns etwas beibringen kannst.«

Das *Jantelov* beschreibt den soziokulturellen »Code« des Umgangs miteinander, dem zufolge es verpönt ist, sich selbst zu erhöhen oder sich als besser und klüger darzustellen als andere. Obwohl es in allen drei skandinavischen Ländern gebräuchlich und allgegenwärtig ist, scheint mir das *Jantelov* unter den Dänen besonders ausgeprägt zu sein.

Die Quintessenz von Jante ist schlicht und einfach: Wer über das Mittelmaß hinauskommt, ja, wer schon allein den Vorsatz hat, das Mittelmaß übersteigen zu wollen, wird nahezu sozial geächtet. Schon im 18. Jahrhundert propagierte eine so weltoffene und welterfahrene Persönlichkeit wie der dänische Aufklärer Ludvig Holberg die Mittelmäßigkeit als Ideal einer Harmonie im Sinne seines Verständnisses der Aristotelischen Ethik: als Mitte zwischen Mangel und Übermaß. Er verteidigt damit genau das, was Robert Molesworth (1656–1725), zeitweilig englischer Gesandter am dänischen Hof, den Dänen zum Vorwurf machte: Sie seien zwar nicht dumm, aber eben auch nicht hochbegabt. Nebenbei bemerkt: Molesworth' 1694 anonym in London veröffentlichte Abrechnung mit Dänemark – *An Account of Denmark as it was in the Year 1692* – wurde in England ein Verkaufsschlager, erschien noch im selben Jahr in vier weiteren Auflagen und wurde ein Jahr später auch ins Französische übersetzt.

Mitte des 19. Jahrhunderts dann erhob der Theologe, Politiker und Volkserzieher Grundtvig das in der dänischen Gesellschaft vorherrschende Mittelmaß quasi zum Ideal und machte es zum zentralen Bestandteil des sozialen und politischen Selbstverständnisses. Von Kindesbeinen an sind die Dänen vor allem durch eines von Grundtvigs vaterländischen Liedern in diesem Bewusstsein belehrt worden, das an Schulen und Heimvolkshochschulen morgens immer und immer wieder gesungen wird. In diesem 1820 entstandenen Lied bekommen die Dänen eingeschärft, dass das Land keine Berge hat, sondern nur flache

Hügel, weniger schön ist als andere Länder, weniger Ruhmestaten und kluge Köpfe vorzuweisen hat und dass die dänische Sprache weniger schön klingt als die anderer. Aber »wir sind«, wie es heißt, »nicht geschaffen für Höhe und Wind/auf dem Boden zu bleiben, am besten uns dient«.

Zwei Prominente Opfer des *Jantelov* waren der Dichter Hans Christian Andersen und später der anerkannte Literaturkritiker und Publizist Georg Brandes. Erstgenannter hatte es anfangs wirklich schwer, sich in seiner Heimat als Schriftsteller durchzusetzen, und galt als Prophet nichts im eigenen Lande. Der literarische Durchbruch gelang Andersen zuerst in Deutschland, erst viel später wurde seine Genialität auch in seiner dänischen Heimat gewürdigt. Auch Georg Brandes stach von dem postulierten Mittelmaß ab. Er war insofern »etwas Besseres«, als er Dänemark aus der Nabelschau der selbstgenügsamen Grundtvig-Ära herausführte und mit seiner Literaturkritik einer jungen Generation von Intellektuellen Augen und Ohren für europäische Strömungen und Gedanken öffnete. Brandes übersiedelte 1877 in die neue deutsche Reichshauptstadt Berlin, wo er fünf Jahre verbrachte. In seiner Emigrantenliteratur von 1872 schrieb er:

> »Es ist ein Kennzeichen der Kleinlichkeit, das leider allzu sehr an kleinen Nationen wie der unseren klebt, dass sie Begriffe wie Nationalität mit einer ängstlichen Begrenztheit auffassen und sich nicht zum Nationalen bekennen wollen. [...] In einem größeren Land [...] zwingt man nicht alle in die gleiche Uniform, man lässt jedem sein eigenes Recht und freut sich über die Mannigfaltigkeit.«

Vielleicht hat der nationale sozialpsychologische Zwang zur Gleichheit und Gleichmacherei in Dänemark auch seinen Ausdruck in der Vorliebe für Volksabstimmungen gefunden. Ähnlich wie in der Schweiz ruft auch die dänische Verfassung zum Referendum, wenn es um entscheidende nationale politische Belange geht. Dahinter steckt womöglich, neben einem gewissen Misstrauen gegenüber den Politikern und Parlamentariern, der basisdemokratische Gedanke *Wir* sind das Volk – oder anders gesagt: bloß nicht die da oben (die Politiker) allein entscheiden lassen.

Und so hat vielleicht auch, meinem Empfinden nach, die Anrede eines Ministerpräsidenten mit »Du« nicht allein etwas mit der zwanglosen Lebenseinstellung der Dänen zu tun. Auch in dem Duzen von Trägern höchster Ämter steckt etwas vom »Jante-Gesetz«: »Glaub nicht, du wärst etwas Besseres!« Ein Verstoß gegen die sozial gebotene Gleichheit à la *Jante* lässt sich für alle an ungleicher Bezahlung ablesen. Wer über dem Durchschnitt verdient, steht leicht im Verdacht, gierig zu sein.

Die dänische Gesellschaft gilt zwar in ihren politischen wie auch alltäglichen Entscheidungsprozessen als liberal und demokratisch strukturiert. Doch wer genauer hinschaut, wird hinter den Kulissen die Wirklichkeit einer »Alltagstyrannei« erkennen. Dabei gibt es allerdings keinen Grund, Dänemark in dieser Hinsicht mit besonderer Schadenfreude zu be- oder zu verurteilen. Das Gesetz von Jante lässt sich natürlich auch in Deutschland und anderen Ländern aufzuspüren: Neid und Mobbing am Arbeitsplatz, bewusstes Ignorieren oder Herunterspielen von Einzelleistungen im Team, verkrustete Hierarchien, das Beargwöhnen außergewöhnlicher individueller Verhaltensweisen, die von der gebotenen Norm abweichen. Nur dass in Skandinavien mit *Jante* ein eigener Begriff für diese Mechanismen der sozialen Kontrolle geprägt wurde.

Wie schon gesagt, das Phänomen *Jantelov* ist einer der wenigen nicht sympathischen Züge des dänischen Volkscharakters. Allerdings – und das muss zur Entlastung der Dänen gesagt werden – scheint dies den meisten von ihnen auch selbst klar zu sein (was die Dänen damit wieder sympathisch macht).

Großes Herz und großer Komplex

Ungeachtet des seit 1973 andauernden engen Zusammenlebens mit Westeuropa innerhalb der EG/EU sind die Dänen immer noch am meisten damit beschäftigt, sich innerhalb ihrer eigenen kleinen Welt zu bespiegeln – in einem geschlossenen, allerdings sicher zunehmend perforierten Kreis. Die dänischen Zeitungen erzählen reichlich davon, dass die meisten guten Dinge und Ideen in der Welt in Wirklichkeit von Dänen erfunden wurden.

Damit neigen die Dänen bisweilen zur Selbstüberschätzung, was auch ihrer klugen Monarchin aufgefallen ist. In einer ihrer berühmten Neujahrsansprachen hat Königin Margrethe ihre Landsleute einmal davor gewarnt, dass die sogenannte dänische Bescheidenheit allmählich ziemlich lautstark wird. Obwohl damit meistens das Gegenteil kaschiert wird: ein großer Minderwertigkeitskomplex. Bisweilen kann ihn allein schon ein Blick auf die Europakarte hervorrufen. Herrgott, wie unansehnlich dieses Land doch ist, im Vergleich zu den zehn Millionen Quadratkilometern des europäischen Kontinents. Nur diese Halbinsel Jütland und eine Menge großer und kleiner Inseln, die wie eine Schar Entenküken in Meerengen und Belten herumschwimmen. Auch die historische Entwicklung des Landes ist eine vergangene Erfolgsstory vom stolzen Imperium, das sich einst vom Nordkap über England bis zu den Toren Hamburgs und ins Baltikum erstreckte – und im Laufe der Geschichte allmählich auf seine heutige Größe geschrumpft ist.

In Dänemark geht alles seinen geordneten Gang, alles ist gut organisiert, alles ist überschaubar, die Kluft zwischen Reich und Arm ist gering, das soziale Sicherheitsnetz ist gut ausgebaut usw. Dennoch scheinen viele Dänen bisweilen ein Selbstwertgefühl-Problem zu haben. So treten sie zum Beispiel im Ausland viel bescheidener auf – was ich persönlich immer wieder als sehr wohltuend empfinde – als manche deutsche Zeitgenossen, die sich im Sommer-Charterurlaub im Süden am Strand und in Restaurants lautstark, arrogant und angeberisch aufführen.

Betrachtet man das Land aus historischer und geographischer Perspektive, so sind da vielleicht zwei Phänomene, die für die Entstehung des dänischen Selbstverständnisses entscheidend gewesen sind: Das Land ist ringsum von Meer umgeben, und Dänemark hat quasi seit Menschengedenken alle seine Kriege verloren.

Während einer Übergangszeit brachen die Wikinger auf und zogen ins Ausland, auf der Suche nach der Sonne und all den Herrlichkeiten, deren Ruf sich auch bis in den skandinavischen Norden verbreitet hatte, wo den größten Teil des Jahres über ein eher unwirtliches Klima herrscht. Seit den Wikingern aber hat die Eroberungslust nachgelassen oder meist tragische Konsequenzen gehabt, wie die Geschichte zeigt. Etliche dänische Könige standen politisch-militärisch auf der falschen Seite, und wenn sich das Land in martialische Abenteuer stürzte, gab es reichlich Niederlagen. Das beste Beispiel hierfür ist Christian IV., ein äußerst vitaler Renaissancefürst, der stets auf der Verliererseite stand.

Diese Außen- und Militärpolitik früherer Jahrhunderte, bei denen Dänemark kein glückliches Händchen hatte, kostete die schwedischen Besitzungen Schonen, Blekinge und Halland und bedeutete auch den Verlust Norwegens und der Herzogtümer im Süden. In den Napoleonischen Kriegen musste Dänemark nicht nur seine Flotte den Engländern opfern, die dänischen Alliierten waren auch so hilfsbereit, spanische Söldnertruppen zu entsenden, die Koldinghus niederbrannten. Dann eroberten Preußen und Österreicher 1864 einen großen Teil von Südjütland. Während der deutschen Besetzung des Landes 1940 bis 1945 war die Zahl der in deutschen Kriegsdiensten engagierten Personen höher als die der Beteiligten am Widerstandskampf. Man hat später versucht, die Bevölkerung davon zu überzeugen, dass es die Leute des Widerstands waren, die den Krieg gewonnen haben, aber tief in ihrem Innern wissen die meisten Dänen, dass das so nicht ganz stimmt. Was die Dänen einigermaßen unbeschadet durch den Zweiten Weltkrieg brachte, war eine Politik der Kompromisse und der Nachgiebigkeit sowie die Fähigkeit, etwas »nach innen zu gewinnen, was man nach außen hin verliert«. Erst seit Anfang des 21. Jahrhunderts hat man damit begonnen, in Form nüchterner Vergangenheitsbewältigung die Zeit der deutschen Besetzung des Landes aufzuarbeiten.

Auf der anderen Seite haben die Dänen aus den Niederlagen gelernt. Ein Aspekt des »dänischen Volkscharakters« – wenn wir ihn denn mangels eines besseren Begriffs so nennen wollen – ist hier die Entwicklung eines wahrhaft unsentimentalen Bewusstseins: Man muss nicht aggressiv sein, um sich seine eigene Position in der Welt zu schaffen und sich in ihr behaupten zu können.

Die Dänen haben gelernt, tüchtig, solide und gewitzt zu sein, anstatt gierig. Das hört sich nicht gerade besonders aufregend an, wirkt dafür aber sympathisch. Dabei hat man sich die Fähigkeit zu Gewitztheit anstelle von Eroberungslust im Laufe von Jahrhunderten mühsam angeeignet.

Oft wird gesagt, Dänemark sei eine Konsensgesellschaft, und in der Hauptsache stimmt das auch. Aber andererseits ist ein Volk oder eine Nation nicht immer und nicht in jeglicher Beziehung dasselbe. Behauptet man das, wird der Versuch einer Definition unweigerlich zu einem Klischee führen. Von außen betrachtet aber gibt es immer noch einen gemeinsamen Zug, ohne dass dieser sich ganz genau definieren ließe. Der englische Schriftsteller George Orwell beschrieb einmal in einem Brief an einen Freund seinen Mangel an Interesse, jemals Dänemark zu besuchen. Der Autor begründete dies mit dem Gefühl, dass Dänemark langweilig sei. Oder die Zeitschrift *The New Yorker,* die sich in einem Kommentar zur jährlichen Verleihung des Nobelpreises fragte, wer denn überhaupt diese merkwürdigen (dänischen) Kandidaten Johannes Vilhelm Jensen und Henrik Pontoppidan sein mochten. Ein französischer Diplomat beschrieb das dänische Klima mit »acht Monate Regen und vier Monate schlechtes Wetter«. Eine deutsche Zeitung charakterisierte Dänemark als ein Land, wo jede Stadt zwei Restaurants mit dem gleichen (teuren und schlechten) Menü und ein Sozialamt hat, wo alle Geld abholen können.

Bevor Paul Gauguin zu dem berühmten Künstler wurde, heiratete er 1873 die aus einer dänischen Beamtenfamilie stammende Mette Gad, die ihm in den folgenden Jahren fünf Kinder gebar. In dieser Zeit hatte Gauguin in seiner Freizeit auch mit dem Malen begonnen, gab 1881 seine feste Arbeit bei der Bank auf und wurde allmählich von seiner Kunst und seinem starken Talent vollkommen aufgesogen. Er hatte jedoch zunehmend mit psychischen Problemen zu kämpfen, auch weil es für ihn schwer war, seine große Familie zu versorgen. 1885 zog er mit seiner Familie nach Dänemark. Die fortgesetzten finanziellen Sorgen, eine Folge davon, dass sein künstlerischer Durchbruch in Paris auf sich warten ließ, machten seinen Aufenthalt in Dänemark zu einem kurzen und deprimierenden Intermezzo.

Schlechte Arbeitsbedingungen und das kühle Verhältnis zur Familie Gad führten dazu, dass er nach einem halben Jahr nach Frankreich zurückreiste. Wenige Monate vor seinem Tod im Jahre 1903 schickte er das Manuskript zu seinen Erinnerungen *Avant et après* von den Marquesas-Inseln nach Hause, das aber erst 1914 in Wien als Faksimile erschien. Gauguin beschreibt darin auch sein schwieriges Verhältnis zu Dänemark:

> »Ich hege einen tiefen Hass gegen Dänemark, hasse sein Klima und seine Bevölkerung. Sicherlich hat Dänemark auch etwas Gutes; das lässt sich nicht bestreiten. Während Norwegen und Schweden in den letzten 25 Jahren die französischen Gemäldesalons überschwemmt haben, um alle Richtungen nachzuäffen, die nach Verruchtheit riechen, sich aber gut ausnehmen, hat Dänemark aus Scham über seine Niederlage auf der Weltausstellung von 1878 begonnen, über sich selbst nachzudenken und sich auf sich zu konzentrieren. [...] Von dem hier allgemein herrschenden Gesprächston darf man sich nicht allzu sehr genieren lassen, z. B.: Sie, die Sie aus einem großen Land kommen, müssen hier doch alles für altmodisch und veraltet halten. Unser Land ist so klein. Was halten Sie von Kopenhagen, unseren Museen usw.? Das ist doch nur Kleinkram! Und das alles sagen sie nur, damit man genau das Gegenteil erwidert. Was man aus purer Höflichkeit natürlich auch tut. Ach, dieser gute Ton! [...]
>
> Es gibt ein monumentales Gebäude, das einzig und allein für ihren großen Bildhauer Thorvaldsen errichtet wurde, ein Däne, der in Italien lebte und starb. Ich habe es mir angesehen, und zwar so gründlich, dass mir der Kopf brummte. Die griechische Götterwelt ist zu einer skandinavischen geworden, und danach ist sie so sauber geschrubbt worden, dass sie protestantisch geworden ist. [...]
>
> Es gibt noch viele andere Dinge, derentwegen ich Dänemark hasse, aber das sind rein persönliche Gründe, die ich besser für mich behalten sollte. [...]
>
> Ich hasse die Dänen.«

Das ist nicht gerade ein ermunterndes Bild, aber vielleicht wird einiges klarer, wenn man sich fragt, welches Bild die Dänen von sich selbst haben, wie sie ihr Land sehen.

Anfang des 19. Jahrhunderts, der Zeit der Romantik, wurde man sich des Verlustes ehemaliger nationaler Größe zunehmend bewusst, aber gleichzeitig entstand daraus ein dänisches Nationalgefühl. In diesem Zusammenhang bekam auch die dänische Landschaft einen ganz anderen Stellenwert als vorher. Dichter und Maler widmeten sich plötzlich intensiv der Beschreibung der verschiedenen Regionen ihrer Heimat. Das »Goldene Zeitalter« trug entscheidend dazu bei, dass die Dänen im Laufe der letzten 200 Jahre quasi dazu erzogen wurden, ihre Heimat als etwas Wertvolles, Schönes und Schützenswertes anzusehen. Apropos »schützenwert«: Vielleicht hat diese Geisteshaltung aus der Zeit der Romantik sogar darin ihren Widerhall gefunden, dass Dänemark schon in den 1970er Jahren als erstes Land weltweit ein Umweltministerium einrichtete.

Aber trotz aller Werbung der Maler und Dichter für die Schönheiten der dänischen Heimat – sie hätte wohl kaum die Wirkung erzielt, hätte es nicht eine entsprechende realistische Grundlage gegeben. Dänemark ist wirklich ein schönes Land. Es gibt zwar nicht viele atemberaubende Naturphänomene, aber man findet hier noch unberührte Natur – breite, leere Strände, herrliche Dünenlandschaften und Kreidefelsen, Buchenwälder und Heideflächen.

Allein die Nähe und geographische Überschaubarkeit sind eine Voraussetzung dafür, dass die Dänen eine echte Solidargemeinschaft bilden konnten und können. Auch die Geschichte ist ein guter Lehrmeister gewesen. Die Dänen wissen, dass sie keinen Grund dazu haben, besonders hochnäsig zu sein. Sie hegen absolut keine Träume von Eroberungen und Imperialismus.

Der überzeugte Basisdemokrat Grundtvig gab – zusammen mit dem Juden Georg Brandes, von seiner Geisteshaltung her das genaue Gegenteil von ihm – den Anstoß zu einer geistigen Bewegung, aus der sich das moderne Dänemark und das Selbstverständnis des einzelnen Dänen entwickeln sollte. Zwei wichtige, eigentlich konträre Strömungen haben sich hier wunderbar ergänzt: Bei der einen (Grundtvig) geht es um nationale Erweckung, um Bildung und Erziehung der Bevölkerung, bei der anderen um Öffnung nach außen und um Internationalität. Beide führen zu einer radikaleren Denkweise, die ein breites Spektrum neuer Ideen eröffnet: Genossenschaftsbewegung, Emanzipation der Frau, soziale Gleichheit, sexuelle Emanzipation. Mit anderen Worten – zur Etablierung eines durch und durch demokratischen Verständnisses der Gesellschaft.

Es erfordert viel, damit sich ein radikales Experiment in einer modernen Wohlfahrtsgesellschaft wie der dänischen realisieren lässt. Dabei besteht das Risiko, in einer Grauzone zwischen allgemeiner Langeweile und tiefer Depression zu landen. Aber vielleicht ist gerade das der Preis dafür, wenn alles gelingen soll – dass sich das »Allgemeine« verbreitet und das Außergewöhnliche in den Hintergrund treten muss. Oder man könnte das Ganze umdrehen und sagen, Genialität liege in dem Allgemeinen begraben.

Die komplizierte Frage ist: Lässt sich nationales Selbstverständnis überhaupt näher bestimmen oder definieren? Die Antwort muss ein zögerndes Ja werden und das Bild ziemlich unscharf. Dennoch wird eine Kontur erkennbar: Der Däne ist ein Wesen mit einem großen Herzen und einem großen Minderwertigkeitskomplex. Letzterer ist nur für den externen Gebrauch bestimmt, und bisweilen demonstriert er paradoxerweise, dass die Dänen am Ende im Ausland Erfolg haben oder auf der Titelseite internationaler Zeitungen stehen. Dann staunen alle: Wie? Wir kleinen, unbedeutenden Dänen (mit unserem gut funktionierenden Gesellschaftssystem, unserer gesunden Wirtschaft, unserem hohen Bildungsniveau, unserer weiblichen Emanzipation, unserer sexuellen Toleranz) haben es so weit bringen können?

Hier ergibt sich eine Dialektik, die fast an das Groteske grenzt, und man kann sicher sein, dass ein Däne, wenn er in einem solchen Zusammenhang mit sich selbst konfrontiert wird, durchaus dabei seinen Spaß hat und über sich selbst lachen kann. In der Konfrontation mit dem Dünkel wird der Humor letzten Endes stets die Oberhand behalten. Und wenn die Ausländer allzu selbstsichere Urteile über Dänemark und die Dänen fällen, dann ist der Humor ein wirksames Mittel der

Untergrabung. Er verunsichert, weil er so komplex ist und in viele Richtungen gleichzeitig geht, und er weckt eine ganz bestimmte Fähigkeit, vieles und oft auch sehr Wesentliches zu sagen, ohne dass es nötig ist, große Worte zu machen oder laut zu werden. Wo andere mit übertriebener Selbstsicherheit auftreten, tendieren die Dänen dazu, sich an Zweifeln zu stärken (Hamlet lässt grüßen).

Das deutsche Gespenst – das besondere Verhältnis der Dänen zum südlichen Nachbarn

Zu zwei Nachbarn, einem im Norden und einem im Süden, ist Dänemarks Verhältnis nicht immer nur freundschaftlich gewesen. Vom 16. bis Anfang des 19. Jahrhunderts waren es die zahlreichen Konflikte um die Hegemonie im Ostseeraum, die Schweden für Dänemark zum Erzfeind machten. Ein andersgearteter Konflikt ergab sich in Zusammenhang mit dem schwedischen Kernkraftwerk Barsebäck, das Mitte der 1970er Jahre in Betrieb genommen wurde, nur rund 20 Kilometer von der dänischen Hauptstadt Kopenhagen entfernt, auf der gegenüberliegenden Seite des Øresunds. In Dänemark war man jahrelang sehr beunruhigt und nicht gut auf die Schweden zu sprechen. Die dänische Regierung drang schließlich darauf, das Kernkraftwerk im Zuge des schwedischen Atomausstiegs abzuschalten. Barsebäck wurde dann 2005 auch endgültig stillgelegt. Heute sind die historischen Konflikte beigelegt, und höchstens, wenn es bei Fußball-Länderspielen gegen Schweden geht, blitzen noch kleine Animositäten auf (wenn allerdings Schweden gegen Deutschland spielt, halten die Dänen natürlich zu ihren skandinavischen Brüdern).

Dagegen ist wohl kaum ein Verhältnis zwischen zwei benachbarten Nationen so komplex (und aus historischer Sicht so kompliziert gewesen) wie das zwischen Dänemark und Deutschland. Den Menschen in der Grenzregion wird das nichts Neues sein (ihre Vorfahren haben es ja selbst am eigenen Leibe erlebt), aber die meisten Bundesbürger südlich von Hamburg dürften wenig darüber wissen.

Grundsätzlich ist das Bild, das die Deutschen von ihrem nördlichen Nachbarn haben, durchweg sehr positiv, ja von einer bisweilen geradezu kritiklosen Sympathie getragen. Es ist eine Haltung, die an die des großen Bruders gegenüber dem kleineren erinnert. Alles ist ja so positiv in Dänemark, und in vielerlei Hinsicht hat das kleine Königreich Vorbildcharakter: saubere Strände, ausgeprägtes Umweltbewusstsein (man denke an die Vorreiterrolle Dänemarks bei der Windkraft), Arbeitsmarkt, Sozialsystem, Bildung, wobei die rosarote Brille den Deutschen manchmal aber auch etwas die Sicht trübt.

Von deutscher Seite bringt man Dänemark fast ausschließlich großes Wohlwollen entgegen. Sogar in der Form, dass man überhaupt nicht nachtragend war und dem kleinen Nachbarn im Norden den Sieg über die eigene Nationalelf bei der Fußball-Europameisterschaft im Juni 1992 gegönnt hat. Dieses im Spitzensport beispiellose Ereignis wird niemand in Dänemark je vergessen. Die Dänen hatten sich für die EM-Endrunde in Schweden gar nicht aus eigener Kraft qualifizieren können, sondern wurden zehn Tage vor dem Eröffnungsspiel von der UEFA gebeten, anstelle des ehemaligen Jugoslawien am Turnier teilzunehmen. Ohne systematische Vorbereitung und mit einem hastig einberufenen Nationalteam, dessen Spieler größtenteils direkt aus dem Badeurlaub kamen, waren die Erwartungen gering. Aber das Undenkbare geschah. Frei von jeglichem Leistungsdruck, spielte die dänische Nationalmannschaft in dem Turnier so erfolgreich, dass sie bis ins Finale kam.

Und dann standen sie sich im Endspiel gegenüber: der amtierende Weltmeister Deutschland und das rot-weiße »Danish Dynamite«-Team, der große und der kleine Nachbar. Die deutschen Spieler hatten enthaltsam gelebt und fleißig trainiert. Die Dänen kamen von Partys, (ihren) Frauen und vom Sonnenbaden. Die Dänen hatten weder Zeit (noch Lust) zum Training gehabt. Die deutsche Mannschaft dagegen trat mit Matthäus, Klinsmann und all ihren anderen Stars an und hätte eigentlich gewinnen *müssen,* wurde aber von Dänemark besiegt – was niemand erwartet hatte. Dabei spielte die dänische Mannschaft so, als ob es sich bei dem Match um eine Fortsetzung des Spiels am Strand handelte.

Eindeutig weniger positiv ist das Bild, das sich die Dänen von Deutschland und den Deutschen machen. Neben dem Gewinn des Europameistertitels 1992 selbst war für sie ein wichtiger

Aspekt bei dem Fußballsieg, dass er nicht nur über eine der großen Fußballnationen errungen wurde, sondern über den großen Nachbarn im Süden. Es handelt sich dabei nicht nur um das archetypische Muster vom Kampf David gegen den (vermeintlichen) Goliath, es liegt durchaus etwas Komplexeres zugrunde, dessen Wurzeln weiter zurück in die Geschichte reichen.

> »Schaut, in dem Verhältnis steht Dänemark, oder stehe zumindest ich zu den Deutschen [...]: Europa muss froh sein, dass Deutschland seit Arilds Zeiten zerstückelt gewesen ist, [...] denn denkt man sich die Häupter, die deutsch denken und sprechen, alle unter einem Hut, unter einem deutschen Kaiser Napoleon, dann wird das eine Macht sein, für die menschlichen Augen noch fürchterlicher als Frankreich in seiner gefährlichsten Zeit: und dass sie weit strengere Herren sein werden, folgt nach meiner Ansicht notwendig daraus, dass sie viel ernster und gründlicher sind.«

Diese Zeilen stammen aus dem Jahr 1838. Geschrieben hat sie kein Geringerer als der schon mehrfach zitierte N. F. S. Grundtvig, der wesentlich dazu beigetragen hat, dass sich im 19. Jahrhundert bei seinen Landsleuten ein negatives Deutschland-Bild entwickelte, von dem sich bis heute Spuren erhalten haben. Darauf wird noch zurückzukommen sein, aber eigentlich begann es schon früher.

Bereits um die Mitte des 18. Jahrhunderts bildete sich in Dänemark eine nationale Identität aus. Zuvor waren es die Machthaber gewesen, die sich mit ihrem Vaterland und dessen Geschichte identifizierten, während sich der Horizont des einfachen Volkes auf die Stadt, die Gemeinde und den Bezirk beschränkte. Schon in den 1740er Jahren identifizierten sich gebildete Bürgersöhne verstandes- und gefühlsmäßig mit ihrem Vaterland, seiner Sprache und seiner Geschichte. Dies war zum einen eine Reaktion auf die fremde Oberschicht am Hofe und in politischen Führungspositionen, zum anderen eine bewusste Abgrenzung gegen die heimische Oberschicht, die Sprache und Kultur des Auslands bevorzugte und die Dänemark unverhohlen als kulturell unterentwickelt ansah. Die nationale Politik erreichte

1776 ihren Höhepunkt in der Verabschiedung eines Gesetzes, das nur noch dänischen Staatsbürgern den Zugang zu staatlichen Ämtern ermöglichte. Gleichzeitig war das Gesetz ein Versuch, die wachsenden Gegensätze zwischen den dänischen, norwegischen und deutschen Bevölkerungsgruppen durch einen konstruierten Gesamtstaatspatriotismus einzudämmen. Besonders die feindselige Haltung zwischen Deutschen und Dänen ließ sich jedoch nicht unterdrücken. 1789 explodierten diese Gegensätze in der sogenannten Deutschen-Fehde, die das Feindbild des Deutschen definitiv zu einem bedauerlichen, aber realen Bestandteil dänischer Identität werden ließ.

Einer der wichtigsten Schriftsteller dieser Epoche war Johannes Ewald (1743–1781), kein Geringerer als der Dichter des später zur dänischen Königshymne erhobenen Liedes »König Christian stand am hohen Mast«. In seinem Stück *Harlekin als Patriot oder Der unechte Patriotismus* von 1772 lässt Ewald eine der Hauptpersonen klagen: »Al vor fortræd er tysk« – übersetzt etwa: »All unser Leid ist deutsch«. Dieser Satz sollte die folgenden 200 Jahre als Motto für antideutsche Haltungen innerhalb der dänischen Elite überleben. Interessant auch das oben erwähnte Erscheinungsjahr, 1772. Es war das gleiche Jahr, in dem Johann Friedrich Struensee, eine der schillerndsten Figuren der deutsch-dänischen Geschichte, entmachtet und hingerichtet wurde.

Der Absolutismus in Dänemark war durch den jungen geisteskranken König Christian VII. in die Krise geraten. Sein Leibarzt, der aus Altona stammende Johann Friedrich Struensee, übernahm ab 1770 faktisch die Macht. Struensee erwies sich als Reformator, der seiner Zeit weit voraus war und in Dänemark die Ideen der Aufklärung umsetzte: Meinungs- und Pressefreiheit, Abschaffung der Folter, Reform des Schulwesens. Sein Verhältnis mit der Gattin Christians VII., Königin Caroline Mathilde, geb. Caroline Mathilda von Hannover, Prinzessin von Großbritannien, wurde Struensee zum Verhängnis. Seine Gegner nahmen diese unerhörte Affäre zum Vorwand und nutzten die Gelegenheit: Nach einem Putsch wurde Struensee in einem Geheimprozess verurteilt, schuldig gesprochen und am 28. April 1772 vor den Toren Kopenhagens hingerichtet.

An die Stelle Struensees trat Ove Høegh-Guldberg, einer seiner schärfsten Kritiker. Er machte die meisten Reformen rückgängig und führte den dänischen Absolutismus alter Prägung wieder ein.

Die politische Rolle Struensees ist bis heute Gegenstand der historischen Forschung, und sein Schicksal wurde sowohl filmisch thematisiert (auch in dem deutschen Spielfilm »Herrscher ohne Krone« von 1957 mit O.W. Fischer in der Rolle des Struensee) als auch auf der Theaterbühne und in der Literatur verarbeitet, so in dem Roman *Der Leibarzt des Königs* von Per Olov Enquist von 2001. In Wirklichkeit war der Prozess gegen Struensee Ausdruck einer national gesinnten, kritischen Haltung gegenüber seiner deutschen Sprache und seiner fremden Herkunft. Die Kreise, die Struensee 1772 stürzten, versuchten bewusst, ihre eigene Macht durch die Führung einer dänischen und bürgerlichen Politik zu stärken.

Eine weitere Stärkung des dänischen Nationalbewusstseins fand kurz nach der Jahrhundertwende statt – bedingt durch eine politisch-militärische Niederlage. Diesmal kam die Gefahr aber aus anderer Richtung – aus England. Die berühmte Schlacht auf der Kopenhagener Reede war der Beginn eines britischen Präventivkriegs gegen Dänemark-Norwegen, um den Zugang zur Ostsee sicherzustellen. Am 2. April 1801 durchbrach Admiral Nelson in dieser Schlacht die dänische Verteidigungslinie. England zwang die Dänen, ihre bis dahin verfolgte offensive Neutralitätspolitik aufzugeben. Knapp sechs Jahre später, am 2. September 1807, lag die britische Flotte wiederum vor Kopenhagen, und diesmal ließ Nelson drei Tage lang die dänische Hauptstadt bombardieren. Ein Drittel von Kopenhagen wurde zerstört, etwa 2000 Einwohner fanden den Tod. Zudem mussten die Dänen ihre gesamte Flotte an die englischen Sieger ausliefern.

Helgoland, bis dahin Bestandteil des Herzogtums Schleswig unter der dänischen Krone, wurde von den Briten besetzt. Das Ergebnis des Krieges war schließlich der dänische Staatsbankrott von 1813 und ein Jahr später, am 14. Januar 1814, der Kieler Friede zwischen Großbritannien, Schweden und Dänemark. Er bedeutete das Ende der Doppelmonarchie Dänemark-Norwegen, die fast ein halbes Jahrtausend (seit 1380) Bestand gehabt hatte: König Frederik VI. musste Norwegen, bis dahin Teil der dänisch-norwegischen Doppelmonarchie, an Schweden abtreten. Als Ausgleich erhielt Dänemark auf dem Wiener Kongress (1814/15) zwar Rügen und Schwedisch-Pommern zugesprochen, aber beide Territorien wurden schnell an Preußen abgetreten. Als Kompensation hierfür erhielt Dänemark das Herzogtum Lauenburg. Aus Sicht der Großmächte war Dänemark jetzt nur noch eine unschädliche Konkursmasse.

Für Dänemark als Nation waren diese Ereignisse ein Schock, aber dieser löste gleichzeitig ein verstärktes Nationalbewusstsein aus. Es lag an der Zeit und der besonderen Lage, dass es sich bei dem dänischen Patriotismus um eine eher gedämpfte Version handelte – mehr darauf bedacht, das Bestehende zu bewahren und sich auf das Nationale zu besinnen, als auf die Möglichkeit, Verlorenes zurückzuerobern.

Die Erleichterung darüber, dass das Land überhaupt die politischen Rochaden in Wien überlebte, verschaffte Frederik VI. eine noch größere Beliebtheit als zuvor. Es war die Pariser Juli-Revolution des Jahres 1830, die an den politischen Verhältnissen zu rütteln begann und Frederik VI. daran erinnerte, dass er schon auf dem Wiener Kongress versprochen hatte, in seinen deutschen Herzogtümern Ratgebende Ständeversammlungen einzuberufen. Nun wurden solche Versammlungen für das ganze Reich konstituiert, jedoch unter der Voraussetzung, dass sie im eigentlichen Sinn des Wortes nur Rat gebend sein sollten. Durch ihre Zusammensetzung waren die Ständeversammlungen in erster Linie das Sprachrohr der Gutsbesitzer, des Großbürgertums und anderer wohlhabender Kreise, so dass durch sie keine größeren sozialen Gegensätze enthüllt wurden. Hingegen wurden sie der Schauplatz nationaler Auseinandersetzungen, die sich rasch zuspitzten.

In Holstein und Schleswig wurde man Zeuge einer Konfrontation zwischen Dänisch und Deutsch. Die Herausforderung kam von deutscher Seite. Uwe Jens Lornsen (1793–1838), ein Beamter, forderte – inspiriert durch die Juli-Revolution, aber auch durch die Bemühungen um eine deutsche Vereinigung, die während der Napoleonischen Kriege begonnen hatten – in den

1830er Jahren, dass Holstein und Schleswig eine gemeinsame freie Verfassung bekommen und beide dem Deutschen Bund beitreten sollten. Damit brach er mit der hergebrachten staatsrechtlichen Stellung der beiden Herzogtümer und ignorierte, dass die Bevölkerung im nördlichen Teil von Schleswig überwiegend dänisch sprach und sich in dem sich ständig verschärfenden Konflikt stärker an Dänemark als an Holstein gebunden fühlte.

Die Gegensätze verschärften sich. Ein Kreis junger dänischer Intellektueller, die sich »Nationalliberale« nannten, trat nun für eine Verfassung ein, die ebenso liberal wie die schleswig-holsteinische, in nationaler Beziehung aber ihr Gegensatz war, da sie eine engere Verbindung zwischen Dänemark und Schleswig voraussetzte. Das war Zunder für einen Konflikt, der einige Jahre später zu einer Krise führte und Lord Palmerston zu der Erklärung veranlasste, dass nur drei Menschen je die schleswig-holsteinische Frage verstanden hätten. Der eine sei ein deutscher Professor, der unglückseligerweise wahnsinnig geworden war. Der zweite sei Albert, der Prinzgemahl der Königin Victoria, der bedauerlicherweise tot war. Der dritte sei Palmerston selbst, und er habe die Voraussetzungen vergessen. Ganz so verwickelt war das Problem nun nicht. Palmerstons Ausspruch muss eher als die Beurteilung eines an einer schwierigen kontinentalen Frage wenig interessierten Politikers gewertet werden, die mit möglichst wenig Mühe für die Großmächte gelöst werden sollte. Da war es ja weit bequemer, sich den deutschen Gesichtspunkten, und nicht den dänischen, zu beugen.

König Christian VIII. versuchte so lange wie möglich, die Wirkungen der nationalen Agitation in Schleswig zu dämpfen, aber ununterbrochen kam neuer Zündstoff hinzu. Allein die Sprache führte jetzt zu Konflikten. Seit Jahrhunderten war die Volkssprache in Südschleswig Deutsch und in Nordschleswig Dänisch, wobei die Amtssprache des Herzogtums im Allgemeinen Deutsch war. Bisher hatte das niemanden gestört, und ebenso wenig hatte man es merkwürdig gefunden, dass dänische Könige abwechselnd Deutsch und Dänisch sprachen. Nun konnte es sich indessen zu einer »Affäre« entwickeln, wenn ein dänischgesinnter Abgeordneter in der schleswigschen Ständeversammlung Dänisch sprach und der Protokollführer sich weigerte, die Rede zu referieren. Versuche der Regierung, regelnd in den Sprachenstreit einzugreifen, wurden von beiden Seiten als Kränkung empfunden.

In Dänemark selbst gelang es den Nationalliberalen, die Stimmung in den führenden bürgerlichen Kreisen für sich zu gewinnen. Nach der langen Depression war jetzt ein wirtschaftlicher Aufschwung spürbar, der alle mit Optimismus erfüllte. Wohl empfand man nach wie vor, wie klein und unterlegen Dänemark war, aber die nationalliberalen Führer – unter ihnen der Jurist Orla Lehmann und der Redakteur Carl Ploug – meinten einen Ersatz für die verlorengegangene Macht in skandinavischer Zusammenarbeit zu finden, was auch in den entsprechenden liberalen Kreisen in Norwegen und Schweden unterstützt wurde. Größtenteils sollte sich das in der Folge als Tischrednerpoesie herausstellen, aber natürlich war es schwer, zwischen Wirklichkeit und Traum zu unterscheiden, zumal sich nun zum ersten Mal eine das ganze Volk umfassende politische Meinung herauszukristallisieren begann.

Auch die Bauernschaft befand sich im Aufbruch. Die Bauern wünschten das Ende ihrer alten Abhängigkeit von Gutsbesitzern und Behörden. Weitgehend waren diese Forderungen eigentlich nicht, und die Bauern waren im Grunde geneigt, die absolutistische Regierung zu akzeptieren, die sie ja kannten und zu der sie – nicht ohne Grund – Vertrauen hatten. Vielleicht war es der größte politische Erfolg der Nationalliberalen, dass es ihnen gelang, ein Bündnis mit den Bauern einzugehen und sich an ihre Spitze zu stellen. Die zahlenmäßig kleine Schar nationalliberaler Intellektueller war eine Zeitlang der Generalstab, der die große Bauernarmee mit sich ziehen konnte. Die Bevölkerung war politisiert. Nicht einmal die Eröffnung des Vergnügungsparks Tivoli in Kopenhagen 1843 vermochte das zu verhindern, obwohl der Tivoli zur Freude der Behörden und zur Wut der Nationalliberalen die Aufmerksamkeit weitgehend mit Beschlag belegte.

Christian VIII. entschloss sich in seinen letzten Regierungsjahren, des Widerstands müde, an einer freien Verfassung für das ganze Reich mitzuwirken. Aber er starb, bevor sie fertig war, und unter der Einwirkung von außen entwickelten die Ereignisse sich nun explosiv. Die Februar-Revolution in Paris 1848 löste in Deutschland wie in Dänemark Unruhen aus, und die deutschen Revolutionäre rissen ganz Holstein und teilweise auch Schleswig mit. Abermals forderten sie eine gemeinsame freie Verfassung für die beiden Herzogtümer. Dies musste notwendigerweise die Verbindung zwischen Schleswig und dem Königreich Dänemark lösen, worauf die Nationalliberalen in Kopenhagen sich sofort in Bewegung setzten, um diese Pläne zu durchkreuzen. Es kam zu Demonstrationen gegen die Regierung, und augenblickliches Handeln wurde gefordert.

Frederik VII. gab ohne Protest das absolutistische Regime auf, ernannte ein Kabinett von Nationalliberalen und setzte Wahlen für eine Reichsversammlung an, die eine freie Verfassung für Dänemark und Schleswig ausarbeiten sollte. Das war so gut wie eine Kriegserklärung. Der Bruch zwischen Dänisch und Deutsch führte zum offenen Aufruhr in Schleswig-Holstein – an sich verhältnismäßig ungefährlich, da das schleswig-holsteinische Heer klein war. Gefährlich wurde der Konflikt, als Preußen sich einmischte und die Schleswig-Holsteiner unterstützte. 1848 und 1849 war Jütland zeitweise von deutschen Truppen besetzt. Das dänische Heer leistete Widerstand, aber erst Russland und Österreich konnten die Preußen zum Abzug der Truppen bewegen. Durch internationale Vereinbarungen wurde festgelegt, dass die dänische Monarchie die gleiche Gestalt wie vor dem Krieg behalten sollte, also als eine dreigeteilte Einheit von Dänemark, Schleswig und Holstein. Auf diese Weise meinten die Großmächte den Status quo an der Ostsee aufrechterhalten zu können.

Dieser »Gesamtstaat« war ebenso unakzeptabel für die dänischen Nationalliberalen wie für die deutschen Schleswig-Holsteiner. Letztere waren jedoch durch das klägliche Schicksal der Revolution in Deutschland sehr geschwächt. Dennoch stand der Zeitraum 1850 bis 1864 im Zeichen einer chronischen Regierungskrise. Was für Dänemark annehmbar war, war es nicht für Holstein, und umgekehrt.

Der beliebte nationalliberale Politiker Carl Christian Hall lockerte anfangs vorsichtig, dann aber immer zielbewusster, die

Verbindung zwischen Schleswig und Holstein. 1863 führte er eine gemeinsame Verfassung für Dänemark und Schleswig ein. Holstein wurde in aller Stille ausgekoppelt. Dass es sich um einen Bruch der internationalen Vereinbarungen handelte, ließ sich nicht leugnen, aber die Gelegenheit schien günstig. Es kam ziemlich überraschend, dass Preußen Schwierigkeiten machte. Kanzler Otto von Bismarck nutzte den dänischen Wortbruch aus. Es war sein Ziel, einen Krieg gegen Dänemark als Hebel bei seinen deutschen Vereinigungsbestrebungen zu verwenden. Zu Beginn des Jahres 1864 begannen überlegene österreichische und preußische Truppen den Angriff. Das schlecht ausgerüstete dänische Heer musste sich von der Grenze zurückziehen.

Die Niederlage des Jahres 1864 war für die Dänen ein harter Schlag. Viele zweifelten, ob Dänemark überhaupt eine Zukunft als selbständiger Staat habe. Anfangs konnte man noch glauben, dass Preußens Kriegsglück nur vorübergehend sei und dass geänderte internationale Kräfteverhältnisse Dänemark bald die Möglichkeit geben würden, Schleswig oder zumindest den nördlichen, eindeutig dänisch gesinnten Teil der Region zurückzuerhalten. Aber Preußens militärische Erfolge – 1866 gegen Österreich und 1871 gegen Frankreich – schufen im Gegenteil eine deutsche Großmacht im Zentrum Europas. Preußen war und blieb stark, Dänemark klein und schwach und war gezwungen, eine passive Neutralität zu bewahren und freundschaftliche Verbindungen anzuknüpfen.

»Was nach außen verlorengeht, muss nach innen gewonnen werden.« Dieser Leitsatz – geprägt von dem dänischen Dichter Hans Peter Holst (1811–1893) und auf den Verlust Südjütlands/Nordschleswig gemünzt – wurde von Enrico Mylius Dalgas (1828–1894) höchst konkret in die Praxis umgesetzt. Dalgas hatte an den schleswigschen Kriegen teilgenommen und gründete 1866 die »Dänische Heidegesellschaft«, mit dem Ziel, mit der Urbarmachung und Aufforstung der Heideflächen in Jütland den Verlust Nordschleswigs zu kompensieren. Das Motto prägte zudem in entscheidender Weise die Überzeugung, dass die gesamte Bevölkerung als Potential genutzt werden müsste. Im übertragenen Sinn allerdings galt diese berühmt gewordene Redewendung als Aufruf zu einem Wiederaufbau des nationalen Selbstbewusstseins in Dänemark, quasi als eine Rückbesinnung auf die berühmten »inneren Werte«.

Wohl kaum ein Ereignis hat die dänisch-deutschen Beziehungen so sehr geprägt wie der Schleswigsche Krieg von 1864 – und wohl kaum ein Ereignis nimmt einen so unterschiedlich breiten Raum im Bewusstsein beider Länder ein. Kann man auf der einen Seite konstatieren, dass der Krieg von 1864 und die Abtretung der Herzogtümer an Preußen für Dänemark das nationale Trauma par excellence darstellt, ein Trauma dessen politische Implikationen noch heute sichtbar sind, so sind die Ereignisse in Deutschland (abgesehen von Schleswig-Holstein) nahezu vergessen. Zwar wird in der deutschen Geschichtswissenschaft eine Linie von Düppel über Königgrätz, Sedan, Versailles bis nach Potsdam gezogen, doch ist 1864, anders als in Dänemark, nicht mehr im nationalen Bewusstsein verankert. In Dänemark sind vor allem die historisch-mentalen Folgen des Krieges von 1864 noch heute erkennbar, wo sie zu einer Mythologisierung geführt und Auswirkungen auf das nationale Geschichtsbewusstsein gezeigt haben.

»Der Idstedter Löwe kommt nach Hause« titelte eine dänische Zeitung am 3. Juli 2009. Das Löwendenkmal war 1862 auf dem alten Flensburger Friedhof aufgestellt worden zum Gedenken an den Sieg der dänischen Armee über Schleswig-Holstein in der Schlacht von Idstedt (dän. Isted) am 25. Juli 1850, als dessen Folge Flensburg weiterhin zu Dänemark gehörte. Zwölf Jahre nach ihrem Sieg ließen die Dänen die von dem Bildhauer Hermann Wilhelm Bissen geschaffene Bronzeskulptur auf dem Alten Friedhof von Flensburg aufstellen – mit Blick in Richtung Süden gen Preußen, das heißt gen »Feindesland«. Zwei Jahre später, 1864, war der Feind wieder da, besetzte Schleswig-Holstein und Nordschleswig und entführte den Löwen nach Berlin, wo er an den deutschen Sieg bei Düppel (dän. Dybbøl) im Jahre 1864 erinnern sollte. 1945 dann entdeckte der dänische Journalist Henrik V. Ringsted den Löwen auf dem Hof der Kadettenakademie im Berliner Stadtteil Lichterfelde. Von dort wurde er mit Hilfe der amerikanischen Streitkräfte nach Kopenhagen zum Zeughaus-Museum gebracht. Dort verbrachte er im Innenhof einsam und verloren die letzten

65 Jahre. 2009 fragte der Flensburger Stadtrat ganz offiziell in Dänemark an, ob der Bronzekoloss an seinen Originalstandplatz zurückkehren dürfe. Die dänische Regierung sagte zu, wollte die Skulptur aber nicht übergeben, ohne sie restauriert zu haben. Im Laufe des Jahres 2010 soll der frisch polierte Löwe wieder seinen ursprünglichen Platz auf dem alten Flensburger Friedhof einnehmen. Hier soll er über die Gefallenen der Schlacht von Idstedt wachen und gleichzeitig als Wahrzeichen für die vorbildhaft friedliche Koexistenz zwischen Dänemark und Deutschland nach dem Zweiten Weltkrieg stehen. Dänemarks Kulturministerin Carina Christensen zeigte sich erfreut und meinte, dass »die Zeit reif für die Rückkehr des Idstedter Löwen« gewesen sei. Ihr Amtskollege, Außenminister Per Stig Møller, bekräftigte, der Idstedter Löwe stehe für das deutsch-dänische Verhältnis im Guten wie im Schlechten.

Das historische Trauma der Niederlage gegen Preußen/Österreich von 1864 ist für die Dänen nur langsam und allmählich abbaubar gewesen, obwohl seitdem fast 150 Jahre vergangen sind. Auch die Besetzung des Landes durch die Deutschen im Zweiten Weltkrieg ist aus dem nationalen Gedächtnis natürlich längst nicht gestrichen, obwohl ich den Eindruck habe, dass die Jahre 1940 bis 1945 – wenngleich es noch nicht so lange her ist – nicht gleichermaßen traumatisch haftengeblieben sind. Ursache hierfür ist vielleicht der relative Erhalt nationaler Souveränität, der die Besetzung des dänischen Territoriums »erträglicher« machte als die Demütigung 1864, als das Land ganz auf sich allein gestellt war. Dieses Mal teilte Dänemark das gleiche Schicksal mit anderen Ländern in Europa. Als am 9. April 1940 deutsche Truppen Dänemark besetzten, blieben – im Gegensatz zu anderen besetzten Ländern – Staatsoberhaupt (der König), Regierung, Parlament und Verwaltung zunächst intakt. Trotz etlicher Engpässe war die Versorgung der Bevölkerung einigermaßen gesichert und es gab einen fast »normalen« Alltag. Die deutsche Besatzungspolitik in Dänemark blieb bis 1943 relativ moderat (gemäß der NS-Ideologie galten die Dänen ja als »arisches Volk«, und das dänische Territorium sollte in das Deutsche Reich eingegliedert werden).

Natürlich gab es in der Bevölkerung nur wenig Sympathien

für die nationalsozialistische Weltanschauung und die Kriegsziele der Deutschen, aber die große Mehrheit der Dänen unterstützte die eigene Regierung dennoch im Bemühen um eine defensive Kooperation mit den deutschen Besatzern. Den verteidigungspolitischen Kurs der dänischen Regierung hatte der damalige Außenminister Peter Rochegune Munch 1940, dem Jahr der Besetzung des Landes, so formuliert: »Dänemark kann nur mit diplomatischen, nicht mit militärischen Mitteln verteidigt werden.«

Dies änderte sich erst im September 1943, nachdem ein Stimmungswechsel in der Bevölkerung eingetreten war und sich der Widerstand in Form von Sabotage immer stärker zu regen begann. Als die dänische Regierung zurücktrat, bedeutete dies den Bruch mit Nazideutschland und das Ende des dänischen »Musterprotektorats«.

Auch wenn immer noch ein historischer Schatten auf den Beziehungen zwischen den beiden Nachbarn liegt, so hat sich in den letzten 50 Jahren das Verhältnis mehr als normalisiert. Rund 50 000 Dänen leben heute in Schleswig-Holstein, etwa 20 000 Deutsche in Südjütland/Nordschleswig. Diese Vermischung ist eine Folge davon, dass im südlichen Teil Jütlands immer wieder die Herrschaft wechselte. Mal hatten die Dänen, mal die Deutschen das Sagen. Bis zu den Napoleonischen Kriegen lebten Deutsche und Dänen aber in den Herzogtümern Schleswig und Holstein relativ friedlich nebeneinander. Die unruhigen Zeiten ab Mitte des 19. Jahrhunderts endeten im Jahr 1955 mit der Festschreibung der Rechte der Minderheiten auf beiden Seiten der Grenze. Mittlerweile ist aus der Rivalität ein vorbildliches politisches und kulturelles Zusammenleben der Minderheiten im deutsch-dänischen Grenzgebiet geworden. 1990 hat der Schleswig-Holsteinische Landtag die dänische Minderheit (und die friesische Volksgruppe) unter den Schutz der Landesverfassung gestellt. Damit sollen die Minderheiten in ihrer sozialen und kulturellen Identität geschützt und gefördert werden. Die dänischen Bildungs- und Kultureinrichtungen in Schleswig-Holstein sind heute europaweit beispielhaft für gelebte Nachbarschaft. Gleiches gilt für die deutschen Institutionen in Dänemark. Die politische Mitwirkung der dänischen

Minderheit ist durch die Befreiung ihrer Partei, des Südschleswigschen Wählerverbandes (SSW), von der Fünfprozentklausel bei Landtagswahlen gewährleistet. Die Erfahrungen mit der Minderheitenpolitik werden durch Forschungsinstitute wie das 1996 gegründete »Europäische Zentrum für Minderheitenfragen« in Flensburg ausgewertet. Seit 1989 wird auch die wirtschaftliche Zusammenarbeit verstärkt durch die Europäische Union gefördert, und seit 1995 läuft ein Programm zur Wirtschaftsförderung mit Kooperationen in den Bereichen Forschung und Entwicklung, Aus- und Weiterbildung, Umwelt, Energie und Tourismus.

Am 23. März 2005 jährte sich die Unterzeichnung der Bonn-Kopenhagener Erklärungen zum 50. Mal. Gegenstand der Erklärungen war der Schutz der dänischen Minderheit in Deutschland und der deutschen Minderheit in Dänemark. Die Erklärungen (im Plural, da es sich um zwei innerstaatliche Erklärungen handelte) schufen ein Gleichgewicht der Minderheitenrechte beiderseits der Grenze, sicherten die Pflege der jeweiligen Kultur, hoben Einengungen des Schulrechtes auf und gewährleisteten die politische Repräsentation. Die Bonn-Kopenhagener Erklärungen gelten heute europaweit als Modellfall für die bilaterale Regelung von Minderheitenrechten. Mit den Bonn-Kopenhagener Erklärungen wurden beiden nationalen Minderheiten kulturelle und sprachliche Entfaltung sowie den Mitgliedern das Recht zur Wahl ihrer nationalen Zugehörigkeit garantiert, ohne dass dies von den Behörden überprüft werden darf. Die Erklärungen waren ein entscheidender Meilenstein auf dem Weg, der über Tolerierung und Anerkennung zu Gleichberechtigung und schließlich zur Gleichwertigkeit führte.

Und trotzdem: Die dänische Politologieprofessorin Drude Dahlerup, einer der Köpfe der dänischen EU-Gegner, hat vor einigen Jahren einmal die dänische Verfassung gerühmt, besonders das Recht auf Volksentscheide, wodurch das dänische Volk den Beitritt zur Europäischen Wirtschafts- und Währungsunion verhinderte. Laut Dahlerup regiere immer mehr die Arroganz der Mächtigen, aber ohne Mitbestimmung des Volkes gebe es keine wirkliche Einigung in Europa. Hierzu zitierte sie den damaligen deutschen Außenminister Joschka Fischer. Der soll in einem Zeitungsinterview gesagt haben, auch die Dänen würden die Vorteile einer Einheitswährung bald einmal einsehen. »Wir brauchen keinen Herrn Fischer, der uns sagt, was für uns gut ist« – so Drude Dahlerup. Damit traf sie exakt den Nerv der patriotischen Gesinnung, die irgendwie in jedem Dänen steckt: Vom großen Nachbarn und alten Erzfeind Deutschland lässt sich nun einmal kein Däne gerne herumkommandieren.

Die deutsch-dänische Nachbarschaft hat eine wechselvolle Geschichte – mit durchaus auch positiven Aspekten. Der deutsche Dichter Friedrich Gottlieb Klopstock (1724–1803) folgte einer Einladung König Frederiks V. nach Dänemark, um hier an seinem bekannten Epos, dem *Messias,* weiterarbeiten zu können. Insgesamt lebte Klopstock als deutscher Dichter 20 Jahre am dänischen Hof. Kein Geringerer als Friedrich Schiller erhielt – wie er schreibt – ein »Ehrengehalt« aus Dänemark:

> »Anfang Dezember 1791 erhielt ich eine Botschaft, die mir geradezu himmlisch erschien, denn die Hilfe, die man mir hier in Deutschland nicht gewähren wollte oder konnte, kam völlig unerwartet aus Dänemark. Das Land, welches schon Klopstock mit Mitteln unterstützt hatte, damit dieser seinen *Messias* vollenden konnte, bot mir nun auf die Dauer von drei Jahren eine Unterstützung von jährlich 1000 Talern als Schenkung an, damit ich mich von meiner Krankheit völlig erholen konnte. Wieder waren es mir völlig unbekannte Menschen, die mir ihre Hilfe anboten, und das ohne irgendeine Bedingung daran zu knüpfen. Man bot mir zwar an, dass ich in Kopenhagen leben könnte, ließ mir jedoch in meiner Entscheidung völlige Freiheit.«

Die großen deutschen Maler des 19. Jahrhunderts wie Caspar David Friedrich und Philipp Otto Runge wurden an der Königlichen Kunstakademie in Kopenhagen ausgebildet. Der Dichter Rainer Maria Rilke besuchte 1904 Dänemark und lernte Dänisch, um die Werke des dänischen Schriftstellers Jens Peter Jacobsen lesen zu können. Bertolt Brecht und andere »flüchteten unter das dänische Strohdach«, wo sie nach 1933 politisches

Asyl in Dänemark fanden. Die wechselvollen Beziehungen spiegeln sich auch in anderen Bereichen wieder: Das Brauchtum des Weihnachtsbaums wurde im 19. Jahrhundert aus Deutschland nach Dänemark eingeführt. Heute ist Deutschland wichtigster Importeur für Tannen und Fichten aus Dänemark.

Im Geiste des Neuen Europa versuchen die Dänen, die Deutschen zu mögen, was jedoch gar nicht so einfach ist. Man sorgt sich, dass die Deutschen Jütland bei erstbester Gelegenheit aufkaufen werden, um sich dort einzunisten: Die meisten Ferienhäuser an der Westküste sind an Deutsche vermietet, es gibt deutsche Ausgaben der Lokalzeitungen, Legoland ist im Sommer voll von Deutschen.

Während das Verhältnis der Deutschen zu Dänemark sich weiterhin mit dem eines großen Bruders zu seinem kleineren vergleichen lässt, geprägt von Wohlwollen und starker Sympathie, ist die dänische Sicht weitaus komplexer. Die Dänen haben Respekt vor den Deutschen, vor ihrer Kulturgeschichte, vor ihrem Organisationstalent, den Leistungen des Wiederaufbaus des zerstörten Landes nach dem Zweiten Weltkrieg und dem Aufstieg zu einer Wirtschaftsmacht. Aber die Deutschen *lieben?* Das wäre dann doch etwas zu viel des Guten. Dafür sind sie einfach zu »deutsch«. Als Touristen sind die Nachbarn aus dem Süden stets herzlich willkommen, aber wenn sie an den herrlich weiten, weißen Stränden an der dänischen Westküste ihre (typisch deutschen) Sandburgen bauen, wird dies manchem Dänen wohl auch weiterhin ein Dorn im Auge sein.

Glückliche Dänen!

Im Jahre 2006 erstellten Wissenschaftler der britischen Universität Leicester eine »Weltkarte des Glücks«. Unter 178 Staaten nahm Dänemark unangefochten den ersten Platz ein, da sich mehr als zwei Drittel der Dänen als »glücklich« bezeichneten. Bestätigt wurde dieser Spitzenplatz 2007 durch die Untersuchung eines Forscherteams der Universität Cambridge, das sich mit dem Wohlbefinden der Menschen in der EU befasste. Auch bei dieser Umfrage rangierten die Dänen konkurrenzlos auf Platz eins (die ewig jammernden Deutschen landeten immerhin auf einem mittleren elften Platz). 2008 schließlich veröffentlichte die Europäische Union die Ergebnisse einer Umfrage unter Bürgern aller 27 EU-Mitgliedstaaten. Die entscheidende, alles zusammenfassende Frage lautete: »Wie glücklich, würden Sie sagen, sind Sie auf einer Skala von 1 (sehr unglücklich) bis 10 (sehr glücklich)?« Erneuter Sieger: Dänemark (gefolgt von den übrigen Skandinaviern). Das Wetter scheint für das Wohlbefinden keine Rolle zu spielen, bedenkt man, dass die Nordeuropäer ungeachtet des rauen Klimas und langer Winter all diese Rankings anführen – im Gegensatz zu den Menschen in den sonnigen Ländern des Südens, die am Ende der Skala rangieren.

Was aber ist eigentlich Glück, und welches sind die Faktoren, die ein solches Lebensgefühl bestimmen? Sicherlich spielen Wohlstand und Geld eine Rolle. Gemessen an den wichtigsten Wirtschaftsdaten ist Dänemark schon seit langem unter den europäischen Spitzenreitern zu finden. Aber bekanntlich macht Geld allein auch nicht glücklich. Was also ist es dann?

Grundsätzlich erscheint es mir problematisch, Glück individuell oder gar national definieren zu wollen. Stattdessen sollte man den Begriff erweitern und mit wesensverwandten, positiven Indikatoren hinterlegen. Solche könnten Lebensqualität, Zufriedenheit, Nähe, Geborgenheit, nationale Identität oder Vertrauen sein.

Neben dem Wohlstand schätzen die Dänen vor allem gute Lebens- und Arbeitsbedingungen, ein relativ egalitäres Gemeinwesen, gute Ausbildungsmöglichkeiten, eine sinnvolle Tätigkeit, eine relativ niedrige Kriminalitätsrate sowie eine saubere Umwelt. Der dänische Wohlfahrtsstaat arbeitet nicht zuletzt deshalb so effizient, weil er sehr bürgernah strukturiert ist. Der soziale Sektor ist dezentral organisiert und gewährleistet, dass bei Arbeitslosigkeit, Behinderung, Pflege usw. individuelle Problemlösungen gefunden werden. Wer soziale Probleme hat, dem wird (schnell) geholfen, denn er hat eine Betreuungsperson ganz in seiner Nähe. Der Wohlfahrtsstaat vermittelt dem Einzelnen ein Gefühl der Geborgenheit und Sicherheit (was dem dänischen Begriff *tryghed* annähernd entspricht) – eine wichtige Voraussetzung für »Glück«.

Seit den 1990er Jahren beschäftigen sich Wissenschaftler in Dänemark verstärkt mit dem Nationalen und dem Nationalismus und stellen dabei auch die Frage nach der dänischen Identität. So meint Peter Gundelach, Soziologe an der Universität Kopenhagen, dass die dänische Gesellschaft es verstehe, materiellen Reichtum in ein individuelles Glücksgefühl umzuwandeln, und damit das Rezept für einen »glücklichen Kapitalismus« gefunden habe. Laut Gundelach treffe man in der dänischen Zivilgesellschaft ein hohes Maß an Freiheit an, die auch eine Freiheit vom Staat ist, dem man eben nicht gestatte, in alle Lebensbereiche einzudringen. Auf der anderen Seite haben die Dänen feste Erwartungen, was der Staat leisten soll, und lassen ihm in diesen Bereichen auch recht freie Hand. So gibt es zum Beispiel seit langem die CPR-Nummer, eine individuelle Personennummer für jeden Dänen, unter der die verschiedensten persönlichen Daten und Vorgänge abgespeichert sind.

Abgesehen davon, dass die dänische Bevölkerung heutzutage stärker polarisiert ist als früher, was vor allem die Einwandererpolitik betrifft, so ist Dänemarks Gesellschaft dennoch weiterhin viel homogener als die Gesellschaften vieler anderer Staaten. Als Gesamtheit gesehen messen die Dänen der nationalen Identität – dem sogenannten Dänentum *(danskhed)* – nach wie vor eine vergleichsweise hohe Bedeutung zu. Für Bürger der Bundesrepublik Deutschland ist es verständlicherweise schwer nachzuvollziehen, welch entscheidende Rolle für die nationale Identität Symbole und Institutionen auch im täglichen Leben spielen können. Während die Geschichte der deutschen Nation zumindest in den letzten 100 Jahren zahlreiche Brüche aufweist, ist Dänemark in der glücklichen Situation, auf eine nahezu ungebrochene Identitätsgeschichte zurückblicken zu können. Und daran hält man auch fest. Das lässt sich vor allem an zwei Phänomenen beobachten: der Allgegenwärtigkeit der dänischen Nationalfahne, dem *Dannebrog,* und an der breiten Zustimmung für die Monarchie.

Die Dänen fühlen sich nicht nur in ihrem Wohlfahrtsstaat geborgen, sondern auch durch die Existenz der Monarchie. Dies gilt insbesondere für die Zeit der letzten drei Regenten, denen es gelungen ist, die Monarchie in Dänemark bürgernah zu gestalten. »Es wird nur solange welche wie uns geben, wie die Leute meinen, dass wir unseren Job gut machen«, hat Margrethe II. einmal geäußert. Aus diesen Worten sprechen sowohl Demut als auch Selbstbewusstsein, und das bringt ihr wiederum Sympathien in der Bevölkerung ein und festigt die Position der Monarchie in Dänemark noch mehr.

Bei den Dänen ist ein hohes Maß an Ausgeglichenheit anzutreffen, die auf ihrem ausgeprägten Sinn für pragmatische Zusammenarbeit und Kompromissbereitschaft beruht. Sowohl auf politischer als auch auf der allgemein gesellschaftlichen Ebene gibt es einen starken Willen zum Konsens – in Politik, Wirtschaft und bei den Gewerkschaften. Dieses Miteinander statt Gegeneinander durchzieht die gesamte Gesellschaft.

Christian Bjørnskov, Associate Professor für internationale Ökonomie an der Wirtschaftsuniversität Århus, hält seine Landsleute für »eines der am meisten durch Vertrauen und auch durch Ehrlichkeit geprägten Völker der Welt«. Dabei geht es sowohl um ein »vertikales« Vertrauen in die Verwaltung und Politik, aber – so Bjørnskov – »das größte Stück des Glückskuchens macht das ›soziale Vertrauen‹ aus – also das Vertrauen in unsere Mitbürger. Dieses wirkt direkt auf uns alle, und darüber bewirkt es auch, dass unsere Verwaltung gut funktioniert.« Für das Vertrauen der Dänen in die Ehrlichkeit seiner Mitbürger führt Bjørnskov ein Beispiel an, das man allenthalben überprüfen kann, wenn man im Sommer Jütland oder die Insel Fünen besucht, wo es direkt am Straßenrand Erdbeeren, Möhren, Kartoffeln oder Eier zu kaufen gibt. Man nimmt ein Schälchen Erdbeeren und legt dafür 20 Kronen in ein Zigarrenkästchen. Ein für Ausländer erstaunliches Geschäftsgebaren, denn schließlich gibt es niemanden, der überprüft, ob die Kunden wirklich zahlen – aber 99 Prozent tun es. Sicherheitsvorkehrungen wegen ein paar Möhren oder Kartoffeln? Für den Dänen eine abwegige Idee. Solange man sich vertraut, funktioniert es doch, und so würde es auch keiner Kassiererin im Supermarkt einfallen, kontrollierend in die Einkaufswagen ihrer Kunden zu schauen.

Dänemark – ein Land, in dem fröhliche Babys in Kindertagesstätten auch bei Minusgraden an die frische Luft kommen, zufriedene Senioren in Altenheimen, Mitarbeiter in Unternehmen, die gern (!) zur Arbeit gehen, und wo man ebenso großen Wert auf individuelle Freiheit legt wie auf gemeinschaftliches Denken und soziale Sicherheit. So wird es vielleicht verständlicher, warum es nirgendwo sonst auf der Welt mehr Menschen gibt als bei unserem Nachbarn im Norden, die sich selbst als glücklich bezeichnen.

Anhang

Literaturverzeichnis

Adams, Richard: The Day Gone By – An Autobiography. London 1990.

Albertsen, Leif Ludwig: Auf der Schwelle zum Goldenen Zeitalter. Hg. vom Königlich Dänischen Ministerium des Äußeren. Kopenhagen 1978.

Bartmann, Christoph: Kopenhagen. Stadt der Dichter. Literarische Streifzüge. Düsseldorf/Zürich 2005.

Behr, Reinhart: Oh, dieses Dänisch. Welver 2007.

Billeskov Jansen, F.J./Grössel, Hanns (Hg.): Anthologie der dänischen Literatur (zweisprachige Ausgabe). Kopenhagen 1978.

Bohn, Robert: Dänische Geschichte. München 2001.

Bohnen, Klaus/Jørgensen, Sven-Aage (Hg.): Der dänische Gesamtstaat. Kopenhagen u.a. 1992.

Boyer, Régis: Die Wikinger. Stuttgart 1994.

Conran, Terence: Dänisches Design – eine Inspiration für uns alle. In: Blickpunkt Dänemark. Hg. vom Königlich Dänischen Ministerium des Äußeren. Kopenhagen 2001.

Dähnhardt, Willy/Nielsen, Birgit S. (Hg.): Exil in Dänemark. Deutschsprachige Wissenschaftler, Künstler und Schriftsteller im dänischen Exil nach 1933. Heide 1993.

Dyrbye, Helen/Harris, Steven/Golzen, Thomas: The Xenophobe's Guide to the Danes. London 1999.

Findeisen, Jörg-Peter: Dänemark. Von den Anfängen bis zur Gegenwart. Regensburg 1999.

Findeisen, Jörg-Peter/Husum, Poul: Kleine Geschichte Kopenhagens. Regensburg 2008.

Fink, Troels: Deutschland als Problem Dänemarks. Flensburg 1968.

Frandsen, Steen Bo: Dänemark – der kleine Nachbar im Norden. Darmstadt 1994.

Gauguin, Paul: Avant et après. Wien 1914 (Faksimile-Ausgabe).

Gellinek, Christian: Kultursolidarität über Grenzen: Dänemark und Deutschland. Münster 2008.

Gläser, Manfred/Sudhoff, Ingrid u.a. (Hg.): Nicht nur Sauerkraut und Smørrebrød: Deutschland und Dänemark im 19. und 20. Jahrhundert. Lübeck 2005.

Gläßer, Ewald: Dänemark. Stuttgart 1980.

Graham-Campbell, James: Das Leben der Wikinger. Hamburg 2002.

Heinzelmann, Eva/Robl, Stefanie/Riis, Thomas (Hg.): Der dänische Gesamtstaat. Ein unterschätztes Weltreich? Kiel 2006.

Henningsen, Bernd: Dänemark. München 2009.
Holzapfel, Otto: Das deutsche Gespenst. Wie Dänen die Deutschen und sich selbst sehen. Kiel 1993.
Janssen, Jan/Thorud, Erik: Deutsche Spuren in Kopenhagen. Greve 2000.
Kaufhold, Martin: Europas Norden im Mittelalter. Die Integration Skandinaviens in das christliche Europa. Darmstadt 2001.
Königlich Dänisches Ministerium des Äußeren (Hg.): Dänemark. Kopenhagen 1998.
Krause, Arnulf: Die Welt der Wikinger, Frankfurt/Main 2006.
Magnusson, Magnus: Die Wikinger. Geschichte und Legende. Düsseldorf 2007.
Meincke, Inga: Vox Viva. Die »wahre Aufklärung« des Dänen Nikolaj Frederik Severin Grundtvig. Heidelberg 2000.
Meissner, Gustav: Dänemark unterm Hakenkreuz. Die Nord-Invasion und die Besetzung Dänemarks 1940–1945. Berlin u.a. 1991.
Mellon, James: Og gamle Danmark ... En beskrivelse af Danmark i det herrens år 1992 [Und das alte Dänemark ... Eine Beschreibung Dänemarks aus dem Jahr des Herrn 1992]. Kopenhagen 1992.
Molesworth, Robert: An Account of Denmark as It was in the Year 1692. London 1694.
Orbæk Jensen, Anne: Wahlverwandtschaften – zwei Jahrhunderte musikalischer Wechselwirkungen zwischen Dänemark und Deutschland. Kopenhagen 2004.
Paravicini, Werner u.a. (Hg.): Beiträge zur Geschichte des Ostseeraums in Mittelalter und Neuzeit. Sigmaringen 1992.
Pelc, Ortwin: Deutschland und Dänemark im 19. und 20. Jahrhundert: ein historischer Überblick. Lübeck 2005.
Petersen, Klaus: Legitimität und Krise. Die politische Geschichte des dänischen Wohlfahrtsstaates 1945–1973. Berlin 1998.
Rifbjerg, Klaus: Was es heißt, Däne zu sein. In: Dänemark. Hg. vom Königlich Dänischen Ministerium des Äußeren. Kopenhagen 1998.
Rossel, Sven Hakon: Skandinavische Literatur. Stuttgart 1973.
Sawyer, Peter H. (Hg.): Die Wikinger. Geschichte und Kultur eines Seefahrervolkes. Stuttgart 2000.
Scavenius, Bente (Hg.): Das Goldene Zeitalter in Dänemark. Kunst und Kultur in der ersten Hälfte des 19. Jahrhunderts. Kopenhagen 1994.
Schwarz Lausten, Martin: Die Reformation in Dänemark. Gütersloh 2008.
Simek, Rudolf: Die Wikinger. München 1998.

Snell, Gesa: Deutsche Immigration in Kopenhagen 1800–1870. Eine Minderheit zwischen Akzeptanz und Ablehnung. Münster u. a. 1999.
Thodberg, Christian/Pontoppidan Thyssen, Anders (Hg.): N. F. S. Grundtvig. Tradition und Erneuerung. Kopenhagen 1983.
Werther, Steffen: Dänische Freiwillige in der Waffen-SS. Berlin 2004.

Abbildungsnachweis

Imago/Dean pictures: vordere Klappe oben
VisitOdense: vordere Klappe unten
Christopher Volle: Karte S. 8/9

Nützliche Adressen

Botschaften

Königlich Dänische Botschaft
Rauchstraße 1
D-10787 Berlin
Tel.: 030-50 50 20 00
Fax: 030-50 50 20 50
E-Mail: beramb@um.dk
www.ambberlin.um.dk/de

Königlich Dänische Botschaft
Führichgasse 6
A-1015 Wien
Tel.: (+43) 15 12 79 04
Fax: (+43) 15 13 81 20
E-Mail: vieamb@um.dk
www.ambwien.um.dk/de

Königlich Dänische Botschaft
Thunstrasse 95
CH-3000 Bern 31
Tel.: (+41) 3 13 50 54 54
Fax: (+41) 3 13 50 54 64
E-Mail: brnamb@um.dk
www.ambbern.um.dk/de

Botschaft der Bundesrepublik Deutschland
Stockholmsgade 57
DK-2100 Kopenhagen Ø
Tel.: (+45) 35 45 99 00
Fax: (+45) 35 26 71 05
E-Mail: tyskeamba@email.dk
www.kopenhagen.diplo.de/Vertretung/kopenhagen/de/Startseite.html

Österreichische Botschaft
Sølundsvej 1
DK-2100 Kopenhagen Ø
Tel.: (+45) 39 29 41 41
Fax: (+45) 39 29 20 86
E-Mail: kopenhagen-ob@bmeia.gv.at

Schweizer Botschaft
Amaliegade 14
DK-1256 Kopenhagen K
Tel.: (+45) 33 14 17 96
Fax: (+45) 33 33 75 51
E-Mail: cop.vertretung@eda.admin.ch
www.eda.admin.ch/copenhagen

Behörden und öffentliche Einrichtungen in Dänemark

Staatsministerium:
Statsministeriet
Christiansborg
Prins Jørgens Gård 11
DK-1218 Kopenhagen K
Tel.: (+45) 33 92 33 00
Fax: (+45) 33 11 16 65
E-Mail: stm@stm.dk
www.stm.dk (auch engl.)

Ministerium des Äußeren:
Udenrigsministeriet
Asiatisk Plads 2
DK-1448 København K
Tel.: (+45) 33 92 00 00
Fax: (+45) 31 54 05 33
E-Mail: um@um.dk
www.um.dk (auch engl.)

Abteilung für Gleichstellungsfragen:
Ligestillingsafdelingen
Holmens Kanal 20
DK-1060 København K
Tel.: (+45) 72 26 97 80
Fax: (+45) 72 26 97 81
E-Mail: lige@ams.dk
www.lige.dk (auch engl.)

Ministerium für Soziale Fragen:
Socialministeriet
Holmens Kanal 22
DK-1060 København K
Tel.: (+45) 33 92 93 00
Fax: (+45) 33 93 25 18
E-Mail: ism@ism.dk
www.ism.dk (auch engl.)

Ministerium für Bildung:
Undervisningsministeriet
Frederiksholms Kanal 21
DK-1220 København K
Tel.: (+45) 33 92 50 00
Fax: (+45) 33 92 55 47
E-Mail: uvm@uvm.dk
www.uvm.dk (auch engl.)

Dänischer Arbeitgeberverband:
Dansk Arbejdsgiverforening (DA)
Vester Voldgade 113
DK-1790 København V
Tel.: (+45) 33 38 90 00
Fax: (+45) 33 12 29 76
E-Mail: da@da.dk
www.da.dk (auch engl.)

Dänischer Gewerkschaftsbund:
Landsorganisationen i Danmark (LO)
Islands Brygge 32 D
DK-2300 København S
Tel.: (+45) 35 24 60 00
Fax: (+45) 35 24 63 00
E-Mail: lo@lo.dk
www.lo.dk (auch engl.)

Hauptverband der dänischen Wirtschaft:
Dansk Industri (DI)
H.C. Andersens Boulevard 18
DK-1787 København V
Tel.: (+45) 33 77 33 77
Fax: (+45) 33 77 33 00
E-Mail: di@di.dk
www.di.dk

Dänischer Sportbund:
Danmarks Idræts-Forbund
Idrættens Hus
Brøndby Stadion 20
DK-2605 Brøndby
Tel.: (+45) 43 26 26 26
Fax: (+45) 43 26 26 28
E-Mail: dif@dif.dk
www.dif.dk (auch engl.)

Verschiedenes

Dänemarks offizielle Webseite: www.denmark.dk/de/

Dänemarks offizielle Tourismuszentrale in Deutschland:
VisitDenmark
Glockengießerwall 2
D-20095 Hamburg
Tel.: 0 18 05-32 64 63
Fax: 040-65 03 19 30
E-Mail: daninfo@visitdenmark.com
www.visitdenmark.com

Dänisches Kulturinstitut in Deutschland
Quantiusstr. 8
D-53115 Bonn
Tel.: 0228-9086628
Fax: 0228-9086629
E-Mail: dki@dankultur.de
www.dankultur.de

Goethe-Institut (Kopenhagen)
Frederiksborggade 1
DK-1360 Kopenhagen K
Tel.: (+45) 33 36 64 64
Fax: (+45) 33 36 64 61
E-Mail: info@kopenhagen.goethe.org
www.goethe.de/ins/dk/kop/

Dänisch-Deutsche Gesellschaft:
Dansk-Tysk Selskab
Sekretariat
Kirsten Gjaldbæk
Kongstedvej 12
DK-2700 Brønshøj
E-Mail: kirsten.gjaldbaek@skolekom.dk
www.dansk-tysk-selskab.dk

Deutsch-Dänische Handelskammer:
Det Tysk-Danske Handelskammer
Kongens Nytorv 26
DK-1050 Kopenhagen K
Tel.: (+45) 33 91 33 35
Fax: (+45) 33 91 31 16
E-Mail: info@handelskammer.dk
www.handelskammer.dk

Basisdaten

Ländername: Königreich Dänemark *(Kongeriget Danmark)*. Es besteht aus Jütland und mehr als 400 bewohnten und unbewohnten Inseln sowie den selbstverwalteten, teilautonomen Reichsteilen im Nordatlantik – Färöer und Grönland.

Fläche: Dänemark: 43 098 km², Färöer: 1400 km², Grönland: 2 186 000 km²

Hauptstadt: Kopenhagen *(København)*

Bevölkerung: Dänemark: 5,51 Mio., Färöer: 48 223, Grönland: 56 969

Großstädte: Kopenhagen (Großraum: ca. 1,832 Mio. Einwohner). Århus (ca. 228 000), Odense (ca. 158 000), Ålborg (ca. 122 000); Färöer: Tórshavn (ca. 19 000); Grönland: Nuuk / Godthaab (ca. 15 000)

Landessprache: Dänisch. Deutschsprachige Minderheit in Nordschleswig (etwa 15 000 Personen); einheimische Sprachen auf Färöern und Grönland

Staats- und Regierungsform: Konstitutionelle Monarchie (seit 1849) mit parlamentarisch-demokratischem Regierungssystem

Staatsoberhaupt: Königin Margrethe II. (seit 1972).

Parlament: Folketing: Einkammer-System mit 179 Abgeordneten, davon jeweils 2 Sitze für Abgeordnete von den Färöern und Grönland

Verwaltungsstruktur: Einheitsstaat mit dezentralisierter Verwaltung: Gliederung seit der Verwaltungsreform 2007 in fünf Regionen *(regioner)* und 98 Gemeinden *(kommuner)*

Nationalfeiertag: innerhalb Dänemarks: Verfassungstag, 5. Juni (1849); im Ausland: Geburtstag der Königin Margrethe II., 16. April (1940).

Religion: Evangelisch-lutherische Volkskirche: 83,1 %, Katholiken: 0,64 %, Muslime: 3,87 %

Währung: Dänische Krone (DKK): 1 Krone = 100 Øre

Bruttoinlandsprodukt: 233 Mrd. Euro (2008)

Bruttoinlandsprodukt pro Kopf: ca. 42 500 Euro

Stand: Januar 2010, Quellen: Danmarks Statistik, Dänisches Außenministerium, Institut für Wachstumsstudien (IWS), OECD, eurostat (Europäische Kommission).